国家社会科学基金重大项目"中国政府职责体系建设研究"（17ZDA101）中期成果

中国政府与政治研究系列

中国政府纵向职责体系研究

吕同舟 ◎ 著

天津出版传媒集团

天津人民出版社

图书在版编目（ＣＩＰ）数据

中国政府纵向职责体系研究 / 吕同舟著. –– 天津：
天津人民出版社, 2021.12
（中国政府与政治研究系列）
ISBN 978-7-201-16498-4

Ⅰ.①中… Ⅱ.①吕… Ⅲ.①国家行政机关—行政管理—研究—中国 Ⅳ.①D630.1

中国版本图书馆 CIP 数据核字(2020)第 194147 号

中国政府纵向职责体系研究
ZHONGGUO ZHENGFU ZONGXIANG ZHIZE TIXI YANJIU

出　　版	天津人民出版社
出 版 人	刘　庆
地　　址	天津市和平区西康路35号康岳大厦
邮政编码	300051
邮购电话	（022）23332469
电子信箱	reader@tjrmcbs.com

责任编辑	郑　玥
特约编辑	佐　拉
装帧设计	明轩文化·邵亚平

印　　刷	天津新华印务有限公司
经　　销	新华书店
开　　本	710毫米×1000毫米　1/16
印　　张	18.75
插　　页	2
字　　数	200千字
版次印次	2021年12月第1版　2021年12月第1次印刷
定　　价	89.00元

总 序

朱光磊

呈现在读者面前的"中国政府与政治研究系列",是我们教研团从事中国政府与政治研究的一些心得、一些阶段性研究成果。

中国正经历着历史上最大规模的制度创新。如何在这样一个历经坎坷、内部差异比较大的大国,通过改革来实现根本性的社会变革,是一个世界级的难题。从某种意义上讲,这也是对人类社会发展新道路的积极探索。政治发展,是这一全面发展、进步中的最基本方面之一。留给中国的机遇并不多,中国必须不断前进,在求解难题中寻求突破,不能再有"闪失"。抓住历史机遇期,实现民族复兴的伟大理想,需要高超的政治智慧、开阔的视野、坚忍不拔的进取精神和高超的策略性行动,但更为重要的是要有一个合理的政治统治和管理模式。

100年来、60年来,特别是30年来,一代代仁人志士的艰苦探索,包括成功,也包括失败,已经为中国未来的政治发展提供了坚实的实践和思想平台。但是,国内外社会发展格局的剧变,也对我们所期待的那个"合理的政治统治和管理模式"提出了更高的要求。如何在唯物史观的指导下,本着"实践是检验真理的唯一标准"的原则,将马克思主义国家学说、现代西方政治思想中适宜"为我所用"的部分和中国传统政治文化中的积极成分有机地结合起来,逐步凝练出一个适应时代现代社会生产方式和社会进步潮流,符合中国实际情况、符合中国大多数人民利益和具有中华文明特点的政治思想,是中国政治学界的任务。完成这一历史使命,首先要做的基础性工作,就是科学地分析中国的国情、社情、民情和政情,分析实现中国政治发展所必需的主观条件和客观条件。

正是基于以上认识,从1990年前后,我开始在中国政府过程与阶层分化两个方向上进行持续、系统的研究工作。20世纪90年代中期,我与一部分从事政治学理论、区域政治、农村政治等研究方向的年轻同事组成了非正式的研究小组。2001年，开始形成团队。团队成员是南开大学政治学、行政学方面的部分年轻教师和我的博士生、硕士生（包括已经毕业的）。除以上成员外，还有部分成员在厦门大学、西南政法大学、云南大学、内蒙古大学等单位从事教学、科研工作。

成功的科学研究，其工作的重要基础是善于选择关键性的研究课题。一个成熟的、有作为的学科，总是能够发现和驾驭自己所处时代、所处社会中的最有代表性、最需要人们去回答的话题。经过多年的读书、学习、积累和体会，我认为，21世纪初中国政治发展有四个方面的课题特别重要和紧迫。①

第一，要强化对一系列重要结构性问题的研究。持续的体制改革和产业调整，必然带来社会成员结构的变化。这些变化构成了中国政治发展的社会基础。"二元社会结构"正在趋于解体，工人阶级一体化和农民阶级分化的过程在继续，"新阶层"已经出现，城市化提速在即。今后，在社会成员构成的分化和重组、收入方式和差距等方面还会继续向着多样化的方向演进。这些发生在社会生活基本层面上的变化，无疑会对整个上层建筑产生巨大影响。对这个问题的科学认识，是正确提炼时代政治生活主题的基础。毛泽东对20世纪前期政治生活主题的正确把握，就是以他对"中国社会各阶级的分析"为基础的。在21世纪初，我们对各种重要政治问题和意识形态问题的把握和处理，同样需要以深入研究各阶级阶层的实际状况及其相互关系为基础。正在进行中的社会阶层分化与组合，是一场"从身份到契约"的进步性社会运动，但是也必然伴生一些"副产品"，比如某些掌握权力、金钱和知识的人，就有可能通过形成所谓的"强势集团"攫取非法利益，可能出现有的阶层的人试图利用自己的经济优势获取非正常的政治地位、政治权力，甚至搞"金钱政治"。面对这些问题，我们并没有经验，都需要政治学理论工作者给予理论支持。

第二，要强化对一系列重要的体制性问题的研究。中国的政治体制改革不是另搞一套，而是要正确调整国家各主要政治要素之间的关系，特别是"党政关系"，使制度、体制和组织能够最大限度地满足提高工作效率、加快经济发展和扩大公共服务的需要，最大限度地调动各方面的积极性。在这方面，核心是坚持和改善党的领导，是把党的执政工作、人民当家做主、依法治国与"行政主导"等

① 这一部分是在我的《着力研究实践提出的新课题》一文（《人民日报》，2004年12月21日）的基础上扩展而成的。

基本因素,以适当的体制和方式结合起来。这是中国政治发展的内在逻辑所决定的,也是进一步加强执政能力建设,积极而稳健地推进政治体制改革和建设社会主义民主和法制的基础。政治学界要重点研究如何处理领导与执政的关系,研究如何进一步完善"两会机制",研究实现"党政关系规范化"的具体途径,研究宪法监督的实现形式等一系列关键性问题,并通过把对这些问题的探讨逐步上升到基本理论的高度,提高中国政治学的学科层次和学术魅力以及对干部、青年学生的吸引力。

第三,要强化对一系列重要的过程性或者说功能性问题的研究。政治发展不仅包括体制改革,而且应当包括政治过程的改善。相对于体制改革,我们对政治过程的问题以往关注得更少一点。这与我国政治学长期不发达有直接关系。比如,在美国,系统地研究政府过程的问题,从1908年就开始了。从民族特点来说,中国人不缺"大气"、勤劳、勇敢、灵活,但是应当承认,我们办事情不够精细,对过程设计、情报、档案、绩效评估、分工、应急管理等政治与公共管理环节,缺乏足够的注意,历史上积累下来的东西不多,需要"补课"。在经济发展达到一定水平以后,政治与政府管理流程设计安排粗放的问题就会逐步暴露出来,从而制约社会管理和社会服务水平的提高。例如,我国人口多,地方大,政府的纵向间层次不可能太少,对于怎么处理它们之间的关系,研究得就不够,多年困扰我们的以"条块矛盾"为代表的许多深层次问题一直没有得到解决,"每一级都管所有的事情",权力的交叉点过多,责任不清。以何种机制来处理必要的中央集权与适当的行政性分权、政治性分权、地方自治的关系的研究应当提上日程。对这些课题的研究,已超出了通常所说"中央与地方的关系"的范畴,超出了初期体制改革和传统政治学的范围,需要通过施政创新和理论创新来推动,需要开发和建设一批新的政治学分支学科和交叉学科。

第四,要强化对一系列重要的过渡性问题的研究。中国如果不经历改革开放,现在的许多问题,就不存在;中国如果不继续深化改革和扩大开放,这些问题也就解决不了。前面谈到的结构性问题和体制性问题,实际多数也同时是过渡性的问题。现在,三个时间起点不同的"过渡"都在21世纪的前20年进入了"总结期":从1840年开始的由"传统社会"向"现代社会"的过渡,从1921年开始的对社会主义事业的探索所引发的向中国特色社会主义的过渡,从1978年开始的由计划经济体制向市场经济体制的过渡。然而复杂的是,这个历史过渡的"总结期",同时也恰好是中国历史上难得的"战略机遇期"。面对这些重要而复杂的课题,当代中国的政治学,应当成为"过渡政治学""发展政治学",并且在研究这些过渡性问题和发展中问题的过程中,使学科成熟和壮大起来。

每个国家都有自己的问题。在社会转型和政治发展中,不断冒出来问题是正常的。对复杂的政治现象,不能采取简单化的态度和思维方式。不要抓住一点,不及其余;不能让错觉和偏见妨碍了对政治变革的认识;不要动辄就把问题产生的原因归结为体制,也不能笼统和大而化之地批评"政治改革滞后"。其实,很多问题往往出在运作过程和运行机制上。任何实际运行中的政府,都不仅是一种体制,一个体系,更是一个过程。因此,关于政府与政治问题的研究,除了坚持传统的体制研究和要素分析的研究方法外,还需要走向一个重要的领域——过程研究。1997年,在拙著《当代中国政府过程》中,我首次将"政治过程"研究方法应用于分析中国政府活动,力图将对中国政府的研究从"体制"层面较为系统地提高到"过程"层面。

在研究中,我们这个以"政府过程研究"为核心的学术团队,形成了一些对于中国政府与政治研究有特色的理论共识和思维方式。我们把研究重点放在中国政府与政治实际运作情况和工作程序上,旨在从动态的角度考察和研究当代中国政府是如何治理的,在此基础上试图探讨其中的规律性。

中国政府与政治的研究必须能够回应"中国问题"。中国渐进地推进改革,在运作政府等方面,确有自己一套独创性的东西,有自己的发展逻辑,需要系统地挖掘;面对中国社会的急剧变化和快速转型,以及随之而来的新问题、新现象和新矛盾,更要提出自己的解释和指导方案,不能仅仅用欧美的语言系统和评价标准解释中国政治。来源于西方的理论能够启发我们的思维,但不能简单借用在西方经验基础上形成的理论来解释和指导中国的政治发展。中国应该有基于自己实际成长起来的具有中国风格、中国气派的政治学,需要创造和使用自己的核心概念、基本范畴、理论体系和分析框架。中国到了以理论回馈时代的时候了。

在上述思维方式和学术追求的基础上,我对自己以及研究团队的定位和要求是:从中国政府与政治运作的实际和经验中提炼有价值的问题和概念,了解现实制度安排和政治现象背后的主要制约因素,进而去揭示中国政治的内在机制,形成自己的理论体系。在研究中尽可能秉持一种平和的心态和建设性的态度,理性而务实地探讨问题,对重大问题进行具体研究。我们的能力有限,这一目标或许很难实现,但我们一直在努力。"当代中国政府与政治研究系列",就是我们向这个方向努力的一个个阶段性产物。

在研究工作中，我们注意发挥团队力量。团队成员之间有分工、有合作，相互配合、相互支持。在中国政府与政治这个大课题下，该系列的每本书都有特定的研究主题和所要回答的基本问题，有自己的"一家之言"。比如，《当代中国政府过程》对中国政府的行为、运作、程序以及各构成要素，特别是各社会利益群体之间，以及它们与政府之间的交互关系进行实证性的分析、研究。《当代中国政府间纵向关系研究》以"职责同构"为理论研究的切入点，通过比较研究和历史研究，对当代中国政府间纵向关系发展作了较为深入的分析。在《"以社会制约权力"——民主的一种解析视角》一书中，提出了"以社会制约权力"条件下的民主模式，即参与—治理型民主。该书将"以社会制约权力"与"以权力制约权力""以权利制约权力"联系起来，共同构成一个权力制约理论体系。《当代中国县政改革研究》力图从财政的角度破解县的"长寿密码"。《当代中国政府"条块关系"研究》一书，在对中国政府"条块关系"问题进行较为全面和系统研究的基础上，着重探讨了职责同构的政府管理模式在中国长期存在的原因。该书提出的"轴心辐射模式"的理论分析框架有较强的解释力。

令我感到高兴的是，我们的工作得到了学术界的鼓励和认可。《当代中国政府过程》出版后，承蒙各界关爱，被许多国家和地区的多家大学用作研究生或本科生的教学参考书，多次被国内外的学者和博士论文所引用。早在1999年，《当代中国政府过程》的第一版，就获得了天津市社会科学优秀成果一等奖。2003年，经台湾大学社会科学院李炳南教授推荐，该书的姐妹篇——《中国政府与政治》在中国台湾出版。① 2005年我主讲的"当代中国政府与政治"被评为国家级精品课程，而《当代中国政府过程》就是该课程的教材。1998年以来，我和团队成员已经有十余篇论文相继被《新华文摘》转载或摘登，涉及中国阶层分化、当代中国政治的主题、中国公务员规模、中国政治学发展战略、中国纵向间政府关系、服务型政府建设、中国"条块关系"、大部门体制等多个领域。这给了我们很大的信心，也给予了我们前进的动力。

这是一个开放的学术著作系列，成熟一本，推出一本。随着研究的逐渐深化，还会在服务型政府建设、城市管理、"两会"机制、政府机构改革与编制管理、行政区划改革等领域，不断有新的作品加入系列中来。

---

① 朱光磊:《中国政府与政治》,台湾扬智公司出版,2003年。

　　改版之际,我们衷心感谢各位前辈、同人对团队工作的宝贵帮助和支持!作为团队负责人,感谢我的伙伴们!我深知,在我们之间的合作中,我是最大的受益者。感谢天津人民出版社对我们工作的关注和支持,感谢出版社各个工作环节上的朋友们的合作,特别要感谢盛家林、刘晓津、张献忠、王康、唐静等老师创造性的工作!真诚欢迎读者的批评与指正!

2008年7月28日

目　录

导 论

第一节 选题的缘由与价值

一、选题的缘起:从"职责同构"和大部门体制改革说起

从政府诞生的那一天起,围绕政府的相关争论就从未停止,其中基本论题之一就是:"政府应当履行何种职能?"在历史与现实的观照下,关于这一问题的认识和讨论呈现出不断演进的态势。从西方国家发展经验来看,政府职能大致经历了以政治统治为重心、以经济社会管理为重心和以公共服务为重心等阶段;从新中国成立以来的发展历程看,政府职能理论大致经历了对国家基本职能的探讨、国家的政治职能和社会职能二分、政府职能概念的确立、政府职能转变的提出与实践等阶段。①对于中国这样一个后发现代化国家而言,四十多年的改革开放虽然取得了举世瞩目的经济成就,但在政府理论层面却明显滞后;关于政府职能和政府职能转变的问题依旧是政府发

---

① 参见朱光磊:《现代政府理论》,高等教育出版社,2006年,第67~70页。

展和政治发展的核心命题。

传统政治文化和特定的发展历程形塑了我国纵向政府间"职责同构"的特征。"所谓'职责同构',是指在政府间关系中,不同层级的政府在纵向间职能、职责和机构设置上的高度统一。通俗地讲,就是在这种政府管理模式下,中国每一级政府都管理大体相同的事情,相应地在机构设置上表现为'上下对口,左右对齐'。"①"职责同构"这一术语不但形象地描述了当代中国纵向政府间关系的总体特征,而且勾勒出政府职能转变不到位、条块矛盾突出等系列问题的体制性原因。结合中国实践和西方经验来看,当前和未来一段时间的工作重点之一,应当放到有限度地打破"职责同构",以便进一步深化政府职能转变和行政体制改革。

2007年党的十七大报告首次提出"探索实行职能有机统一的大部门体制"②这一原则性说法。随后在2008年国务院机构改革中,以整合组建工业和信息化部、人力资源和社会保障部、住房和城乡建设部、交通运输部、环境保护部为标志,拉开了大部门体制改革的帷幕。③所谓大部门体制(或称大部制),就是在政府的部门设置中,将那些职能相近、业务范围雷同的事项,相对集中,由一个部门统一进行管理,最大限度地避免政府职能交叉、政出多门和多头管理,从而达到提高行政效率、降低行政成本的目标。④此后,大部门体制改革成为国务院机构改革的"重头戏";地方各级政府也逐步开始因地制宜地探索大部门体制改革,并形成了不少颇具特色的模式,比较有代表

---

① 该术语由朱光磊教授在其著作《当代中国政府过程》(2002年版)一书中总结提出,并在《"职责同构"批判》(2005年)一文中进一步解释论证。参见朱光磊:《当代中国政府过程》(第二版),天津人民出版社,2002年,第329页;朱光磊、张志红:《"职责同构"批判》,《北京大学学报(哲学社会科学版)》,2005年第1期。

② 胡锦涛:《高举中国特色社会主义伟大旗帜　为夺取全面建设小康社会新胜利而奋斗——在中国共产党第十七次全国代表大会上的报告》,《人民日报》,2007年10月25日。

③ 需要指出的是,尽管"大部门体制"是在2008年第六次国务院机构改革后才成为家喻户晓的名词,但在此之前已经出现过类似的改革实践,如1982年将"人事部"与"劳动部"合并为"劳动人事部"。

④ 参见汪玉凯:《冷静看待"大部制"改革》,《中国经济时报》,2007年12月10日。

性的包括深圳模式、顺德模式、随州模式①。大部门体制改革的核心在于以部门的整合来实现职能的整合;换言之,政府职能的整合与梳理才是大部门体制改革的关键。进一步说,机构的撤并是"表",职能的重组和整合才是"里"。

如果用一个术语来概括整个政府系统,包括各层级政府及其内部组成部门,应当完成的工作任务的总和的话,"政府职责体系"或许是恰当的。在党的纲领性文件中也多有述及,如党的十七大报告中的"健全政府职责体系"②、党的十八大报告中的"健全部门职责体系"③等原则性提法。沿着前文分析的逻辑,政府职责体系的典型特征之一,恰恰就是"同构"性。结合历史来看,在中国从长期动乱到恢复基本秩序的过程中,同构状态下的政府职责体系有利于中央意志的贯彻,确保中央能够在短时间内集中大量资源处理关系国家安全和国民经济命脉的重大事务,并以较小的代价恢复政治、经济、社会的基本秩序。但伴随着社会的进一步发展,特别是市场经济取代计划经济之后,地方发展的差异性和多样化开始日益显现,在客观上也就呼唤着一种区别于以往的职责体系模式的出现。对于中央政府而言,一套新的政府职责体系也更有利于提高行政效率、规避当前出现的诸如事责逐级下压等乱象。可以说,在新的历史背景下,同构性的职责体系反而在一定程度上成为了政府有效履责的制度性掣肘。因此,政府职责体系的调整也就具有了

---

① 深圳模式的基本特点是"突出责任、明确权责"。2009 年以来,深圳市政府紧紧围绕"退出、转型、精简"三个基本要求,以职能转变为核心,着力理顺部门职责关系,切实解决职责交叉问题。顺德模式的基本特点是"实行党政合署、简化行政审批"。为切实有效解决基层实际问题,顺德市对党委和政府职能相同或相近的部门进行撤并,机构精简幅度达到 60%;同时,深化行政审批制度改革,先后取消了 500 多项上报审批许可。随州模式的基本特点是"根据实际需要设置职能和机构"。湖北省随州市是全国最早尝试大部门体制改革的地级市之一,其主要经验是:根据实际需要设置职能,不搞"上下对口、左右对齐";同时,根据职能设置机构,职能基本相近的单位能合并的尽量合并设置,职能衔接较紧的单位采取挂牌设置,职能交叉的单位能不单设的尽可能不单设。有兴趣可以参见郭焦锋、王慧等:《加快推进地方大部制改革的思考》,《中国发展观察》,2013 年第 7 期。

② 胡锦涛:《高举中国特色社会主义伟大旗帜　为夺取全面建设小康社会新胜利而奋斗——在中国共产党第十七次全国代表大会上的报告》,《人民日报》,2007 年 10 月 25 日。

③ 胡锦涛:《坚定不移沿着中国特色社会主义道路前进　为全面建成小康社会而奋斗——在中国共产党第十八次全国代表大会上的报告》,《人民日报》,2012 年 11 月 18 日。

历史的必要性和现实的迫切性。

政府职责体系可以从横向和纵向两个维度进行理解；相应地，政府职责体系的调整也可以从这两个维度入手。实质上，大部门体制改革试图将职能相近、业务范围雷同的"事项"合并，这一过程恰恰就是调整横向职责配置、优化横向职责体系的过程。结合改革经验和当前实践，应当说，在横向职责体系调整优化方面，我国已经取得了相当的成就，例如一定程度地集中了职能、整合了机构，一定规模地调整了结构、提升了能力，一定范围地明确了关系、优化了机制，一定层面地减少了摩擦、提高了效率等；当然，职能转变不到位、机构调整不理想、人员编制设置整齐划一、权责配置和运行机制不顺畅等问题仍然不容忽视。①但无论如何，政府横向职责体系的调整优化已经步入了正轨。

作为整体的政府职责体系的调整，最终必然要落实到横向职责体系调整与纵向职责体系调整的协同上。总体来看，无论是在理论研究上还是在实践探索上，关于政府纵向职责体系的问题目前尚未获得足够关注。但可以预见，这一问题如果不能得到妥善应对，政府理论的进一步发展和行政体制改革的进一步深化必然面临严重阻碍。

可喜的是，中共中央已经开始意识到这一问题，并在 2013 年 11 月通过的《中共中央关于全面深化改革若干重大问题的决定》中，首次对"中央政府职责"和"地方政府职责"做出了区分。②这一区分或许具有里程碑式的意义。

---

① 参见石亚军、于江：《大部制改革：期待、沉思与展望——基于对五大部委改革的调研》，《中国行政管理》，2012 年第 7 期。

② 《决定》提出："全面正确履行政府职能。进一步简政放权，深化行政审批制度改革，最大限度减少中央政府对微观事务的管理，市场机制能有效调节的经济活动，一律取消审批，对保留的行政审批事项要规范管理、提高效率；直接面向基层、量大面广、由地方管理更方便有效的经济社会事项，一律下放地方和基层管理。政府要加强发展战略、规划、政策、标准等的制定和实施，加强市场活动监管，加强各类公共服务提供。加强中央政府宏观调控职责和能力，加强地方政府公共服务、市场监管、社会管理、环境保护等职责。推广政府购买服务，凡属事务性管理服务，原则上都要引入竞争机制，通过合同、委托等方式向社会购买。"参见《中共中央关于全面深化改革若干重大问题的决定》，《人民日报》，2013 年 11 月 16 日。

后续推行的权力清单和责任清单改革,乃至党的十九大报告中谈及的"赋予省级及以下政府更多自主权"等提法,实际上就延续着这一改革逻辑。未来,在横向职责体系调整已经积累了丰富的经验,纵向职责体系调整的内外部条件也逐步成熟的基础上,构建政府纵向职责体系必将成为政府理论发展和行政体制改革深化的下一个关键着力点。

二、选题的理论价值

(一)关于纵向职责体系的理论探索

虽然政府纵向职责体系逐渐开始引起学界和政界的关注,但总体上看,关于这一问题还存在很多模糊的地方,例如纵向各层级政府之间如何配置职责、事权和支出责任如何匹配、职责边界如何划定等。理论先行可以为解决这些问题提供帮助。

目前,学界虽然有一些研究开始涉及纵向职责体系,但系统性的研究和成熟的理论模型还较少。如果能够从理论层面对政府纵向职责体系做出一些分析和探讨,应当是颇具价值的。本书立足于府际关系,尝试构建一个关于政府纵向职责体系的分析框架,从多个维度考察体系运行的各种要素及其内在逻辑,进而勾勒体系调整的可能路径。无论是从复杂程度还是从难易程度上讲,这种尝试都面临着极大的挑战。

(二)拓宽政府职能转变的研究领域

改革开放以来,特别是 21 世纪,我国在行政体制改革上取得了显著进展。在这一历史进程中,政府职能转变既是行政体制改革的必然结果,也是有效推动行政体制改革的重要抓手。当前,学界围绕着政府职能转变这一问题展开了广泛而细致的研究,例如探讨政府职能转变的现实动力和可能路径,从宏观层面提出规范性建议或从微观着手结合具体问题提出针对性策略等。这些研究对于推动行政改革起到了重要的指导作用。

实际上,政府职能转变并不单单指职能的"转变",还包含着政府机构的合理调整与政府职责的合理配置。由此延伸,纵向职责体系的调整也可以纳入到政府职能转变的研究领域中来。从另一个方面说,一个合理的纵向职责体系,有助于改变"职责同构"现状,提升政府行政效能、提高公共服务供给质量,这一改革过程实质上也就是政府职能转变的过程。在这个意义上,开展关于政府纵向职责体系的研究,有助于拓宽政府职能转变的研究领域。

(三)全面认识改革开放的理论视角

党的十七大报告指出:"改革开放是党在新的时代条件下带领人民进行的新的伟大革命……改革开放是决定当代中国命运的关键抉择,是发展中国特色社会主义、实现中华民族伟大复兴的必由之路。"①这场旷日持久、影响深远的革命成为贯穿政治、经济、社会发展变迁的主动脉,带来了中国"基本面"的变化。

中国的改革是一场全面性的变革,涵盖了经济体制、政治体制、文化体制、社会体制和生态文明体制诸多改革在内。在这一全面变革进程中,政府无疑是承担着关键作用的行为主体。特别是在传统文化和现实制度的双重影响下,以政府改革推动政治、经济、文化、社会、生态诸多体制协同改革成为必由之路。在这个意义上,政府职责体系的建设为全面认识改革开放提供了一个理论视角。从这一视角出发,政府职责体系的调整过程,实际上就是调节政府与政府、政府与市场、政府与企业、政府与社会、政府与公民等关系的过程,也就是以职责的合理配置打破体制机制运行的制度性掣肘,协同推进诸多体制改革与创新的过程。

---

①　胡锦涛:《高举中国特色社会主义伟大旗帜　为夺取全面建设小康社会新胜利而奋斗——在中国共产党第十七次全国代表大会上的报告》,《人民日报》,2007年10月25日。

三、选题的现实意义

(一)为职责体系调整提供理论支持

政府纵向职责体系的调整并非一蹴而就,而是一个漫长、甚至曲折的过程。一方面,正如前文所述,在我国"同构式"政府职责体系已经运行多年,形成了强大的制度惯性——这种惯性可能会本能地阻碍职责体系的调整;另一方面,学界虽然明确了政府纵向职责体系调整的必要性,对于相关的原则也有所了解,但在具体的操作层面,尚缺乏行之有效的经验,对于"怎么做"的认识还比较模糊。

本书试图借由对政府纵向职责体系的系统梳理,为改革提供必要的理论支持,并立足于历史和比较,尝试建构一种中观层面的分析框架,对政府纵向职责体系的运行要素进行深入剖析,勾勒出体系调整的可能路径,从而尝试为政府纵向职责体系的调整提供可能的指导。

(二)切实有效推进服务型政府建设

转变政府职能是中国行政体制改革的核心内容之一,也是经济体制改革和政治体制改革的"结合部";建设服务型政府则是中国政府为适应社会主义市场经济的发展,继续深入推进政府职能转变的新阶段。[1]新时期,深化对政府公共服务职责的认识,特别是明确划定不同层级政府应当履行的公共服务职责,是服务型政府建设的重要基石。

"同构性"政府纵向职责体系在实践中遭遇了不少困难,尤其是在公共服务供给方面,直接表现为供给效率和供给质量不高的问题。本书通过对政府纵向职责体系的理论探究,有助于实现政府职责在各层级之间的合理配置,也有助于深化政府机构改革和行政效能提升,从而切实有效地推进服务

---

① 参见朱光磊、于丹:《建设服务型政府是转变政府职能的新阶段——对中国政府转变职能过程的回顾与展望》,《政治学研究》,2008 年第 6 期。

型政府建设。

(三)深化行政体制改革的现实需要

党的十九大报告在"深化机构和行政体制改革"部分,进一步强调"转变政府职能,深化简政放权,创新监管方式,增强政府公信力和执行力,建设人民满意的服务型政府。赋予省级及以下政府更多自主权。在省市县对职能相近的党政机关探索合并设立或合署办公。"这一战略表述对新时期深化政府职能转变提出了更高的要求。特别值得关注的是,"赋予省级及以下政府更多自主权"的提法将中国的政府层次分为"中央政府""省级政府"和"省级以下政府"三类,进而强调要明确不同职能在不同层级政府间的分配。而这恰恰就契合了政府纵向职责体系的理念。

本研究描述了政府纵向职责体系的运行过程,探讨调整的可能路径,并借助职责的合理划分与有效配置,打造责任明确、各有侧重、相互衔接、高效运行的纵向体系,以契合进一步深化行政体制改革的现实需要。

第二节　现有研究述评

一、国内相关研究述评

目前,国内学术界虽然已经逐渐开始关注政府纵向职责体系的相关问题,但直接的研究成果还比较少。根据 CNKI 检索,截至 2019 年 8 月,以"政府职责体系"为主题的期刊文献仅有 58 篇;以著作形式呈现的成果也较少。但是如果从一个更宽泛的角度来看,学界虽然少有涉及这一主题的直接著述,但关于政府职能转变、纵向府际关系、公共财政、纵向事权划分、行政区划调整等问题的研究,已经或多或少地延伸到了政府纵向职责体系领域;这些成果在一定程度上为后续研究的展开提供了理论基础。

(一)侧重政府职能转变视角的相关研究

转变政府职能是我国现代化建设中的关键问题和核心动力之一。关于政府职能转变的研究关涉着职责体系的外在背景、划分原则、调整方向等系列要素的描述。因此,关于侧重政府职能转变视角的梳理,有助于形成对政府纵向职责体系的整体把握。

1. 关于政府职能转变历史轨迹的探讨

新中国成立以来,特别是改革开放后,我国政府职能发生了显著变化,并得到了学界的极大关注。学者们从不同维度对这一历史轨迹进行了勾勒,其中比较有代表性的包括:

朱光磊教授将政府职能转变的历程归纳为 1984 年至 1998 年的"初步认识与改革启动阶段",1998 年至 2003 年的"调整认识与改革探索阶段"以及 2003 年至今的"深化认识与改革深入阶段",并旗帜鲜明地提出"建设服务型政府是政府职能转变的新阶段"的观点。[①]何颖教授将政府职能转变的历程归纳为"由政治职能为重心向经济职能为重心的转变""由偏重经济职能向更加注重社会管理和公共服务职能转变"两个阶段。[②]竺乾威认为改革开放以来,我国政府职能的三次转变经过了从以政府权力为中心到以政府运作流程方式为中心再到以权力为中心的改革历程。这一回归表明政府职能的改革再度涉及核心问题,直观表现在新一轮简政放权和权力清单改革上。[③]张志敏将改革开放以来政府职能转变的历程划分为三个阶段:职能定位不甚清晰条件下的自发转变阶段(1978 年至 1991 年)、按照市场经济的要求自主转变阶段(1992 年至 2000 年)、外力作用下规范政府经济职能的阶段

---

①　参见朱光磊:《中国政府职能转变问题研究论纲》,《中国高校社会科学》,2013 年第 4 期。

②　参见何颖:《我国政府职能转变问题的反思》,《行政论坛》,2010 年第 4 期。

③　参见竺乾威:《政府职能的三次转变:以权力为中心的改革回归》,《江苏行政学院学报》,2017 年第 6 期。

（2001 年以来）。①李丹阳基于经济形态和发展程度的视角,认为政府职能将沿着"政府控制型—政府主导型—政府推动型—政府引导型"的路径发生变迁。②马英娟、李德旺也对我国政府职能转变的实践历程与未来发展方向进行了有益的探讨。③此外,还有一个值得关注的新变化,"互联网＋"政务为政府职能转变拓展了新的可能,直观体现在能够为效能政府的建设提供技术支撑、为透明政府的实现提供信息公开平台和为服务型政府的建设开辟新渠道三个方面。④

这些划分方式⑤各有合理之处,在此无意对其进行批判。但如果从更抽象的角度来综合考察的话,这些研究殊途同归地探寻了三个追问:政府职能应当转向何方? 政府职能的性质如何变化? 职能作用的范围如何变化?

第一,从"管理本位"到"服务本位":政府职能转变的方向。在传统意义

---

① 参见张志敏:《改革开放以来政府职能转变的路径与战略突破》,《改革》,2009 年第 2 期。

② 参见李丹阳:《两难抉择与政府职能转变》,《学术研究》,2008 年第 3 期。

③ 参见马英娟、李德旺:《我国政府职能转变的实践历程与未来方向》,《浙江学刊》,2019 年第 3 期。

④ 参见孙荣、梁丽:《"互联网+"政务视域下的政府职能转变研究》,《南京社会科学》,2017 年第 9 期。

⑤ 早期也有不少学者对这一问题进行了探索,但限于时间的影响,无法对政府职能转变轨迹进行整体和全面的描绘。如武力将政府职能转变的历程划分为两个阶段:第一阶段从 1979—1991 年,重心是"消解",即消解旧的政府职能、缩小政府管理经济的范围和权力;第二阶段从 1992 年至今,重心是创新,即要使政府职能适应市场经济的发展。(武力:《1949—2002 年中国政府经济职能演变述评》,《中国经济史研究》,2003 年第 4 期);王国泽等主张将其划分为三个阶段:第一阶段是 1978 年年底至 1984 年 10 月,第二阶段是 1984 年 10 月至 1992 年 10 月,第三阶段是 1992 年 10 月以来。(王国泽、柳军:《社会主义市场经济与政府职能的转变》,《山西社会主义学院学报》,2003 年第 3 期);钱振明则从"1978 年以前""党的十一届三中全会以后"和"党的十四大以来"三个阶段阐述政府职能转变的轨迹以及各个阶段的特征。(钱振明:《我国政府职能转变的历史轨迹及其理论思考》,《华东师范大学学报(哲学社会科学版)》,1995 年第 4 期);此外,还有学者间接地以改革开放以来政府机构改革为主线阐述政府职能转变的历程,同样颇具参考价值。有兴趣可以参见高小平、刘一弘:《1998 年、2008 年两次国务院机构改革"三定"规定比较研究——基于政府职能转变的视角》,《江苏社会科学》,2008 年第 6 期;何颖:《中国政府机构改革 30 年回顾与反思》,《中国行政管理》,2008 年第 12 期;周望:《改革开放以来政府机构改革的回溯、反思与展望》,《行政论坛》,2009 年第 5 期;孙晋、邓联繁、吴宁:《对政府机构改革之深层次探讨》,《武汉大学学报(人文社会科学版)》,2000 年第 4 期;李本和:《政府职能转变与政府机构改革》,《经济体制改革》,1998 年第 2 期。

上,学界多从"管理"的角度来审视政府职能,导致政府职能转变天然地以"如何实现更好的管理"为目标。但是,历史雄辩地证明,以管理为本位不但可能导致政府职能的越位、缺位、错位,甚至可能在相当程度上阻碍经济体制改革和政治体制改革的进一步深化,导致各级行政机构表现出保守性和惰性①、政府职能转变进度缓慢②、依法行政的统一性和透明度不高③等系列问题。

在新形势下,学界逐渐达成共识,认为政府职能转变应当以更好地提供公共服务为导向。王浦劬教授根据党的十八大,十八届三中、四中全会和习近平总书记系列重要讲话精神,立足国家治理现代化,审视了转变政府职能的功能意义、目标定位、本质抓手、践行思路、法治路径和实现机制等基本理论问题;④朱光磊教授指出,政府职能转变要以公共服务为核心;⑤唐铁汉认为,我国政府职能转变表现出"人本性"的特征,⑥强调要实现政府职能向提供优质公共服务、维护社会公平正义的根本转变;⑦吕月英等呼吁公共服务要从"缺位"转向"到位";⑧高伟凯、邢伟认为,要重新定位政府职能并使其向"公共服务性"回归;⑨张皓若认为,"以人为本"是政府职能转变的深刻思想内涵;⑩田国强认为改革的关键在于从"与民争利"的发展型政府向以"公共

---

① 参见廖昆明:《我国政府职能转变存在的问题与对策》,《国家行政学院学报》,2008年第2期。

② 参见杨学渊:《我国政府职能转变滞后的动力机制考察》,《中共中央党校学报》,2001年第2期。

③ 参见陈永明、漆金玉:《新形势下政府职能转变的新思维》,《科技进步与对策》,2006年第1期。

④ 参见王浦劬:《论转变政府职能的若干理论问题》,《国家行政学院学报》,2015年第1期。

⑤ 参见朱光磊:《中国政府职能转变问题研究论纲》,《中国高校社会科学》,2013年第4期。

⑥ 参见唐铁汉:《我国政府职能转变的成效、特点和方向》,《国家行政学院学报》,2007年第2期。

⑦ 参见唐铁汉:《抓住重点 突破难点 加快推进政府职能转变》,《中国行政管理》,2009年第8期。

⑧ 参见吕月英、王颖:《WTO背景下的政府职能转变》,《生产力研究》,2004年第4期。

⑨ 参见高伟凯、邢伟:《和谐社会与基本医疗保障制度中的政府职能转变》,《宁夏社会科学》,2007年第3期。

⑩ 参见张皓若:《以人为本 树立科学发展观 推进政府职能转变》,《经济体制改革》,2003年第6期。

利益"为先的服务型政府转变；①薄贵利提出，完善公共服务是现代政府的核心职能。②

特别值得注意的是，2003 年爆发的"非典"事件深化了学界关于危机管理与政府职能转变的系统思考。金太军③、温志强④、孙长虹⑤、吴江⑥等从应对公共危机挑战、完善危机管理体系、落实政府职责等方面对这一问题进行了反思。

结合这两方面看，从"管理本位"到"服务本位"的演变已经成为统领政府职能转变的内在逻辑，特别在"以服务为本位"这一点上，学界业已凝聚了共识。

第二，从"功能导向"到"结构导向"：政府职能转变的性质。在原有的经济体制下，政府职能的价值取向主要体现为管理与规范，从而表现出"集权的、单一的、整体的政府权能"⑦。在这种功能导向下，政府职能的范围非常广泛，政府职能的运作方式也主要表现为行政指令与政治命令。⑧与此同时，在这一阶段，政府职能的调整主要是在政府系统内部进行，"政府职能的权能运行仅限于政府条块体系之内"⑨，而"政府职能的变化也主要是通过政府机构的变动与政府职权的调整及政府管理方式的改革探索体现出来"⑩。

---

① 参见田国强：《世界变局下的中国改革与政府职能转变》，《学术月刊》，2012 年第 6 期。
② 参见薄贵利：《完善公共服务：地方政府职能转变的核心和重点》，《新视野》，2004 年第 5 期。
③ 参见金太军：《"非典"危机中的政府职责考量》，《南京师范大学学报（社会科学版）》，2003 年第 4 期。
④ 参见温志强：《政府职能转变中的危机管理体制选择》，《甘肃社会科学》，2005 年第 1 期。
⑤ 参见孙长虹：《政府职能转变的新课题：建立现代政府危机管理体系》，《社会科学辑刊》，2004 年第 2 期。
⑥ 参见吴江：《从抗击 SARS 看政府职能转变》，《国家行政学院学报》，2003 年第 4 期。
⑦ 何颖：《我国政府职能转变问题的反思》，《行政论坛》，2010 年第 4 期。
⑧ 参见刘文光：《加入 WTO 与中国政府职能转变》，《青海社会科学》，2002 年第 4 期；邢钰：《入世后的政府职能转变》，《华南师范大学学报（社会科学版）》，2002 年第 2 期；吴先满：《在加紧加快政府职能转变中构筑现代市场服务型政府》，《南京社会科学》，2003 年第 1 期。
⑨ 何颖：《我国政府职能转变问题的反思》，《行政论坛》，2010 年第 4 期。
⑩ 侯保疆：《我国政府职能转变的历史考察与反思》，《政治学研究》，2003 年第 1 期。

伴随着经济体制改革的不断深化和社会管理体制的不断创新，政府职能逐渐从"功能导向"向"结构导向"转变，即从单一的、整体的政府功能性职能向分散的、多元的政府职能结构转变。具体地看，这一转变体现在内部结构和外部结构两个方面。

从外部结构看，合理界定政府、市场、社会的边界，理顺三者之间的关系成为学界关注的热点问题。严翅君在梳理国家与社会关系历史的基础上，论证了国家与社会相分离的必然性；[1]刘旭涛[2]、童伟[3]等发现运用市场化的方式来提供公共服务能够有效提高供给效率和效果；张荣昌认为，培育强大、完善的社会中介组织和提升社区自治能力是推进政府职能转变的有效途径之一[4]。徐家良、薛美琴认为行业协会承接政府职能转移中存在一个行动渐进的区域空间，涵盖"社会主导—国家支持""国家主导—社会支持""社会主导—国家引导"三类互动关系。[5]孙发锋总结了政府向社会组织转移职能的四种模式：给予模式、交换模式、挤压模式和拓展模式。[6]但是，值得注意的是，在肯定转移政府职能重要性的同时，也应当看到，超越特定必要条件、将政府购买公共服务与政府职能转移简单等同等做法，同样偏离了简政放权改革的方向。[7]

此外，另一种有趣的解释是将政府职能转变的过程理解为政府利益最

---

① 参见严翅君：《我国政府职能转变的一个理论基础——论现阶段国家与社会的分离》，《学术月刊》，1993 年第 7 期。

② 参见刘旭涛：《公共服务市场化：政府职能转变的重要方向》，《新视野》，1999 年第 1 期。

③ 参见童伟：《从市场检验到政府职能转变——北京市公共服务供给模式改革分析》，《北京社会科学》，2008 年第 1 期。

④ 参见张荣昌：《政府职能转变的条件探析》，《国家行政学院学报》，2002 年第 4 期。

⑤ 参见徐家良、薛美琴：《行业协会承接政府职能转移特征分析》，《上海师范大学学报（哲学社会科学版）》，2015 年第 5 期。

⑥ 参见孙发锋：《中国政府向社会组织转移职能：机理、模式与特点》，《广西社会科学》，2015 年第 8 期。

⑦ 参见石亚军、高红：《政府职能转移与购买公共服务关系辨析》，《中国行政管理》，2017 年第 3 期。

大化、经济社会组织与政府之间政治交易达成的可能性以及相对议价能力三者互动的结果,进而梳理出建构性放权、吸纳型放权和隔离型放权三种转变路径。①这种基于交易成本政治学的分析,为理解政府职能转变的机制和逻辑提供了新颖的视角。类似地,马卫红也提出,"政府职能转变不仅仅是政府意志的问题,其动力应当放到多种组织构成的社会生态中去观察,而组织间的作用机制将决定政府职能转变的方向和路径"②。

从内部结构看,如何有效地实现职能的优化配置成为关键。刘雪华认为,政府职能转变除了体现在加强社会职能和公共服务等方面之外,还包括政府职能权限及职能履行方式的调整;③秦国民认为政府职能转变是职能结构优化配置、职能总量调适变化和职能实现方式转变三者的有机统一;④薛冰则对西部开发中的政府职能转变过程进行了具体分析,发现政府自身多重角色和多重利益的冲突、旧观念的反向作用,以及利益、观念对体制转换的制约是政府职能转变的难点,⑤从而探索了下一步政府职能转变的可能方向。

结合这些研究来看,从"功能导向"到"结构导向"的转变意味着要有效界定政府职能的边界,要以经济性、法律性、间接性的运行模式取代传统的行政性、直接性模式,并配置一个适合市场经济和现代社会发展的职能结构。

第三,从"全能政府"到"有限政府":政府职能作用的范围。从历史发展的经验看,政府经济发展战略的选择会直接影响经济体制的形成与发展。按照林毅夫等人的观点,"政府一经选定了重工业优先发展战略,就会形成相

---

①　参见蔡长昆:《从"大政府"到"精明政府":中国政府职能转变的逻辑——交易成本政治学的视角》,《公共行政评论》,2015 年第 2 期。

②　马卫红:《政府职能转变:走向管控还是服务?》,《经济社会体制比较》,2016 年第 3 期。

③　参见刘雪华:《论服务型政府建设与政府职能转变》,《政治学研究》,2008 年第 4 期。

④　参见秦国民:《政府职能转变的动因与服务型政府构建》,《郑州大学学报(哲学社会科学版)》,2005 年第 1 期。

⑤　参见薛冰:《西部开发中政府职能转变的难点与对策研究》,《西北大学学报(哲学社会科学版)》,2004 年第 4 期。

应的扭曲价格的宏观政策环境，以及以计划为基本手段的资源配置制度和没有自主权的微观经营制度"①。这种体制催生了全能主义式政府——政府"无所不包、无所不管"，相应地，政府职能也无比庞大。但是，现代社会往往是一个多元主体共治的社会，而全能主义式政府恰恰压制了市场与社会的成长空间。同时，"一个全能的政府不会是有效政府，它只会给市场运行设置重重障碍，滋生寻租空间"。②伴随着经济转型和社会发展，从全能政府向有限政府的转变成为历史的必然。具体地看，这种变化意味着要健全法制，"放开那些不该管的、管好那些该管的"③，从而限定职能范围、落实职责划分，确保"全面正确履行政府职能"④。

2. 关于政府职能转变的模式探讨

新时期如何深入推进政府职能转变是政府理论发展和现代化建设中的关键问题。职能转变的过程，既是探索职能重组与优化的过程，也是摸清职能合理边界的过程。从这一基点出发，可以将学界关于政府职能转变模式的理论主张归纳为"梯次推进论"和"协调推进论"两类。

第一，梯次推进论：政府纵向职责体系的内部生态。

随着研究的深入，学界逐渐认识到，对于政府职能转变的研究不能局限在粗略描述上，而要对不同层级的政府、不同类型的职能进行精细区分，从而推动研究的深化、细化与具体化。在这一过程中，不少学者做出了有益的尝试，既包括整体层面的描述性研究，也包括结合某个实际问题的具体性研究。

早在 1999 年，魏文章就曾撰文提出当时的职能转变并未切准要害，更没有剖析不同层级政府职能转变的不同含义。特别对于县级政府而言，在职

① 林毅夫、蔡昉、李周：《中国的奇迹：发展战略与经济改革》，上海人民出版社，1999 年，第 54 页。
② 田国强：《世界变局下的中国改革与政府职能转变》，《学术月刊》，2012 年第 6 期。
③ 参见 2013 年 5 月 13 日，李克强总理在"动员部署国务院机构职能转变工作"的全国电视电话会议上的讲话。
④ 《中共中央关于全面深化改革若干重大问题的决定》，《人民日报》，2013 年 11 月 16 日。

能运行中存在重大偏差,即只注重几乎不存在的宏观管理和经济手段,却忽视了行政行为中的微观管理、具体服务和行政手段。①这种观点实际上批评了县级改革盲目附和上级政府、忽略自身特殊性的改革倾向。周志忍教授结合新时期的历史背景,重点讨论了政府职能转变的深层次内涵及其实施理念。具体地说,就内涵和表现形式而言,新时期职能转变的侧重点不再是简单的政府"该管什么、不该管什么",而必须深入到政府履行职责的具体方式和政府的角色定位上。②石亚军则对地方政府职能转变进行了深入、系统的描述,强调要做到"接准、放实、管好"。③可以说,"接准"是对外部环境的客观描述,"放实、管好"则涉及职责的具体落实。

此外,刘晓凤通过对挪威市镇政府职能的总结,认为应当依照事权划分和服务范围来明确界定县级政府应当履行的社会管理与公共服务职能。④叶克林等认为,科学界定地方政府职能的关键在于"央、地政府权力关系架构下的权责划分"和"不同时代条件下政府属性及其行为取向"二者的有效协同。⑤也就是说,只有形成分工明确、协调运行的职责体系,才能够提升社会管理和公共服务的效率,并有效规避政府职能的错位、缺位、越位现象。

除了宏观描述之外,还有不少学者从具体问题切入进行针对性的分析。如赵聚军以政府职能转变为主线探索了行政区划的调整问题,提出要区分省级政区和省级以下政区:二者所遵循的改革原则不同,前者应主要考虑适度发展行政区划的控制机能、维护中央权威,后者则应更多地考虑统筹公共

---

① 参见魏文章:《关于县级政府职能转变的几个问题》,《中国行政管理》,1999 年第 7 期。
② 参见周志忍:《新时期深化政府职能转变的几点思考》,《中国行政管理》,2006 年第 10 期。
③ 参见石亚军:《地方政府职能转变重在接准、放实、管好》,《中共中央党校学报》,2014 年第 2 期。
④ 参见刘晓凤:《我国县级基层政府职能转变研究——基于挪威市镇政府职能的诉求、失范与匡扶》,《贵州社会科学》,2011 年第 4 期。
⑤ 参见叶克林、侯祥鹏:《综论中国地方政府职能转变与机构改革》,《学海》,2011 年第 1 期。

服务和降低施政成本。①岳经纶从社会政策(Social Policy)②的视角审视了和谐社会与政府职能转变之间的关系，发现我国政府体制改革成效不彰的重要原因之一，就在于忽视了中央和地方在社会福利功能上的分工与协作。③保建云发现中央政府对地方政府的选择性授权是导致我国区域发展呈现梯度推进的重要原因,进而阻碍了政府职能的切实转变。④刘佳义等基于地区间比较的视角，重点考察了东部地区和中西部地区政府职能转变效率的差异,进而提出要分区域、有步骤地推进政府职能转变。⑤

总体来看，梯次推进论的核心在于从系统的视角审视政府职能转变过程,分层次、分区域地架构政府职能的内部配置,突出重点、集中资源,有计划、渐进式地推进政府职能转变。

第二,协调推进论:政府纵向职责体系的外部生态。

在研究中,不少学者发现,关于政府职能转变和职责体系的考察,不能仅仅着眼于政府内部,而应当在政府、市场、社会多元主体格局当中进行综合审视。在这个意义上,政府职能转变和职责体系调整的过程恰恰就是处理政府、市场与社会三者关系的过程。

朱家良、周日星分析了转轨时期地方政府的经济管理权限,发现其兼具"管理者"和"经济人"双重角色之间的矛盾是规范政府职能的最大障碍。因

① 参见赵聚军:《中国行政区划研究60年:政府职能转变与研究导向的适时调整》,《江海学刊》,2009年第4期。

② 英国社会政策研究的鼻祖理查德·莫里斯·蒂特马斯(Richard Morris Titmuss)认为,"社会政策可以被视为变迁的一种积极工具,它是整个政治过程中不可预见和不能估算的一部分……社会政策是一种关注经济和非经济目标的有益和分配性的社会变迁"。参见 Richard Morris Titmuss, *Social Policy: An Introduction*, Pantheon Books, 1974, pp.26-30.

③ 参见岳经纶:《和谐社会与政府职能转变:社会政策的视角》,《武汉大学学报(哲学社会科学版)》,2007年第3期。

④ 参见保建云:《中国市场化进程中政府职能转变对区域发展的影响效应》,《学习与探索》,2007年第6期。

⑤ 参见刘佳义、刘舜佳:《政府职能转变的成本收益分析:基于地区间的比较》,《财经理论与实践》,2006年第3期。

此,必须将规范政府职能、创建企业制度以及培育市场制度紧密结合起来,协同推进改革进程。①杜创国论证了和谐社会背景下政府职能转变的紧迫性,②明确提出政府职能转变的原则性思路是"整体配合、总体推进"。③杨述明论述了社会治理和地方政府职能转变在逻辑上的一致性,强调要建立分层级、分类别、分权制、分阶段的治理体制。④于显洋、郭砚君⑤、杜飞进⑥将政府职能转变置于社会管理格局之中,强调要处理好改革、发展、稳定之间的关系。大略地看,这些论述都从不同角度表达出要协调政府、市场、社会三者关系的含义。

除此之外,还有不少学者立足于问题导向,探讨了其他方面的统筹协调。如张凤阳强调,政府职能转变应当是处理好政府纵向间关系的"上下"维度、政府—市场—社会横向间关系的"左右"维度和政府履职站台方位间关系的"前后"维度。⑦张锐昕、杨国栋强调政府职能转变的核心是转变行政理念、加强统一规划和集中领导、实现技术手段变革与组织制度重组相结合三者之间的统筹协调。⑧黄维民立足于全球化的历史背景,强调要实现职能方式、职能内容以及组织机构调整等方面的协同。⑨杨鸿台考察了法治政府、责任政府、服务政府三者之间的区别与联系,强调要将三者统筹于政府

① 参见朱家良、周日星:《地方政府职能转变的特点、目标和途径》,《浙江社会科学》,1998年第3期。
② 参见杜创国:《构建和谐社会背景下的政府职能转变》,《当代世界与社会主义》,2007年第4期。
③ 参见杜创国:《马克思主义的国家观与政府职能转变》,《马克思主义研究》,2008年第8期。
④ 参见杨述明:《现代社会治理:地方政府职能转变的历史使命》,《江汉论坛》,2014年第2期。
⑤ 参见于显洋、郭砚君:《社会管理格局中政府职能转变之实践研究》,《中国特色社会主义研究》,2013年第1期。
⑥ 参见杜飞进:《论和谐社会建设与政府职能转变》,《学习与探索》,2007年第1期。
⑦ 参见张凤阳:《政府职能转变的三重梗阻及其疏通》,《上海行政学院学报》,2015年第2期。
⑧ 参见张锐昕、杨国栋:《网络时代西方国家政府职能转变:动因、对策及启示》,《兰州大学学报(社会科学版)》,2007年第3期。
⑨ 参见黄维民:《论全球化背景下我国政府职能转变的特点》,《西北大学学报(哲学社会科学版)》,2004年第5期。

活动空间、责任性质和治理方式等方面的深刻变化之中。①这些主张也极具参考价值。

总地来说，"协调论"的核心在于要将政府职能转变放到"政府—市场—社会"互动的视域中进行考察，借助主体关系的互动与协调，合理划定职能边界，促使"越位""错位"的职能实现"归位"，"不到位"的职能实现"到位"，从而切实推进政府职能转变和纵向职责体系调整。

3. 关于政府职能转变的文本分析

政府运行过程中产生了大量的行政文本，为理解政府职能转变和行政体制改革提供了重要参考。相应地，近年来学界也出现了一些聚焦文本内容进行分析的研究，试图从文本内容中抽取有价值的信息，进而探寻一般性的规律。其中比较有代表性的包括：

孙涛、张怡梦通过对改革开放以来机构改革文本的分析发现，在政策导向层面，机构改革与职能转变历经从"被动配合"到"主动作为"的变化，新一轮党政机构改革更是以职能逻辑为主线，呈现出整体性、协同性的特征。同时，受公共价值导向的影响，政府职能的内涵、属性、结构、运作体现了责任、服务、分权、法治的导向；受绩效管理工具导向的影响，机构调整的操作逻辑以基于大部制的整合为主。②

魏姝聚焦我国1978—2014年中央政府颁布的高等教育政策文本，发现改革开放以来中央政府在高等教育领域的职能虽有所转变但整体上有限，突出表现为政府在很大程度上仍然扮演着"生产者"的角色，并习惯于采用强制性管理手段，同时执政党的管理也在不断增强。③

①　参见杨鸿台：《论法治政府、责任政府、服务政府及政府职能转变》，《毛泽东邓小平理论研究》，2004年第7期。
②　参见孙涛、张怡梦：《从转变政府职能到绩效导向的服务型政府——基于改革开放以来机构改革文本的分析》，《南开学报（哲学社会科学版）》，2018年第6期。
③　参见魏姝：《政策类型视角下的中国政府职能转变——以高等教育政策为例的实证研究》，《中国行政管理》，2016年第7期。

陈天祥、杨蕊对 1981—2015 年广东省政府工作报告进行文本分析,发现地方政府职能转变的特点包括:职能总量不断增加、不同领域职能间实现了量的相对转移、各项职能内容都经历了从点到面和由浅入深的过程、"全能型"政府逐渐向"服务型"政府过渡等,并带有明显的阶段性和渐进性。[①]

陈天祥、李倩婷选取国务院、广东省、佛山市、南海区四级政府机构作为样本,基于 1999—2014 年行政审批项目的变迁透视中国政府职能转变的状况,研究发现政府职能已经大幅缩减,但转变工作远未完成。职能结构重经济轻社会的倾向明显,政府职能转变中地方自主性不足等现象依然存在。[②]

邓雪琳以 1978—2015 年国务院政府工作报告为文本对象,基于"经济建设、政治建设、文化建设、社会建设、生态文明建设"五位一体的职能分析框架,测量了改革开放以来中国政府职能转变的特点并预测了未来转变的趋势。[③]

应当说,这种分析方法的引入,充分利用了行政过程中产生的文本大数据,有助于在一定程度上规避研究者的主观价值,为政府职能转变的测量提供了崭新的视角。未来,类似的研究可能会越来越多。

(二)侧重府际关系视角的相关研究

新中国成立以来,特别是改革开放后,随着经济体制改革步伐的加快和行政体制改革与社会体制改革的跟进,中央逐步向地方下放了部分权力,"我国的府际关系正在发生变化,传统的单中心治理和等级控制机制正在走向瓦解,并且初步形成了多中心治理格局"[④]。与此同时,从理论层面看,较之

---

① 参见陈天祥、杨蕊:《地方政府职能转变测量——基于广东省政府工作报告的文本分析(1981—2015)》,《华南师范大学学报(社会科学版)》,2017 年第 1 期。

② 参见陈天祥、李倩婷:《从行政审批制度改革变迁透视中国政府职能转变——基于 1999—2014 年的数据分析》,《中山大学学报(社会科学版)》,2015 年第 2 期。

③ 参见邓雪琳:《改革开放以来中国政府职能转变的测量——基于国务院政府工作报告(1978—2015)的文本分析》,《中国行政管理》,2015 年第 8 期。

④ 参见杨宏山:《府际关系论》,中国社会科学出版社,2005 年,第 32 页。

学界长期使用的强调中央主导与层级节制的"中央与地方关系"分析框架，"府际关系"更多地强调政府间的互动与合作，从而为观察政府纵向职责体系提供了一个独特的视角。

1. 关于我国政府纵向职责体系的宏观描述

目前，学界关于政府纵向职责体系的研究尚处于起步阶段，已有成果也以宏观的描述性研究居多。其中，比较有代表性的包括：

朱光磊教授探讨了政府职责体系建构中的六对重要关系：政府职责的"横向划分"与"纵向划分"的关系、"央地之间权力划分"与"纵向府际权力划分"的关系、"分解"与"归类"的关系、"行政许可权限划分"与"监管服务范围划分"的关系、"维护中央权威"与"尊重地方利益"的关系、"放权""收权"与"归位"之间的关系，提纲挈领地对政府职责体系进行了系统描述。[1]沈荣华教授立足纵向行政体制改革的视角审视了经济调节、市场监管、社会管理和公共服务四项职能在纵向各级政府间的配置，提出改革的重点应当放到政府间管理权限的合理划分上。[2]张伟认为政府职责关系包括中央与地方、政府各部门间、垂直部门与地方政府间的职责关系三个方面，而健全政府职责体系的关键在于确立政府权责一致原则、合理界定政府职责体系范围以及理顺政府职责关系。[3]马新华认为，健全地方政府职责体系的着力点在于职能的转移、下放和整合，即要科学划分和配置省、市、县及乡镇之间的职责，推进管理职能重心下移，进一步扩大市、县、乡镇的经济社会管理权限。[4]曹桂全从历史梳理出发，认为当前我国纵向分工多限于管理权限的调整而未能触及分工模式的实质，因此有必要借鉴国外的"分事模式"，按照事权性质

---

① 参见朱光磊：《政府职责体系构建中的六个重要关系》，《中国机构改革与管理》，2013 年第 6 期。
② 参见沈荣华：《纵向行政体制改革的思考》，《中国行政管理》，2008 年第 9 期。
③ 参见张伟：《构建政府职责体系应把握的基本框架》，《中国党政干部论坛》，2009 年第 12 期。
④ 参见马新华：《健全地方政府职责体系的关键环节和突破口》，《中国机构改革与管理》，2013 年第 6 期。

确定承担不同事权的政府层次,以便缩小机构规模、降低运行成本。①丁煌、陈晓方强调应当坚持"整体型政府"思维,着力从加强法治建设、明确市县政府的履职重点、整合相关职能和执法资源、深化财税体制改革、鼓励社会公众参与五个方面科学构建市县政府职责体系。②吕同舟聚焦大城市这一场域,提出大城市构建政府职责体系的过程中,应当立足职责归类重点关注合理确权,立足统筹协同突出党的全面领导和维护市级政府权威与强化区级政府间伙伴关系意识,立足府际差异明确不同层级政府公共服务供给责任。③

在宏观描述的同时,也有部分学者开始尝试构建相应的理论分析框架。例如,宋林霖、许飞探索了政府职责系统嵌套的理论分析框架,梳理了国家市场监督管理总局合并后的职能现状,进而提出应当进行系统横截面的职能聚类、纵向线的职责清理与每一个节点上的职事确认,在保证各个部门权责明晰的基础上,构建具有网络关系的协调机制,从而重构纵向部门之间的职责体系。④此外,孙涛、张怡梦还从技术治理工具的视角切入,强调在构建政府职责体系的过程中应当充分发挥绩效评估的作用,塑造以"科学差异化"为原则的评估新模式。⑤

总体来看,这部分研究的主要内容是对政府纵向职责体系的宏观描述以及其调整路径的初步探索,实事求是地说,这些研究更多地表现为"蜻蜓点水"的态势,其理论层次还有待提高,但无论如何,这为下一步地探索打下了基础并指引了方向。

---

① 参见曹桂全:《多级政府分工模式与我国行政管理体制改革》,《理论与现代化》,2013 年第 3 期。
② 参见丁煌、陈晓方:《整体性政府视角下市县政府职责体系构建研究——以汕头市濠江区行政体制改革为例》,《中国行政管理》,2017 年第 8 期。
③ 参见吕同舟:《府际关系视角下大城市政府职责体系构建——基于〈深化党和国家机构改革方案〉的解读》,《南开学报(哲学社会科学版)》,2018 年第 6 期。
④ 参见宋林霖、许飞:《论大市场监管体制改革的纵深路径——基于纵向政府职责系统嵌套理论分析框架》,《南开学报(哲学社会科学版)》,2018 年第 6 期。
⑤ 参见孙涛、张怡梦:《科学差异化政府绩效评估——优化政府职责体系的技术治理工具》,《国家行政学院学报》,2018 年第 6 期。

2. 关于我国政府纵向职责体系的特征

朱光磊、张志红教授提出的"职责同构"概念恰如其分地描述了我国政府纵向职责体系的总体特征。结合实践来看,这是职能转变不到位、条块矛盾突出等重要问题难以解决的主要体制性原因;进一步看,只有打破职责同构、合理配置政府纵向职责,才有可能同步推进政府职能转变、解决条块矛盾和推动行政体制改革。①周振超从条块关系的角度切入,强调打破职责同构是条块关系变革的现实路径选择,从而实现从"每一级政府都要管所有的事情"向"只负责特定事情"的转变。②赫广义探究了"职责同构"模式的形成原因,强调要重塑纵向职责关系,建立"集分并举、职责异构、各负其责、运转高效"的纵向间政府关系模式。③叶麒麟认为要跳出"或集权、或分权"的简单争执,打破职责同构,进行职责和机构的再设计,逐步推进行政区划体制改革,实现纵向政府间关系运行的法治化。④在对职责同构和职责异构两种模式比较分析的基础上,邹宗根借助生物学中的 DNA 双螺旋结构,提出"职责旋构"模型作为未来政府间关系的可能选择,形成较为明晰的权力划分和职责分工体系。虽然观点的可行性需要实践的进一步检验,但无疑为审视纵向府际关系、调整纵向职责体系提供了新的思路。⑤

3. 关于我国政府纵向间的权限划分

除了关于政府纵向职责体系的宏观描述和特征阐释之外,还有一些学者从权力配置的角度来探索职责划分问题。这些研究与政府纵向职责体系也有内在的联系。

早在 1996 年,缪世骏就讨论了政府职能转变与中央、地方事权划分的

① 参见朱光磊、张志红:《"职责同构"批判》,《北京大学学报(哲学社会科学版)》,2005 年第 1 期。
② 参见周振超:《打破职责同构:条块关系变革的路径选择》,《中国行政管理》,2005 年第 9 期。
③ 参见赫广义:《中国纵向间政府"职责同构"模式解析》,《河南师范大学学报(哲学社会科学版)》,2005 年第 2 期。
④ 参见叶麒麟:《打破职责同构:政府机构改革的新思路》,《学术探索》,2007 年第 2 期。
⑤ 参见邹宗根:《职责旋构:纵向间政府关系的新思考》,《长白学刊》,2013 年第 5 期。

问题。①亓子龙认为地方分权改革实质上是国家权力在中央与地方的再分配,是为平衡中央与地方关系而采取的区别于中央集权的路径选择,其关键在于要清晰地界定纵向府际间的事权、财权与人事权。②郑毅从"委托-代理"、公共产品层次性理论、博弈论三个角度对央地事权划分进行了理论分析,认为事权划分应当遵循的原则包括发挥中央和地方两个积极性,客观现实、事权、责任和职能相适应,灵活性以及法制等。③任广浩探索了国家权力纵向配置的法治化问题,并发现央、地事权划分的同构性及央、地权力配置方式的行政化是纵向权力配置中的主要问题。④马万里基于多中心治理的背景,强调要从纵向上确定财政分权架构下中央与地方的供给职责配置,从横向上划定政府、市场与非营利组织的供给职责,从而实现从"财力路径"到"事权路径"的转移。⑤江孝感等以福利经济学为切入点,发现将交叉事权交给地方政府承办,可以使中央政府与地方政府之间的利益目标函数一致,从而有效地提高行政效能。⑥这些研究实际上都表达了一个核心观点,即:要对各层级政府之间的权限进行合理划分。换言之,要弄清楚各层级政府应当享受什么权力、履行什么职责。

　　此外,还有一些学者从公共物品的角度切入,强调要明确各级政府在公共物品供给中的职责。如江海燕发现政府在农村公共产品供给责任上的缺

————————

　　①　参见缪世骏:《政府职能转变与中央、地方事权划分》,《中国软科学》,1996 年第 8 期。

　　②　参见亓子龙:《中国政府间纵向关系中的地方分权改革动因探析》,《内蒙古农业大学学报(社会科学版)》,2012 年第 5 期。

　　③　参见郑毅:《中央与地方事权划分基础三题——内涵、理论与原则》,《云南大学学报(法学版)》,2011 年第 4 期。

　　④　参见任广浩:《国家权力纵向配置的法治化选择——以中央与地方政府间事权划分为视角的分析》,《河北法学》,2009 年第 5 期。

　　⑤　参见马万里:《多中心治理下的政府间事权划分新论——兼论财力与事权相匹配的第二条路径》,《经济社会体制比较》,2013 年第 6 期。

　　⑥　参见江孝感、吴大勤、冯勤超:《政府间事权划分思路研究》,《东南大学学报(哲学社会科学版)》,2006 年第 3 期。

位、错位是导致农村公共产品供给陷入困境的重要原因。[①]梁红梅、丁建微分析了农村公共产品的供给效率，发现政府职责划分不清与支出分配错位是供给效率不高的症结。[②]方栓喜、匡贤明则建议要以基本公共服务均等化为重点理顺中央和地方的关系，划定各层级政府职责，实现纵向关系从"以经济总量为导向"向"以基本公共服务均等化为重点"的转变。[③]

(三)侧重财政体制改革视角的相关研究

改革开放以来，我国财政体制改革主要经历了两个阶段：20世纪80年代的"财政包干制"和1994年开始实行的"分税制"。不同阶段的财政体制既受到行政生态的影响，也会反过来影响行政生态，与政府职能转变具有内生关联。

1.财政体制改革蕴含着中央与地方之间"集权–分权"的逻辑

1978年以前，我国实行的是高度集中的计划经济体制，相应地，在财政领域就表现为"统收统支"的管理体制。"文化大革命"结束时，中央政府面临着重大财政危机：中央政府财政收入仅占全国的13%，但支出却占全国的47%，[④]中央处于收支严重不对称的窘境。与此同时，20世纪70年代末开始推行的经济体制改革将扩大企业生产经营自主权作为重要举措，这虽然对释放市场活力、调动企业积极性起到了关键性的推动作用，但却导致财政收入中的企业收入项迅速减少。据统计，该项收入1978年为571.99亿元，1979年下降为492.90亿元，1980年为435.24亿元，1981年进一步下降为353.68亿元。

---

① 参见江海燕：《农村公共产品供给与政府职能转变——关于构建和谐社会的思考》，《学术研究》，2006年第11期。

② 参见梁红梅、丁建微：《对农村公共产品供给效率的再思考——从政府职责划分与支出分配视角的分析》，《南京财经大学学报》，2009年第1期。

③ 参见方栓喜、匡贤明：《以基本公共服务均等化为重点调整和改革中央地方关系的建议》，《经济前沿》，2007年第1期。

④ 参见张恒龙、孟添：《中国财政体制(1949—2004)变迁的实证研究——基于财政压力与竞争的视角》，《经济体制改革》，2007年第4期。

企业收入在财政收入中所占比重也由 1978 年的 51.0%下降为 1981 年的 32.5%,①其直接结果是 1979 年、1980 年财政连续两年分别出现 170.67 亿元和 127.50 亿元的巨额赤字。②

1980 年 2 月,国务院颁发了《关于实行"划分收支,分级包干"的财政管理体制的暂行规定》,决定从 1980 年起统一实行"划分收支,分级包干"的新体制,按照行政隶属关系明确划分中央和地方的财政收支范围,地方"以收定支";1985 年中央又调整了政府间财政分配关系,实行"划分税种,核定收支,分级包干"的财政体制;1988 年,中央再次调整政府间财政分配关系,实行"多种形式包干"的财政体制。总体上看,这一时期财政管理体制的典型特征就是:中央与地方"分灶吃饭"。因此,被统称为财政包干体制。

财政包干体制打破了高度集权的传统财政管理体制框架,实现了从"集权"到"分权"的突破,对于财政体制改革、经济体制改革甚至政治体制改革都起到了重要的推动作用。"无论在广度还是深度上,财政包干体制都超过了历史上任何一个时期的改革,其主导思想一直是分权化"③。但是值得注意的是,财政包干体制也"容易导致地区分配不公,不同形式的包干在基数和比例上都不统一,容易产生地方冲突"④。这些问题为下一步改革埋下了伏笔。

"到 90 年代初期,财政'分权让利'政策使得中央政府的经济调控和行政管理能力大大下降,从而导致'国家能力'被严重削弱,已经超过了'分权的底线'。"⑤有鉴于此,1993 年 12 月 15 日,国务院发布《关于实行分税制财政管理体制的决定》。分税制的内涵是依据中央政府与地方政府的事权合理划分各级财政支出范围,并根据"财事统一"的原则,明确划分中央和地方政府的财权,以便理顺和规范政府间财政分配关系。分税制的实施标志着"我

---

① 参见刘卓珺、于长革:《中国财政分权演进轨迹及其创新路径》,《改革》,2010 年第 6 期。
② 参见财政部综合计划司:《中国财政统计(1950—1991)》,科学出版社,1992 年,第 14 页。
③ 参见董再平:《中国财政分权改革的历程考察和问题分析》,《生产力研究》,2007 年第 2 期。
④ 参见张千帆:《中央与地方财政分权:中国经验、问题与出路》,《政法论坛》,2011 年第 5 期。
⑤ 王绍光:《分权的底线》,中国计划出版社,1997 年,第 12 页。

国财政分权正式突破了行政隶属关系和条块分割的限制，实现了从行政性分权向经济性分权的跨越"①。

结合这一过程来看，分税制改革所凸显的分权意识以及与之相伴的建立合理的"中央–地方"事权结构的理念具有强烈的指导意义。我国目前正处于社会转型的关键时期，转变政府职能的任务仍然比较艰巨，而"分税制的改进恰恰与国家积极推动的市场化改革及政府职能转变、加强立法机关监督、推进司法体制改革等密切相关"②。未来，必须将分税制改革深化、行政体制改革深化、政府职能转变与纵向职责体系建构等工作有机结合起来，"在明确政府改革中职能转变、合理定位的前提下，建立内洽于市场经济体制的财政体制"③，从而全面、协同推进我国政治、经济、社会各项改革进程。

2.财政体制改革与职责体系调整的关系

第一，不同的财政体制会对政府职能产生不同的影响。财政体制与政府职能其实是一体两面的。一方面，任何政府在履行职责时，都需要相应的财政资源作为其活动基础，也就是说，"政府为实现其职能所进行的一切活动都必须以财政分配活动或财政职能的实现为基础，财政职能的实现过程也就是政府对经济运行所产生影响和变化的过程"④。另一方面，政府履行职责的过程实质就是对财政资源进行汲取、支出和管理的过程。换言之，"财政收支的结构、体制和过程的变迁与创新，最终体现为并非简单的'税种''税率'等问题，而是涉及中央与地方关系、各级政府事权财权划分、责任政府甚至国家自主性等政府的根本性问题"⑤。

刘义胜分析了财政包干制和分税制下的政府职能，详细描述了不同财

① 刘卓珺、于长革：《中国财政分权演进轨迹及其创新路径》，《改革》，2010年第6期。
② 张守文：《论共享型分税制及其法律改进》，《税务研究》，2014年第1期。
③ 贾康、梁季：《配套改革取向下的全面审视：再议分税制》，《中共中央党校学报》，2013年第5期。
④ 徐井万、曾海鹰：《建立公共财政体系与政府职能转变的思考》，《经济体制改革》，2005年第2期。
⑤ 宋艳：《财政改革：地方政府职能转变的重要途径》，《社会科学战线》，2010年第4期。

政体制导致的职能重心变化。①他还分析了现行分税制财政体制对我国地方政府职能转变的制约作用,提出要明确不同层级政府的支出责任,协调财政层级与政府层级的冲突,赋予地方较多的财政自主权,完善政府间转移支付制度,从而推进地方政府职责体系的调整。②

第二,要建立与政府职责体系相适应的财政体系。学界广泛关注财政体系与政府职责之间的关系,并形成了不少具有代表性的成果,如沈荣华从服务型政府建设的角度出发,强调要创建公共服务分工合理的政府职责体系,创建、强化与公共服务相适应的财政体系。③金峰峰、傅黎瑛梳理了我国机构精简和人员调整的历程,发现公共财政理念的缺失是政府职能难以转变的根本原因。④金相文则论述了公共预算的"政治-经济"双重功能:前者主要是通过政府的二次分配调整财富结构,后者主要是对社会资源进行配置。⑤而柯斌武在审视了1994年以来我国财政收支情况的基础上,提出为了有效推进政府职能转变,必须推进预算管理体制改革,优化支出结构。⑥

总体来看,经过四十多年改革开放的历程,我国社会主义市场经济体系已经基本建立,经济建设成就举世瞩目,政治建设取得长足进步。但是,不可否认,在改革的过程中也出现了诸如社会矛盾激化、利益结构重组、利益团体显化等系列问题。这些问题的解决,一方面需要加快转变政府职能,加速调整纵向职责体系;另一方面,也需要公共财政体系的有力支持。因此,建立与政府职责体系相适应的财政体系,也就成为摆在学界和政界面前的重大现实问题。

---

①　参见刘义胜:《我国财政体制改革对地方政府职能转变的影响》,《内蒙古大学学报(哲学社会科学版)》,2009年第1期。

②　参见刘义胜:《论地方政府职能转变的财政体制制约与对策》,《内蒙古大学学报(哲学社会科学版)》,2009年第2期。

③　参见沈荣华:《关于政府公共服务体系创新的思考》,《学习论坛》,2008年第5期。

④　参见金峰峰、傅黎瑛:《政府职能转变中公共财政理念的缺失》,《当代财经》,2003年第1期。

⑤　参见金相文:《公共预算改革及其对我国政府职能转变的意义》,《新视野》,2004年第3期。

⑥　参见柯斌武:《从财政收支的角度推进政府职能转变》,《宏观经济管理》,2014年第2期。

二、国外相关研究述评

由于国内外行政传统和历史文化的差异，国外发达国家政府纵向职责体系多以"异构"的形式出现。这种"自然长成"的职责形态使得国外学界较少开展关于政府纵向职责体系的相关研究。甚至可以说，国外或许并不存在"转变政府职能"和"构建职责体系"的问题。同时，海外中国学者研究关注这一问题的也不多。但如果从一个更宏观的角度看，"政府纵向职责体系"与"纵向府际关系"具有逻辑上的关联性。如果能够系统地梳理国外学术界①关于纵向府际关系的研究状况，对于强化理论认识应当是有所裨益的。

"府际关系（Intergovernmental Relations，缩写为 IGR）"概念的提出，源于美国联邦制中的府际运作实践。根据美国学者戴尔·莱特（Deil S. Wright）的解释，府际关系这一概念最早出现于 20 世纪 30 年代。②当时，美国一些学者由于不满足于对宪法规范的静态分析，转而强调动态地研究联邦与州政府的互动过程。1935 年美国《社会科学百科全书》中首次出现了"府际关系"一词，用以描述联邦政府官员在面对经济萧条的压力时，如何采用不同于以往的政府运作模式，以及与之伴生的政策互动关系；1937 年美国学者克莱德·F.斯奈德（Clyde F. Snider）发表了《1935—1936 的县与镇区政府》一文，首次在学术文献中使用这一术语，但是并没有对其进行明确界定③；1940 年，美国政治与社会科学院在第 207 期《年鉴》杂志（The Annuals）中专门以"美国的府际关系"为主题刊载了一系列有关联邦与州、联邦与地方、州与州以及地方与地方之间关系的文章。但令人诧异的是，尽管该刊物有意凸显府际关系

---

① 受笔者语言掌握的限制，这里的"国外"主要指以英语为母语的国家。

② See Deil S. Wright, *Understanding Intergovernmental Relations* (3rd Ed.), Brooks/Cole Publishing Company, 1988, p.13.

③ See Clyde F. Snider, County and Township Government in 1935–1936, *the American Political Science Review*, No.31, 1937, pp.884–913.

研究的重要性,但却同样未对概念进行明确界定,也没有将其与联邦主义(Federalism)、新联邦主义(New Federalism),合作联邦主义(Cooperative Federalism)等传统概念进行细致区分。①

到 20 世纪 50 年代,在多元主义(Pluralism)思潮的影响下,府际关系取代联邦制成为考察联邦与州之间关系的主要视角。1953 年,美国国会成立"府际关系委员会(Intergovernmental Relations Committee,缩写为 IRC)";1959 年,又成立了"府际关系咨询委员会(Advisory Commission on Intergovernmental Relations,缩写为 ACIR)"。直到 1960 年,美国学者安德森才对"府际关系"进行了较为明确的定义:"美国联邦制度中各类、各级政府单位机构的一系列重要活动及其相互作用"②。安德森认为,府际关系的核心是官员之间通过交往形成的相互关系,"真正决定政府部门运作的, 实际上是在办公室中工作的'人',因此,我们有必要明确提出府际关系这个概念,来描述人际关系和人的行为"③。

这一时期,学界涌现了大量关于府际关系研究的论文和著作,其中比较有代表性的包括:戴尔·莱特的《理解府际关系》④、大卫·尼斯的《联邦主义:府际关系政治学》⑤、威廉·霍尔的《联邦主义的新制度:府际关系政治学(1960—1985)》⑥、大卫·尼斯和帕特丽夏·弗雷德里克森的《府际关系政治学》⑦、杜

---

① 参见谢庆奎、杨宏山:《府际关系的理论与实践》,天津教育出版社,2007 年,第 3~4 页。

② William Anderson, *Intergovernmental Relations Review*, University of Minnesota Press, 1960, p.3.

③ *Ibid.*, p.4. 有趣的是,谢庆奎教授等并不认同这一看法,认为府际关系并非由官员之间的交往关系决定,而应当主要地通过各项协定、法律、法规、法院判决予以规定。参见谢庆奎、杨宏山:《府际关系的理论与实践》,天津教育出版社,2007 年,第 1~4 页。

④ See Deil S. Wright, *Understanding intergovernmental relations*, Duxbury Press, 1978.

⑤ See David C. Nice, *Federalism:The Politics of Intergovernmental Relations*, Palgrave Macmillan, 1986.

⑥ See William K. Hall, *The New Institutions of Federalism:The Politics of Intergovernmental Relations 1960–1985*, Peter Lang International Academic Publishers, 1989.

⑦ See David C. Nice, Patricia Fredericksen, *The Politics of Intergovernmental Relations*, Wadsworth Publication, 1995.

安·亚当斯的《加拿大的联邦主义、民主和健康政策》①、安瓦尔·沙阿和罗宾·鲍德威的《府际财政转移：原则与实践》②、罗斯·斯蒂芬斯和纳尔逊·维克斯特罗姆的《美国府际关系：碎片化的联邦政治》③、罗纳德·瓦茨的《比较联邦体系》④、保罗·波斯纳和蒂莫西·波斯纳、爱丽丝·里夫林的《21世纪的府际管理》⑤、杰克·米克顺和科特·塞缪尔的《网络治理：府际管理的发展趋势》⑥、劳伦斯和罗伯特·克里斯坦森的《美国府际关系》（第五版）⑦、乔治·罗西奥和胡安·帕布鲁·希门尼斯的《拉丁美洲的分权与改革：府际关系的视角》⑧等。

府际关系是现代政治系统中的运行要素，伴随着现代治理复杂性的增加而日益扮演着更加重要的角色。虽然府际关系研究起源于联邦制国家的实践探索，但实际上，在任何现代政治系统中，均存在着府际关系研究的必要性。特别是纵向府际关系，为探索政治权力运行、政府部门运作、社会管理创新等基本问题提供了一个崭新的视角。

总体上看，国外学界关于纵向府际关系的研究主要沿着政策导向、财政导向和过程导向三条路径展开。

（一）政策导向进路

伴随着公共政策学科的兴起，20世纪80年代以来，将政策网络分析引

①　See Duane Adams, *Federalism, Democracy and Health Policy in Canada*, McGill-Queen's University Press, 2001.

②　See Anwar Shah, Robin Boadway, *Intergovernmental Fiscal Transfers：Principles and Practice*, World Bank Publications, 2006.

③　See Ross Stephens, Nelson Wikstrom, *American Intergovernmental Relations：A Fragmented Federal Polity*, Oxford University Press, 2006.

④　See Ronald L. Watts, *Comparing Federal Systems*, McGill-Queen's University Press, 2008.

⑤　See Timothy J. Conlan, Paul L. Posner, Alice M. Rivlin, *Intergovernmental Management for the 21st Century*, Brookings Institution Press, 2008.

⑥　See Jack W. Meek, Jack W. Meek, Kurt Thurmaier, *Networked Governance：The Future of Intergovernmental Management*, CQ Press, 2011.

⑦　See Laurence J O'Toole, Robert K Christensen, *American Intergovernmental Relations（5th Edition）*, CQ Press, 2013.

⑧　See Giorgio Brosio, Juan Pablo Jimenez, *Decentralization and Reform in Latin America：Improving Intergovernmental Relations*, Edward Elgar Publishing, 2013.

入府际关系研究的趋势越发明显。"网络是现代社会的最基本特征,应当成为政策科学家用以探索公共政策制定与治理之可能的工具。"①从政策网络理论的角度看,府际关系是一个由多样化的行动者组成的系统——包括从中央到地方的各层级政府;系统中的每个行动者都有自己的利益偏好和政策诉求;行动者之间呈现出多样性和互赖性,从而淡化了传统的等级制色彩。

现代社会治理具有更强的适应性、协作性和回应性。萨拉蒙运用"新治理(New Governance)"的概念来描述一个包括公共组织、私人组织、非营利组织在内的、用以执行政策的复杂系统;②这一概念同样可以用来描述在受到预算和资源约束的情境中,政治系统是如何回应复杂政策环境的。③进一步说,从中央到地方的各层级政府组成了一个政策网络系统,其中府际关系的运作和政策网络的运行二者相互嵌合,共同助推了行政目标和公共价值的实现。④

从行政实践来看,地方政府已经成为重要的政策参与者,并日益在决策过程中发挥关键性作用。如科尔特兹等以美国德克萨斯州的圣帕特里西奥县为对象,考察了地方政府在政策网络中,特别是政策实施中的关键作用。福伦等以美国的食品药品管理政策和环境保护政策为例,考察了中央的原

---

① Walter Julius Michael Kickert, Erik-Hans Klijn, Johannes Franciscus Maria Koppenjan, *Managing complex networks: strategies for the public sector*, SAGE, 1997.

② See L. Salamon, Rethinking Public Management, *Public Policy*, No.1, 1981, pp.255-275.

③ See Baracskay Daniel, Future Directions in Intergovernmental Relations, *Journal of Health & Human Services Administration*, No.2, 2013, pp.252-269.

④ See Craig Matheson, Policy Formulation in Australian Government: Vertical and Horizontal Axes, *Australian Journal of Public Administration*, No.2, 2000, pp.44-55; R. Agranoff, Managing Collaborative Performance: Changing the Boundaries of the State, *Public Performance & Management Review*, No.1, 2005, pp.18-45; Baracskay Daniel, Future Directions in Intergovernmental Relations, *Journal of Health & Human Services Administration*, No.2, 2013, pp.252-269; Shelby Hockenberry, *New Policy Paradigm: The Impact of the Global Fund to Fight AIDS, Tuberculosis and Malaria on the Global Policy Process*, University of Delaware, 2010.

则指导和地方的政策制定与执行之间是如何实现有效衔接的。[1]斯科特·阿兰德考察了政策网络中中央政策会如何影响地方政策。[2]李明江发现,中国的省级政府能够有效影响中国与东南亚国家之间的关系,并将其命名为"地方自由主义(Local Liberalism)"。[3]

(二)财政导向进路

纵向府际关系往往与财政体制密切相关。历史地看,沿着财政导向进路,国外学界关于纵向府际关系的研究可以大致划分为三个阶段:

第一个阶段以经典理论研究为主。学者们认为,在地方事务的处理上,地方政府掌握的有效信息多于中央政府,因而能够做出更有效的决策,并实现更有效率的公共物品供给[4];同时,地方政府竞争为公民"用脚投票"做出有效选择提供了良好的外部环境。[5]在此基础上,穆斯格雷夫[6]和奥兹等[7]进一步提出,财政联邦主义有助于各层级政府合理安排支出,并提供有效的公共服务。

总的来说,这一时期经典的财政联邦主义理论认为"要将权力下放到所能够下放的最低层级"[8]。这一理论预设实际上是基于三个假设之上的:其一,分权与公民的自主选择密不可分。分权能够扩展公民自主选择的空间,

①　See Baracskay Daniel, Future Directions in Intergovernmental Relations, *Journal of Health & Human Services Administration*, No.2, 2013, pp.252–269.

②　See Scott W. Allard, *Intergovernmental Relationships and the American City: The Impact of Federal Policies on Local Policy-making Processes*, University of Michigan, 1999.

③　See Ming Jiang Li, Local Liberalism: China's provincial approaches to relations with Southeast Asia, *Journal of Contemporary China*, No.23, 2014, pp.275–293.

④　See Friedrich Hayek, The use of knowledge in society, *The American Economic Review*, No.4, 1945, pp.519–530.

⑤　See Tiebout Charles, A pure theory of local expenditure, *The Journal of Political Economy*, No.5, 1956, pp.416–424.

⑥　See Musgrave Richard, *The theory of public finance*, McGraw-Hill, 1959.

⑦　See Oates Wallace, *Fiscal federalism*, Harcourt Brace Jovanovich, 1972.

⑧　See Oates Wallace, An Essay on Fiscal Federalism, *Journal of Economic Literature*, No.3, 1999, pp.1120–1149.

提高政策制定的效率;同时,公民也能够借此强化对地方政府的监督。其二,如果公民能够自由迁徙、"用脚投票",那么地方政府的政策选择就会与公民的选择直接关联。其三,分权后的地方政府会被纳税人所诱导,以提高公共政策效率,这是因为地方政府必须提供"服务"和"税负"之间最具性价比的政策方案。①

第二个阶段的研究跳出了传统研究的窠臼,审视在"政府-市场"关系中政府的行为动机。不少学者发现,分权能够促进经济增长、提高经济效率。进一步说,效率的提升也有助于促进经济增长。此外,学者们还发现,一个牢固的收支关系,会使地方政府的利益与经济增长形成联盟。②

第三个阶段主要聚焦纵向财政不均衡问题。近十几年来,很多经济合作与发展组织(OECD)国家已经实行了财政分权改革,将更多的支出责任和财力分配到低层级的政府。结合前两个阶段的研究来看,这一改革应当能够有效提高公共物品供给效率、强化地方政府责任。③但从实践来看,"纵向财政不均衡"(Vertical Fiscal Imbalance)的现象却愈演愈烈,并日益成为各国必须

---

① See Persson Torsten, Gerard Roland, Tabellini Guido, *The theory of fiscal federalism: What does it mean for Europe?*, Tübingen, 1997; Oates Wallace, Towards a Second-Generation Theory of Fiscal Federalism, *International Tax and Public Finance*, No.4, 2005, pp.349–373; Blankart Charles, *oderalismus in Deutschland und Europa*, Nomos, 2007; Arthur Benz, Christina Zimmer, The EU's competences: The vertical perspective on the multilevel system, *Living Reviews in European Governance*, No.3, 2008, pp.1–28.

② See Epple Dennis, Zelenitz Allan, The implication of competition among jurisdictions: Does Tiebout need politics?, *Journal of Political Economy*, No.89, 1981, pp.197–217; Inman Robert, *Federal assistance and local services in the United States: The evolution of a new federalist fiscal order*, University of Chicago Press, 1988, pp.33–78; Weingast Barry, The economic role of political institutions: Market-preserving federalism and economic growth, *Economics and Organization*, No.11, 1995, pp.1–31; Yingyi Qian, Weingast Barry, China's transition to markets: Market-preserving federalism, Chinese style, *Journal of Policy Reform*, No.1, 1996, pp.149–185; Inman Robert, Rubinfeld Daniel, *The political economy of federalism*, Cambridge University Press, 1997; Wildasin David, *Externalities and bailouts: Hard and soft budget constraints in intergovernmental fiscal relations*, Vanderbilt University, 1997; Yingyi Qian, Roland Gerard, Federalism and the soft budget constraint, *American Economic Review*, No.5, 1998, pp.1143–1162.

③ See Luc Eyraud, Lusine Lusinyan, Vertical fiscal imbalance s and fiscal performance in advanced economies, *Journal of Monetary Economics*, No 60, 2013, pp.571–587.

应对的重大问题。

学界关注纵向财政不均衡可能导致的风险,并形成基本共识:纵向财政不均衡可能导致地方政府的财政超支或财力不足。[①]韦拉斯科发现,财政分权会导致财政政策制定的碎片化,进而导致一系列问题;加之利益集团的作用,可能使政策决定偏离普通公民的利益,并导致严重的财政赤字。[②]沃尔特·埃蒂什和斯坦利·维纳以三个政府部门为研究对象描述了联邦国家财政体系的纵向不均衡。[③]海根斯和艾肯格林认为,在纵向财政不均衡的情况下,地方政府缺乏足够税收来应对财政危机,就会习惯性地将危机转嫁给中央政府。换言之,地方政府具有较强的动机制定某些高风险的财政政策。[④]罗登更是旗帜鲜明地指出,在这种情形中,地方政府可能逃避其应当承担的财政责任。[⑤]

(三)过程导向进路

除了从政策导向、财政导向路径开展理论研究外,学界还将纵向府际关系置于运行和交互过程进行考察,并聚焦"性质""结构""模式"三个要素形成一系列理论主张。

分权改革(Devolution Revolution)是20世纪八九十年代以来西方国家府际关系变革的主线。当时推行的一系列改革一方面促使地方政府承担更多

---

① See Luc Eyraud, Lusine Lusinyan, Vertical fiscal imbalance s and fiscal performance in advanced economies, *Journal of Monetary Economics*, No.60, 2013, pp.571–587.

② See A. Velasco, Debts and deficits with fragmented fiscal policymaking, *Journal of Public Economics*, No.76, 2000, pp.105–125.

③ See Walter Hettich, Stanley Winer, Vertical imbalance in the fiscal systems of federal states, *Canadian Journal of Economics*, No.4, 1986, pp.745–765.

④ See J. Von Hagen, B. Eichengreen, Federalism, Fiscal Restraints, and European Monetary Union, *The American Economic Review*, No.2, 1996.

⑤ See J. Rodden, Reviving Leviathan:fiscal federalism and the growth of government, *International Organization*, No.57, 2003, pp.695–729.

的责任,享有更大的自由裁量权,另一方面也限制了中央政府的权力。①

从总体上看,学界对于分权改革的评价褒贬不一。有些学者认为,分权改革催生了国家与社会的良性变革。②另一些学者则认为,分权改革实际上是一种"幻象",因为改革虽然有限地促进了权力下放,但与之相比,集权趋势却表现地更为强烈。③同时,联邦政府制定了一系列法律法规,以便规范权力下放,反而对州政府形成了更多限制,④在福利改革方面尤为明显。⑤例如杰西卡·里博等运用实证研究的方法,展示了六个国家(塞内加尔、乌干达、尼泊尔、印度尼西亚、玻利维亚、尼加拉瓜)的中央政府是如何运用各种策略阻碍民主分权并实现中央控制的。⑥

纵向府际关系既包括正式的层级结构和权力配置,也包括非正式的互动沟通和运作过程。从正式层面看,纵向府际关系研究将重点放在具体的结构和制度上,特别关注不同层级政府之间的财政安排。⑦这类研究实际上暗含了一个前提:即在合理的制度安排下,各层级政府之间能够实现有效沟通与合作,纵向府际关系也能够自主、顺畅地运作。但伴随着实践的演进,矛盾和问题越发凸显。学者们日益发现,这种理论预设是不现实的。⑧因此,非正

---

① See Cole Richard, Rodney Hissong, Enid Arvidson, Devolution: Where's the revolution?, *The Journal of Federalism*, No.4, 1999, pp.99–112.

② See Nathan Richard, The devolution revolution: An overview, *Rockefeller Institute Bulletin*, 1996, pp.5–13.

③ See Kincaid John, The devolution tortoise and the centralization hare, *New England Economic Review*, No.3, 1998, pp.13–40.

④ See Kincaid John, The devolution tortoise and the centralization hare, *New England Economic Review*, No.3, 1998, pp.13–40.

⑤ See Ellwood David, Discussion, *New England Economic Review*, No.3, 1998, pp.44–47.

⑥ See Jesse C. Ribot, Arun Agrawal, Anne M. Larson, Recentralizing While Decentralizing: How National Governments Reappropriate Forest Resources, *World Development*, No.11, 2006, pp.1864–1886.

⑦ See B. G. Peters, J. Pierre, *The SAGE Handbook of Public Administration*, SAGE, 2012, pp.730–734.

⑧ See John Phillimore, Understanding Intergovernmental Relations: Key Features and Trends, *Australian Journal of Public Administration*, No.3, 2013, pp.228–238.

式的互动沟通和运作过程逐渐引发关注。有学者以美国联邦机构中的公务人员为对象,考察了公务人员如何被吸纳到行政组织中、公务人员如何看待组织的任务和愿景以及与机构运行效率之间的关系等问题。[①]也有学者从府际治理的角度,考察了地方政府的行为动机,并从乡村企业、社会团体、农村宗教、非政府组织、传统价值与民主文化、精英流动和分化、法制意识、发展型政府、社会流动等方面描述了府际治理的内外环境。[②]这些研究为全面审视府际关系提供了重要参考。

在实践中,纵向府际关系大致表现出竞争、合作和强制三类模式。有学者认为,在单一制国家,分权改革和纵向竞争往往导致体系不稳定;[③]但是艾伯特·布莱顿和安吉拉·弗拉斯奇尼以意大利为案例的研究却发现纵向府际竞争反而成为维护政治体系稳定运行的关键。[④]按照埃拉扎尔·丹尼尔的说法,19 世纪的学术界忽略了关于府际合作的研究,而这恰恰是至关重要的。[⑤]莫顿则探索了联邦制国家中府际合作的基础和前提。[⑥]此外,还有许多学者

[①]　See SEOK EUN KIM, Assessing the impact of mission attachment of agency effectiveness in U. S. federal agencies, *International Review of Public Administration*, No.3, 2012, pp.1-19.

[②]　See Tsekang Leng, Yun-han Chu, *Dynamics of Local Governance in China during the Reform Era*, Lexington Books, 2010.

[③]　Albert Breton, *Competitive governments. An economic theory of politics and public finance*, Cambridge University Press, 1996, pp.245-248; William T. Gormley, Intergovernmental Conflict on Environmental Policy: The Attitudinal Connection, *The Western Political Quarterly*, No.2, 1987, pp.285-303.

[④]　See Albert Breton, Angela Fraschini, Vertical competition in unitary states: The case of Italy, *Public Choice*, No.1, 2003, pp.57-77.

[⑤]　See Elazar Daniel J, *The American Partnership: Intergovernmental Co-operation in the Nineteenth Century United States*, University of Chicago Press, 1962.

[⑥]　See Grodzins Morton, American Political Parties and the American System, *Political Research Quarterly*, No.4, 1960, pp.974-998.

从类型、过程、阶段等角度对府际合作进行深入而细致的探索。①但是,伴随着分权改革的进一步推进,传统的府际合作关系正面临着严峻的挑战,纵向间府际关系更多地表现为上级对下级的强制关系。②目前来看,比较通行的做法是:上级政府通过政策性引导、财政转移支付等方式,实现对下级的监管和控制,从而有效地均衡纵向间府际关系。③

三、进一步研究的空间

结合对国内外相关研究的梳理来看,国内学界已经从理论和实践上意识到政府纵向职责体系问题研究的重要性,国外相关研究也能够提供一些有益的借鉴。但是,就目前行政体制改革的进程来看,特别是结合大部门体制改革已经取得一定成效的现实来看,关于纵向职责体系的研究还明显滞后于政府实践和社会发展的需求。为了促进下一步研究的良性开展,必须正视当前研究的不足,并为理论的进一步生长拓展空间。

第一,尚未形成"政府纵向职责体系"的核心概念。关于一个问题的阐述

①　See Chung-Lae Cho, *The dynamics of cooperative and coercive intergovernmental relations in the 1990s measuring and explaining national influence as perceived by state administrators*, The University of North Carolina at Chapel Hill, 2004; Daniel J. Elazar, Opening the Third Century of American Federalism: Issues and Prospects, *Annals of the American Academy of Political and Social Science*, No.5, 1990, pp.11–21; George E. Peterson, et al: *The Reagan Block Grants: What Have We Learned?*, Urban Institute Press, 1986; James L. Sundquist, Coordinating the War on Poverty, *Annals of the American Academy of Political and Social Science*, No.9, 1969, pp.41–49.

②　See Chung-Lae Cho, *The dynamics of cooperative and coercive intergovernmental relations in the 1990s measuring and explaining national influence as perceived by state administrators*, The University of North Carolina at Chapel Hill, 2004.

③　See Aian Carter, Tax, decentralization and intergovernmental relations, *OECD Observer*, No.3, 2013, pp.43–44; Kai-Yuen TSUI, Youqiang WANG, Decentralization with political trump: Vertical control, local accountability and regional disparities in China, *China Economic Review*, No.19, 2008, pp.18–31; Scott W. Allard, *Intergovernmental Relationships and the American City: The Impact of Federal Policies on Local Policy-making Processes*, University of Michigan, 1999; David Earl Williams, *The Changing Nature of Intergovernmental Relations in Canada*, University of Calgary, 2006.

和解析,必然要建立在"概念清晰"这一基础之上。目前学界虽然对政府纵向职责体系形成了基础性认识,但囿于研究视角和研究领域的不同,尚未形成公认的核心概念。不少学者在述及"政府纵向职责体系"的时候,要么将其作为一个"约定俗成"的概念,要么一笔带过,并常常与"政府纵向职责""政府职能体系"甚至"政府职能转变"等术语换用。在任何一项学术研究中,只有首先清晰地界定概念,赋予其明确的内涵,才能推动相关研究的深化、细化,这也是本书的基点之一。

第二,重点关注对原则的描述,但在具体要素与内在逻辑方面有待进一步考察。当前学界虽然已经有不少关于政府纵向职责体系的研究成果,但以泛泛而谈、"蜻蜓点水"式的原则性描述居多。例如,在讨论纵向间政府关系模式的时候,通常提出要有限度地打破"职责同构"、合理划分各层级政府职责,但在如何落实上往往着墨较少。又如,在讨论政府纵向职责体系的时候,往往习惯于勾勒外在状态、探索调整原则,但在内在要素、运行机制等方面的论述还比较少。当然,对原则性的描述可以为改革指明方向,但结合全面深化改革的历史机遇和行政改革的紧迫性看,更加深入地考察政府纵向职责体系的运行过程与运作逻辑很有必要。

第三,重点将纵向职责体系作为其他系统的内生变量加以考察,直接将其视为"独立系统"的研究还有待进一步深化。学界目前缺少关于政府纵向职责体系的直接研究成果,往往是在考察政府职能转变、行政体制改革、纵向事权划分等问题时,将纵向职责体系作为一个内生变量加以论述。这种研究虽然有助于推动关于政府纵向职责体系的认识,但却可能导致"盲人摸象"式的印象。如果能够直接以政府纵向职责体系为研究对象,多视角、多维度地展开系统性的研究,将有助于形成总体把握和宏观视界,对于下一步改革也有相应的借鉴价值。

在已有研究的基础上,结合历史背景和现实环境,本书着意在以下三个方面进一步探索:

首先,界定"政府纵向职责体系"这一核心概念。政府纵向职责体系至少可以从静态和动态两个维度加以理解。从静态上看,政府纵向职责体系大致指的是纵向各层级政府应当完成的各项任务的总和;从动态上看,政府纵向职责体系还意味着为了有效完成任务而对职责进行配置以及纵向各层级政府履行其职责的过程。

其次,厘清政府纵向职责体系的主要维度。政府纵向职责体系是一个包含事权划分、财权划分、财政支出以及多元主体关系等诸多要素的有机系统。要厘清政府纵向职责体系的运作过程,就必须明确这些要素之间是如何关联的。本书尝试从"权力配置""财政支出"和"治理网络"三个维度来架构一种中观层面的分析框架,用以厘清政府纵向职责体系的内在要素和运作逻辑。

最后,探索政府纵向职责体系构建的可能模式。目前有些研究认为,调整政府纵向职责体系就是要实现"职责异构",本书并不认同这一观点。事实上,职责同构和职责异构二者并不是一种"非此即彼"的关系。理论上看,合理的政府纵向职责体系应当是介于同构和异构之间的某种状态。当然,这种状态究竟在何种程度上是恰当的,仍然需要进一步探索。但仅就原则性描述的层面而言,这一点应当成立。

第三节　研究框架

一、基本设定

关于政府纵向职责体系的研究,有必要跳出"就职责论职责"的窠臼,从一个更宏观的角度出发,探索合理确权、理顺纵向府际关系,理清体系运行的基本要素和内在逻辑,为有重点、渐进式地推进政府纵向职责体系构建提供理论上的支撑。

　　作为一个研究主题的"政府纵向职责体系"虽然尚未成为热点,但与其相关的诸多研究还是勃兴于相近的研究领域中。最典型的莫过于以公共服务为切入点,借鉴经济合作与发展组织国家公共服务事权划分经验,架构我国公共服务职责体系。①但是必须警醒的是,中国政府纵向职责调整和体系建构远非一部文件可以解决。中国特殊的传统文化与行政生态为纵向职责体系塑造了颇具特色的内部要素和外部环境。如果不先对这些要素与环境进行深入解析、盲目地对职责"动手术",可能难以完成构建政府纵向职责体系这一历史任务。政府纵向职责体系可以从三个维度进行解析。

　　首先,从权力结构的角度考察纵向权力如何配置。任何一级政府的履责都以一定的权力为基础;这种权力在纵向间如何分配将影响各级政府的角色定位及其履责效果。传统意义上,"集权"与"分权"是主导权力纵向配置的逻辑主线,但往往难以跳出"一放就乱、一收就死"的循环,在操作层面也比较难把握。本书认为,构建政府纵向职责体系的关键在于跳出"集权"或"分权"的争论,以"确权"来支撑职责配置并使之制度化。

　　其次,从内源要素的角度考察财政支出结构。政府所履行的职责,会决定其财政支出的范围;政府财政支出的结构,往往体现着政府履责的状况。结合我国各层级政府财政支出结构的变迁与对比来看,纵向职责体系的构建必然涉及财政支出结构的相应调整。

------

　　①　如中央政府应当负责的职责包括:三级卫生保健、大学教育、道路和高速公路(国家级)、城际公共交通网络、邮政与能源、国家自然资源管理、社会保障、国防、情报与国家安全、法制与行政管理;省政府应当负责的职责包括:二级卫生保健、大学和中等教育、城际道路和高速公路、环境保护(空气和水资源)、地域自然资源管理、社会治安、住房保障、大部分文化事业、促进就业与再就业、地域经济规划与开发;省以下地方政府应当负责的职责包括:初级医疗保健、初等和中等教育、城际道路和高速公路、城市公共交通及设施、土地管理和区域划分、公共事业、住房保障、废物垃圾处理与排污、社会治安及消防、文化旅游休闲娱乐等。

最后,从运行过程的角度考察网络治理。在现代社会,政府履责远远不是政府单一主体的事务;多个行动主体之间形成的正式、非正式关系都会起到显著影响。恰因如此,构建纵向职责体系的重要任务之一就是重塑多元主体之间的关系,并借此动态、合理地划定政府职责边界。

在解析政府纵向职责体系内外部条件的基础上,本书进一步提出了"嵌套型异构"的概念,尝试用以描述一种可能的理想化模型。

二、基本概念

(一)政府职能(Governmental Functions)与政府职责(Governmental Responsibilities)

概括地讲,政府职能指国家机构活动的主要方面,规定着政府治理的基本方向、作用方式和主要任务。作为一个历史范畴,政府职能会伴随着经济和社会的发展而变化;换言之,在不同的历史阶段,政府职能的内涵和定位会出现显著差异。一般而言,在阶级社会,政府职能的核心在于维护阶级统治;在现代社会,政府职能的核心在于实现社会管理和提供公共服务。与此同时,即便是同一国家,当处于不同的社会发展阶段时,政府职能重心也有所区别,如新中国在改革开放以前强调"以阶级斗争为纲",在改革开放到21世纪初期强调"经济建设",2003年以后则逐渐开始关注"公共服务"。政府职能的这种动态性,注定政府要依据社会关系和时代背景来配置其职能。此外,因应着社会发展,政府职能也会增加或强化某些内容,例如工业文明的发展催生了生态环境方面的问题,导致各国政府纷纷加强环保方面的职能。在这个意义上,政府职能实际上可以被认为是一个抽象的概念,是在排除了不同时代、国家、社会形态和政治制度下政府不同特点的基础上,讨论关于"政府应该做什么""不应该做什么"的问题。

政府职能是一个完整的体系,可以依据不同的标准划分为诸多类型,如可以从作用领域的角度分为政治职能、经济职能、社会职能等,从内在属性的角度分为保卫性职能、统治性职能、管理性职能、服务性职能,从作用方式的角度分为立法职能、司法职能、行政职能和监察职能等。①政府职能内涵的复杂性,客观上导致了关于政府职能界说的混乱,最典型的表现就是把有关国家机器的一切活动、行动、功能、职责等都解释为政府职能。②为了解决这一问题,学界在理论探索和实践摸索中逐步对政府职能的概念进行了细化。

政府职能可以被划分为"政府功能(Governmental Functions)"和"政府职责(Governmental Responsibilities)"两个方面。③政府功能指政府依托国家权力,为履行其社会角色而对各种重要的社会关系进行调控的活动,主要包括国家的阶级性与社会性之间、公平与效率之间、集中与分权之间、国家的整体与部分之间、国家与国家之间的关系,属于政府职能中比较"原则"的部分。政府的职责,则是指政府作为国家当局应当完成的主要工作任务,是政府必须履行的基本义务,属于政府职能中比较"实"的部分。

从"职能"到"职责"的细化,实际上凸显了理论研究的深化和行政实践的演化。在理论层面,这一演变很大程度上改变了界说混乱的局面,有助于厘清政府职能的概念,推进政府理论研究的深化;在实践层面,政府职能转变的重点就顺理成章地落到了政府职责的调整上——作为政府的工作任务,政府职责指向的是那些具有操作性的事项;这些事项便于从横向上分解、从纵向上划分,相应地也就可以研究、安排和组织对它们的"转变"工作。

(二)政府纵向职责体系(The System of Governmental Vertical Responsibilities)

如果说政府职责是政府应当完成的主要工作任务和必须对社会履行的

---

① 参见杜创国:《政府职能转变论纲》,中央编译出版社,2008年,第14页。
② 参见朱光磊、于丹:《建设服务型政府是转变政府职能的新阶段——对中国政府转变职能过程的回顾与展望》,《政治学研究》,2008年第6期。
③ 参见朱光磊:《现代政府理论》,高等教育出版社,2006年,第67~95页。

基本义务,那么政府职责体系(The System of Governmental Responsibilities)就是整个政府系统,包括各层级政府及其内部组成部门,应当完成的主要工作任务的总和。这一体系可以从横向和纵向两个维度来进行理解。政府横向职责体系(The System of Governmental Horizontal Responsibilities)主要囊括经济调节、市场监管、社会管理和公共服务四项职能。目前关于横向职责体系的理论研究与实践探索已经取得了显著进展,典型表现在以大部门体制改革为抓手,重新整合、优化配置各项职责,从而避免职能交叉、政出多门和多头管理。但在纵向职责体系方面,相关的研究和实践还有待进一步深化。

关于政府纵向职责体系,可以从静态和动态两个方面进行理解。从静态上讲,政府纵向职责体系指的是纵向各层级政府应当完成的工作任务的总和。目前,我国政府纵向职责体系的结构性特征就是"职责同构"①,通俗地讲,就是指各个层级的政府"干的事儿"是类似的。从动态上讲,政府纵向职责体系还意味着为了有效完成工作任务而对职责进行的配置以及职责履行过程。只有从"动-静"二维的视角切入,方可对政府纵向职责体系形成全面、深入的认识。

(三)确权(Confirmation of Authority)

从理论上看,作为权力纵向配置的基本原则,"集权"与"分权"是一对行之有效的政治工具。从实践上看,大略地说,新中国成立以来取得的一系列政治、经济、文化、社会方面的建设成就,与纵向上的集权分权改革是密不可分的。然而,无论是学界还是实践界,对于这类集分改革都相当诟病,主要批判之一就在于难以跳出"一收就死、一放就乱"的循环怪圈。如果进一步追根究底则可以发现,这一批判的本质并不是简单地在于权力的"集分"或"收放",而是在于这种权力配置方式具有内在的不稳定性。事实上,单单从字面上看,"集""分""收""放"这些字眼本身,就暗示着在一个等级结构中,上级

---

① 朱光磊、张志红:《"职责同构"批判》,《北京大学学报(哲学社会科学版)》,2005 年第 1 期。

在权力配置中的决定性作用。特别是结合我国相关制度建设还有待进一步健全的现实环境,这种配置方式蕴含着的不稳定风险自然就更大了。也就是说,对于集分循环的批判,本质在于权力配置方式的变动性与非制度化。这也就成为新时期政府职能转变未能取得突破性进展以及各项体制改革不到位的结构性原因之一。

"确权"概念的提出,恰恰是对权力集分所内含的非制度化的一种应对。所谓确权,指的是运用制度化的方式,将权力纵向配置结构固定下来,从而保持相对稳定性;在这个意义上,也可以说,确权的本质就是权力纵向配置的制度化。进一步说,合理确权意味着要跳出关于集权或分权的简单争论,在考察一种"合理"的权力纵向配置状态的基础上,运用某种方式使其制度化,从而提升政府体系的稳定性,为职能转变和职责体系构建以及各项体制、机制改革提供有效的支撑。当然,有必要指出的是,究竟何种状态才是"合理的"以及采用何种方式使之制度化,是合理确权过程中必须明确的两个难题。在这里,并未深入地进行描述;但无论如何,如果仅从抽象意义上讲,合理确权无疑能够成为政府纵向职责体系建构的一项重要原则。

(四)府际关系(Intergovernmental Relations)

府际关系这一概念源自美国联邦制中的府际运作实践,最早出现于20世纪30年代。当时,美国的一些学者尝试突破对宪法规范层面的静态研究,转而强调联邦与州之间动态性的互动运作,进而提出了"府际关系"这一概念。

国内较早从事府际关系研究的学者包括谢庆奎教授、林尚立教授、陈振明教授、赵永茂教授等。早在1998年,林尚立教授就开始关注这一问题,不过当时他所使用的概念是"政府间关系"。他认为:"政府间关系主要指各级政府间和各地区政府间的关系,包含纵向的中央政府与地方政府间关系、地方各级政府关系和横向的各地区政府间关系。"①他还进一步指出,国内政府

①　林尚立:《国内政府间关系》,浙江人民出版社,1998年,第14页。

间关系的中轴是中央政府与地方政府之间的关系，这一关系将直接决定整个国内政府间关系的基本格局；[1]政府间的横向关系主要指地方政府间的横向关系，有时也包括政府内各部门之间的关系。[2]谢庆奎教授明确使用了"府际关系"这一术语并将之界定为"政府之间的关系，它包括中央政府与地方政府之间、地方政府之间、政府部门之间、各地区政府之间的关系[3]"。赵永茂教授等认为，府际关系是一个国家内部不同政府间相互运作的关系。狭义而言，主要指各层级政府间的垂直互动关系，例如中央政府与直辖市政府、县政府与乡镇政府之间的互动关系；广义而言，府际关系涵盖了同级政府间的水平互动关系、特定政府机关内各部门之间的协调管理，以及政府机关与民间社会的公共关系等。[4]陈振明教授则提出，政府间关系是指中央政府与各级地方政府之间纵横交错的网络关系，它既包括中央政府与地方政府的关系、各级地方政府间关系，也包括同级地方政府间关系以及不存在行政隶属关系的非同级地方政府间关系；需要注意的是，作为构成各级政府要素的政府部门，是次于"政府"的行政主体，因此并不能纳入政府间关系的范围。[5]

　　上述定义从不同角度对府际关系的概念、主体、运作模式等进行了描述，对于深入理解府际关系的内涵颇有裨益。在本书中，府际关系是贯穿全文的逻辑主线，也是审视政府纵向职责体系的理论视角。正因如此，有必要从静态和动态两个层面来理解府际关系的内涵。从静态层面看，府际关系主要包括各层级政府之间的权责划分、结构设计以及隶属关系等；从动态层面看，府际关系则体现为各级政府为有效履行职责而发生的互动关系。

---

①　林尚立：《国内政府间关系》，浙江人民出版社，1998年，第19页。

②　同上，第313页。

③　谢庆奎：《中国政府的府际关系研究》，《北京大学学报》，2000年第1期。

④　参见赵永茂、孙同文、江大树：《府际关系》，台湾元照出版公司，2001年，第6页。

⑤　参见陈振明：《公共管理学——一种不同于传统行政学的研究途径》，中国人民大学出版社，2003年，第144~145页。

三、研究方法

选择恰当的研究方法，对于一项研究的成功至关重要。在社会科学领域，研究方法可以大致分为三个层次：哲学意义上的方法论、研究范式和技术性工具方法。①在方法论层面，本书将以历史唯物主义为总的指导思想和方法论基础；在研究范式层面，注重规范研究与实证研究相结合；在研究路径和具体技术手段层面，以文献研究法、历史研究法、比较研究法为主。

（一）文献研究法

文献研究法侧重于从现存资料中发掘事实和证据。在社会科学研究工作中，文献研究是必不可少的，这不仅是指在初步探索阶段需要查阅文献、为研究工作做好准备，而且是指在无法直接调查的情况下利用文献资料开展研究工作。②文献分析的具体展开，一般是根据一定的研究目标或课题，通过调查各种相关文献来获得研究资料，从而系统、全面地了解和掌握所要讨论的问题。

具体而言，本书拟通过学术刊物、报刊杂志、新闻媒体、数据库等多种渠道，收集关于"政府纵向职责体系""政府职能转变""纵向府际关系"等与本主题相关的各类资料，并对其进行整理、归纳和分析，以确定本书的基本内容、重点问题和分析框架，从而为研究的展开奠定坚实可靠的基础。

（二）历史研究法

没有政治科学的历史无果，没有历史的政治科学无根。不探究过去，就不能准确地把握现在，更无法描绘未来的行动过程。③马克思说过："把历史看作人类的发展过程，而它的任务就在于发现这个过程的运动规律。"④中国

---

① 参见风笑天：《社会学研究方法》，中国人民大学出版社，2001年，第6页。
②③ 参见袁方：《社会研究方法教程》，北京大学出版社，1997年，第143页。
④ 《马克思恩格斯选集》（第三卷），人民出版社，1995年，第64页。

政府纵向职责体系经历了一个较长的发展和演变过程;如果脱离历史背景进行考察,必然无法掌握其内在的变迁机理。本书借助历史研究法,将纵向职责体系置于特定的历史环境中,梳理其变迁的历史轨迹和各种直接、间接的影响因素。只有正确解析纵向职责体系的历史"基因",才能准确地把握其本质,提供更有解释力和说服力的研究结论。

(三)比较研究法

当代西方发达国家在漫长的政府理论发展和公共行政实践中,逐渐形成了"异构式"的纵向职责体系。这种"异构"模式虽然并不完全符合我国的现实生态,但对于我国政府纵向职责体系的构建还是颇有参考价值的。因此,有必要在中外比较中明鉴得失,把握事物的发展方向。本书选取美国、法国、日本为比较研究的对象,梳理不同国家的实践经验与历史教训,总结基本规律,并为我国政府纵向职责体系的建构提供借鉴。

四、研究思路

本书立足于概念界定和问题的提出,尝试架构一个中观层面的分析框架——对于政府纵向职责体系的分析必须以府际关系为逻辑主线,并从权力纵向配置、财政支出和治理网络三个维度切入。本书首先对这一框架的合理性和解释性进行逻辑论证,然后借助历史分析和比较分析,把握政府纵向职责体系的全貌。在此基础上,从权力纵向配置、财政支出和治理网络三个维度来系统地描述政府纵向职责体系的历史基因、运行逻辑、现实障碍等。最后,在结合国内外比较的基础上,探索中国政府纵向职责体系构建的可能路径(参见图0-1)。

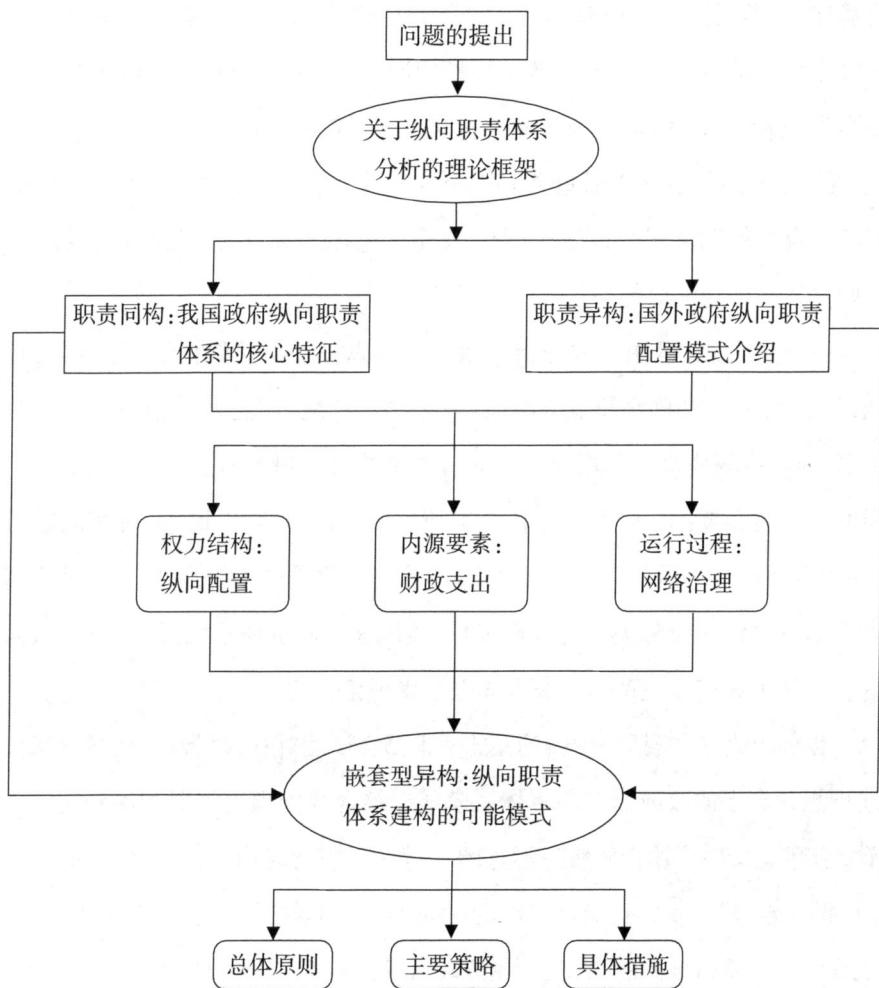

图 0-1　本书的研究思路

资料来源：作者自制。

五、主要创新点和研究不足

(一)主要创新点

创新点之一：推导一个分析框架。从学界已有的成果来看,关于政府纵向职责体系的直接研究还不多,成熟的分析框架更少。本书在总结前人成果的基础上,尝试推导一种中观层面的分析框架,用以描述当前我国政府纵向职责体系现状,并为下一步的改革提供理论支撑。这一分析框架以纵向府际关系为逻辑主线,强调各级政府之间的正式、非正式关系,从"权力纵向配置""财政支出结构"和"治理网络"三个维度进行解析。本书论证了这一分析框架的合理性和解释性,以此作为展开全文论述的基石,并尝试提出政府纵向职责体系构建的可能路径。

创新点之二:运用一种分析视角。学界以往在讨论纵向职责问题的时候,往往聚焦中央政府和地方政府——这里的"地方"主要是指"省"——的关系,对于省与省以下各层级之间职责关系的讨论则着墨不多。关于前者的研究自然是必要的,但结合中国当前所处的发展阶段和面临的现实问题来看,后者同样至关重要。甚至可以说,单就研究的紧迫性而言,后者超过了前者。本书以纵向府际关系为分析视角,梳理纵向职责体系的运行逻辑,从而为全面认识和有效改革纵向职责体系提供理论上的支撑。

创新点之三:概括一种新的模式。本书尝试用"嵌套型异构"的概念来描述理想状态下的政府纵向职责体系模式。结合我国现实状况和国外比较来看,不打破"职责同构"显然是不行的,但打破"职责同构"并不必然意味着走向"职责异构"。事实上,单纯移植职责异构模式同样无法适应我国的政府发展现状。从逻辑推演的角度看,我国政府纵向职责体系的理想模式应当介于职责同构和职责异构之间,这里用"嵌套型异构"的概念来描述这种状态。

(二)研究工作的限度

第一,从收集到的文献来看,学界关于"政府纵向职责体系"的专门性研究还比较少,已有的研究也多零散分布于"政府职能转变""纵向事权划分""行政层级虚化"等诸多领域,特别是缺少对纵向职责体系的基本特点和运行逻辑的系统性研究。这使得本书可以接受到的理论指导和可借鉴的研究成果受到一定的限制。

第二,本书虽然尝试架构了一个分析框架,并试图进行理论论证,但在分析具体问题时,该框架的解释力尚且存疑。特别是在当前改革中,理论与实践之间的相互印证较为缺乏。这一缺陷可能成为"硬伤"。在未来的研究中,笔者将持续关注这一问题。

第三,本选题具有较强的开拓性和探索性,相应地,整个研究工作也就更为复杂。但就作者目前所处的学术生涯阶段而言,尚不足以完全具备"成熟地"驾驭这项系统性工作所需的理论积淀,综合应用相关专业知识和熟练使用各种研究工具的能力也还存在欠缺。应当说,该项工作仅仅是"开了个头",需要在后续研究中不断进行优化与提升。

第一章

政府纵向职责体系分析的理论框架

对于任何一项严谨的科学研究来说，采用何种模型来分析研究对象都是一个不可回避的重大问题。可以说，一个有效的结论必然基于一套逻辑严密、推理规范的分析模型。关于中国政府纵向职责体系的研究同样不例外。因此，运用何种分析框架来考察政府纵向职责体系就成为需要优先考虑的问题。

第一节　府际关系与政府纵向职责体系

一、关于府际关系的几种理论

结合文献梳理来看，当前国内学界关于府际关系的研究尚有待进一步发展，也未形成公认的理论体系和研究范式，甚至对这一概念的界定也有所

---

① 谢庆奎：《中国政府的府际关系研究》，《北京大学学报（哲学社会科学版）》，2000年第1期。

不同。"府际关系,在大陆听起来怪怪的。"[1]实际上,"府际关系"这一概念本身便是"舶来品"。恰因如此,有必要追本溯源,梳理国外关于府际关系的理论模式,探寻其分析路径,以便提供理论上的借鉴与指导。

(一)戴尔·莱特关于府际关系的三种模式

戴尔·莱特(Deil S. Wright,1930—2009)是美国府际关系研究领域的著名学者,代表作为《理解府际关系》(*Understanding Intergovernmental Relations*)。莱特在该书中归纳了三种府际关系模式:分离模式 (Separated Authority Model)、包含模式 (Inclusive Authority Model)、互赖模式 (Overlapping Authority Model)(见图 1-1)。

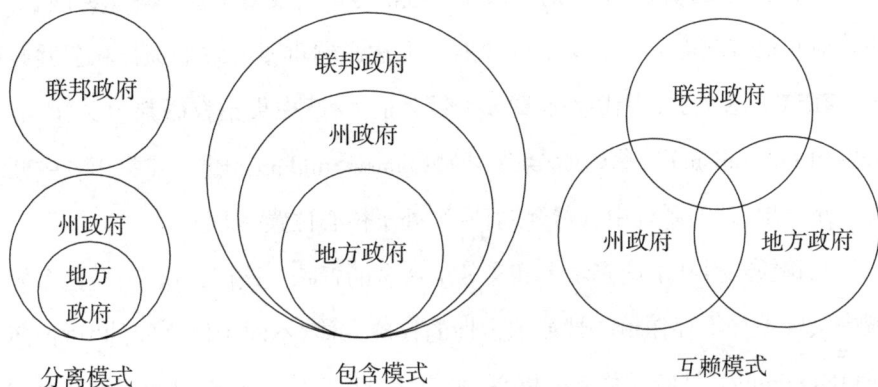

图 1-1　戴尔·莱特关于府际关系的三种模型

资料来源:Deil S. Wright, *Understanding Intergovernmental Relations*, Duxbury Press, 1978, p.20.

在分离模式中,联邦政府和州政府之间存在显著界限,联邦与州的事务相互独立、各自为政,地方政府则从属于州政府。这一特征有时又被描述成

---

① See Gavil, A.I, Seminole Tribe and the Creeping Reemergence of Dual Federalism, *Ohio Northern University Law Review*, No.4, 1997, pp.1393-1402; Young, E.A, Dual federalism, concurrent jurisdiction, and the foreign affairs exception, *George Washington Law Review*, No.2, 2001, pp.139 -188; Williams, N.R, The commerce clause and the myth of dual federalism, *UCLA Law Review*, No.6, 2007, pp. 1847-1930; Kawicki, Jennifer L, Scaling the Wall between Church and State: Confronting Issues of Equality Stemming from Financing Religiously Affiliated Universities under Dual Federalism, *Saint Louis University Law Journal*, No.1, 2010, pp.395-414.

"二元联邦主义(Dual Federalism)"①。1966 年,莫顿·格罗津斯(Morton Grodzins)进一步探讨了分离模式,发现该模式实际上脱离了美国政府体系的实践。① 对此,莱特回应称:"大多数府际关系研究者公认的一点是,分离模式确实已经过时了,因为完全的分离只有在不考虑社会和政治条件的情况下才能够成立;在当前环境中,这一模式的解释力欠佳。"②

包含模式的典型特征是上一级政府对下一级政府具有控制性;下一级政府对上一级政府具有依赖性;正因如此,这一模式也被形容为一种"等级系统(Hierarchical System)",用于解释政治生活的诸多方面。该模式实际上暗含了一个前提——州政府和地方政府仅仅作为中央政府在地方的延伸,其目的在于贯彻执行中央政府的决策。戴伊等学者发展了这一理念,并断言州政府和地方政府只是名义上的政府,无法影响重要的政治选择和公共政策。在这个意义上,当代府际关系实际上是一种"中央集权联邦主义(Centralized Federalism)"。詹姆斯·桑奎斯特(James Sundquist)进一步提出,在"联邦--州—地方"的系统中,联邦政府应当处于核心位置。③

互赖模式得到了诸多学者和实务工作者的青睐。该模式认为,在诸多领域中实际上并不存在单一性或独占性的权威主体,不同主体之间的"讨价还价(Bargaining)"是府际关系的核心。换言之,联邦政府、州政府和地方政府三者之间既有一定的统属关系,又存在着相互渗透和互相合作。值得注意的是,互赖模式并不否定不同主体之间的冲突与竞争;甚至可以说,互赖正是建立在这种冲突与竞争之上的。

(二)保罗·彼得森关于联邦主义的两种解释

保罗·彼得森(Paul E. Peterson)创立了两种相互对立的联邦主义理论。

---

① See Morton Grodzins, *The American system:a new view of government in the United States*, Rand McNally,1966.

② See Catherine E. Johnson, *Intergovernmental Relations:The Implementation of Federal Policies*, Columbia University,1999.

③ See James L. Sundquist, *Making Federalism Work*, Brookings Institution Press,1969.

第一种是"功能理论(Functional Theory)",认为国家政府具有两个主要的经济指标:发展和再分配①。在这一基础上,各层级政府划定了不同的势力范围,并天然地拥有扩大强势领域、限制弱势领域的"冲动";第二种是"立法理论(Legislative Theory)",认为现代联邦制度受到立法者政治需要的影响。换言之,政治动机将决定政策制定者的政策取向。进一步说,立法者为了追求自身的绩效而为政府利益服务,从而尽可能地将本级政府的负担转移到低层级政府。②

彼得森还进一步指出,与其认为这是两种理论,不如说这是两种视角,因为它们尚处于萌芽阶段,远未形成成熟的理论。尤为需要关注的是,权威的划分能在多大程度上为普通民众所接受,以及政策能在多大程度上为政府所实施。

(三)《布莱克威尔政治学百科全书》关于中央和地方关系的两种解释

《布莱克威尔政治学百科全书》(*The Blackwell Encyclopedia of Political Science*)专门例举了"中央和地方的关系(Central/Local Relations)"的词条。在

---

① 有兴趣可以参见 Timothy J. Bartik, *Who Benefits from State and Local Economic Development Policies?*, W.E. Upjohn Institute for Employment Research, 1992; Robert L. Bish, *The Public Economy of Metropolitan Areas*, Markham Publishing Company, 1971; Paul Brace, *State Government and Economic Performance*, Johns Hopkins University Press. 1993; Nancy Burns, *The Formation of American Local Governments: Private Values in Public Institutions*, Oxford University Press, 1994; Helen F. Ladd, Fred C. Doolittle, Which Level of Government Should Assist the Poor?, *National Tax Journal*, No.3, 1982, pp.323－336; Gray Miller, *Cities by Contact: The Politics of Municipal Incorporation*, Massachusetts Institute of Technology University Press, 1981; Wallace E. Oates, *Fiscal Federalism*, Harcourt Brace Jovanovich, 1972; Paul E. Peterson, *City Limits*, University of Chicago, 1981; Paul E. Peterson, Barry George Rabe, Kenneth K. Wong, *When Federalism Works*, Brookings Institution Press, 1986; Paul E. Peterson, Mark C. Rom, *Welfare Magnets: A New Case for a National Standard*, Brookings Institution Press, 1990; Alice M. Rivlin, *Reviewing the American Dream: The Economy, the States and the Federal Government*, Brookings Institution Press, 1992; Robert M. Stein, The Allocation of Federal Aid Monies: The Synthesis of Demand－Side and Supply－Side Explanations, *The American Political Science Review*, No.2, 1981, pp.334－343.

② 原著为 Paul E. Peterson, *The Price of Federalism*, Brookings Institution Press, 1995. 该书目前已发行中译本。参见[美]保罗·彼得森:《联邦主义的代价》,段晓雁译,北京大学出版社,2011 年,第14－43 页。

考察中央和地方关系的过程中,需要考虑几个关键性的变量,如中央、地方和专门机构各自执掌的职权范围和种类;不同地方单位的数量和规模,以及其横纵向关系;人事组成;在公共收益中所占的份额大小;行为者的公众形象及其宪法地位,以及一方对另一方施加压力的程度与性质;中央机构及其代理人对地方机构的控制;短期或长远的宏观经济和微观经济;中央和地方相互联系、相互作用的性质等。①在此基础上,中央和地方的关系表现为两种根本对立的看法,即"合伙型"与"代理型"。

所谓合伙型,指的是一些自治的小社区最初本着互相帮助和支持的目的而结成一体形成国家(如瑞士、荷兰、原南斯拉夫、新英格兰各州等)。在这些国家内部,地方政府本质上仍然被理解为社区在国家组织中的自我表现形式。在这些以社区为基础的国家中,公共资源的分配一般由立法决定,使得中央行政部门不公平地对待地方政府的可能性极低。当然,这种观点带有典型的理想主义色彩,自然也受到了不少指责。

所谓代理型,指的是对中央政府而言,地方政府被视为一个下级代理机构,充其量也不过是一种使用便捷的机制。依靠这一机制,实行家长统治的集权国家下放了一部分行政权力,以完成面向公民进行管理的任务。换言之,国家的大部分重要行政事务由中央执掌,中央通过实地管理机构、专门性机构或地方政府管理机构来完成具体的执行工作,但这些机构的属性仅仅是严格受到控制的代理机构。

(四)郑永年的"行为联邦制"理论

郑永年教授对中国的"中央与地方关系"进行了深度解读,发现中国虽然并不存在联邦制的政府形式,但仅就中央与地方关系而言,中国的政治体制运作具有某些联邦制的特征。郑永年教授将其归纳为"行为联邦制(De Facto Federalism)",即"这是一种相对制度化的模式,它包括了中央和各省之

①　参见[英]戴维·米勒、[英]韦农·波格丹诺:《布莱克维尔政治思想百科全书》,中国政法大学出版社,1992年,第96~98页。

间一种显性或隐性的谈判。谈判的一个要素是：各省得到的某种利益是制度化的或特定的。而作为回报,省级官员们保证,他们将代表中央以特定的方式做出行动"①。

在"行为联邦制"中,中国的央地互动表现为三种核心机制："强制""谈判"和"互惠"。其中,强制是单方面的行动,即中央采取强制性的手段以获取各省的服从;谈判是双向的,即中央和各省通过不同形式的协商来解决冲突,以促进共同利益或自身利益最大化;互惠则是双方经过自我调节,形成自愿性的合作,而每一方的行为对另一方来说都是正当的。在现实的政治运行中,这三种机制往往糅合在一起,共同塑造了具有中国特色的央地关系。

二、府际关系是政府纵向职责体系分析的逻辑主线

(一)以府际关系为主线是政府理论变革和行政实践发展的需要

中央与地方关系问题是中国政治发展和政府理论变革过程中的关键性问题,事关国家建设的大局。长期以来,我国大多是在央地关系的视阈中考察政府纵向职责体系结构。在这一基点上,学界和政界往往倾向于将关注的重点放到中央和地方之间的权力划分、职责配置等问题上。应当说,这种思路并没有错,但在实践中,对央地关系的考察往往容易蜕变为对中央和省关系的考察;或者说,一提起中央和地方,往往就被理解为中央和省。但是对于我国这样一个包含五个层级、异常复杂的行政体系而言,这种"粗犷"的考察方式往往难以展现体系的微观"景象",因而有必要呼唤一种更为细致的考察方式。同时,作为我国行政区划的省中的大多数,无论从面积上还是从人口上,都相当于世界其他地方的一个中等以上规模的国家,这也就导致了我

---

① 郑永年:《中国的"行为联邦制":中央地方关系的变革与动力》,邱道隆译,东方出版社,2013年,第35页。

国省与省以下政府的关系，在一定程度上相当于其他国家的中央政府与地方政府的关系。结合这两个方面来看，有必要采用一种比"中央和地方"更为细致的考察角度——"府际关系"的理论及其实践恰恰迎合了这种需求。府际关系研究除了涵盖中央和地方关系研究之外，还包括各个层级政府间的垂直运作、同一层级各地方政府间的水平互动，甚至还包括特定政府各组织间横向协调，及政府机关对外与民间社会之公共关系等。①因而，可以实现从以"中央—省"二元纵向关系为主的研究模式转变为"中央—省—市—县—乡"多元纵向关系为主的研究模式的理论突破。

另外，从实践上看，通过协调府际关系，还有助于推动地方政府创新，强化服务意识，同时能够改善发展环境，激发市场和社会组织活力，促进经济社会发展。正如日本学者大前研一所言："在这个充满不确定因素和危险敌手的复杂世界上，最好不要单独行事。"②更重要的是，府际关系理论研究的深化和实践的深入，能够不断增强政府的公信力，增加社会资本，最终实现多方共赢，增进全社会的福祉。

（二）以府际关系为主线有助于推动政府纵向职责体系的调整与优化

政府纵向职责体系的调整与优化是现阶段我国面临的重大理论问题与现实问题。正如前文所述，当前关于这一问题的研究尚有待进一步发展。但如果从职责体系所涵盖的内容角度看，学界实际上已经对其进行了较为广泛的研究，例如关于政府职能转变的研究、关于中央和地方关系的研究、关于政府纵向间事权划分的研究、关于行政区划调整与省直管县的研究、关于"政府—市场—社会"关系的研究等。这些基于"点"的深入考察为下一步强化关于"面"的研究提供了扎实的基础。

---

① 参见赵永茂、朱光磊等：《府际关系：新兴研究议题与治理策略》，社会科学文献出版社，2012年，第2页。

② ［美］乔尔·布利克、［美］戴维·厄恩斯特：《协作性竞争》，中国大百科全书出版社，1988年，第42页。

府际关系跳出传统中央与地方关系的框囿，在纵向上以"中央—省—市—县—乡"多元关系为核心，在横向上关注同一层级地方政府间的水平互动，在斜向上还包括不具备行政隶属关系的不同层级政府间互动合作。这一逻辑能够有效将政府职能转变研究、中央和地方关系研究、政府纵向间事权划分研究、行政区划调整与省直管县研究等"点"有效地整合成"面"，从而形成一种卓有成效的宏观叙事。

进一步说，以府际关系为主线有助于推动政府纵向职责体系的优化配置。政府纵向职责体系的优化配置包含了纵向权力配置、财政支出结构、治理网络等多个维度，以府际关系为统领可以将这些维度进行有效地吸纳与整合———一方面，这些维度本身就依托于纵向府际关系这一结构；另一方面，不同维度可以在府际关系的视域中实现协调与整合，从而有效推动纵向职责体系的优化配置。

第二节　权力纵向配置与政府职责体系

一、关于权力纵向配置的几种理论

权力的纵向配置关系着政治体系能否有效运转，这一问题长期受到理论界和实践界的普遍关注。围绕这一问题，学界先后提出了多种解释，极大地丰富了权力纵向配置理论体系。归纳起来看，集中表现为"集权主义""分权主义"和"均权主义"三类观点。

（一）集权主义

集权主义（Centralism）的理论基点在于中央权力的至高无上，强调中央政府的权威以及在整个社会发展和资源配置中的关键地位。从马基雅维利、布丹、黑格尔的国家绝对主权学说的提出算起,中央集权理论的发展至今已经超过了四百年的历史,并凝聚了不同学科、不同意识形态学者的共同成果。从总体上看,集权主义的主要观点包括:

第一,中央集权有助于维护国家统一。"集权主义最基本的观点是:中央集权有利于国家的统一和社会的一体化。现代意义的集权主义正是以这样的观点出现的。"①按照国家绝对主权论的观点来看,国家主权是至高无上的,超越任何机构、组织和团体,对该国的领土实行统治;国家主权是不可分割的,必须由一个集权的中央政府作为代表,来维护主权的完整性和至高性。顺理成章地,中央政府就具有了对领土内一切组织的最高指挥权力。黑格尔提出:"一群人要形成一个国家,为此必不可少的是他们能形成共同防御和国家权力……国家权力集中于政府,政府作为一个必要的圆心,各个个人处于圆心周围,每个人都能看出国家权力作为必要而要求的东西对整体的不可缺少。"②此外,古德诺还发现,中央集权可以更好地体现国家意志。"如果国家意志的实际执行委托给不受任何有效的国家控制的地方政治共同体的话,这种政治共同体可能会……改变由代表整个国家的机关表达的国家意志,以便使之适应被认为是地方政治共同体的需要。"③恰因如此,地方政治共同体必须受到中央集权的控制,以免陷入国家分裂。

第二,中央集权有助于实现资源有效配置。资源的有限性注定必须考虑如何合理地配置和利用资源。在这一基点上,不少学者主张中央集权,实行相对统一的资源配置以保证效益产出最大化。特别是对于"后发-外生型"现代化国家而言,自身缺少现代化的生产要素和文化要素,工业化投资又在很大程度上借用外国资本、甚至受其控制,同时市场发育的不成熟又导致资源配置的市场机制运行受阻。这些因素促使作为一种超经济力量的政治权力,

---

① 林尚立:《国内政府间关系》,浙江人民出版社,1998 年,第 26 页。
② 《黑格尔政治著作选》,商务印书馆,1981 年,第 29 页。
③ [美]弗兰克·古德诺:《政治与行政》,王元译,华夏出版社,1987 年,第 28~29 页。

在现代化进程中发挥着决定性作用。①同时,在一个区域发展不均衡的国度,实行中央集权也有助于劳动和资本的顺畅流动,有效推动资源的均衡配置和区域的均衡发展。除此之外,中央政府掌管主要税负,有助于保证经济、社会秩序的稳定;②中央政府的财政补助政策,也有助于缓和经济危机,平衡各种社会和经济关系,甚至是党派关系。③这些论述为集权主义提供了有效辩护。

值得注意的是,集权主义虽然与威权主义(Authoritarianism)、国家主义(Nationalism)、专制主义(Despotism)等概念具有一定相关性,但并不可"等量齐观。"事实上,威权主义、国家主义、专制主义包含着集权主义的一些内涵;但反过来说,集权主义并不必然导致威权主义、国家主义或专制主义。在此不做展开论述。

(二)地方分权主义

地方分权与地方自治是近代宪制的重要组成部分;"无论对任何一种宪法体制来说,都需要把地方自治和地方分权问题作为民主国家不可或缺的内容予以明确定位。"④一般认为,地方自治起源于罗马的城市自治,后来发展成为资产阶级用以反对封建专制、实现民主参与和人权保障的重要制度形式。在历史演变过程中,地方自治理论演化出了诸多不同流派,例如保护说、传来说、钦定说、固有权说、人民主权说、人权保障说、地方政府论、法人说、制度性保障说、权力分立制衡说等。⑤

在现代社会,地方分权与地方自治是民主实践的最佳形式。所谓地方自治,就是"地方公共团体自己处理本地区市民的共同事务。换言之,是地区通

---

① 参见罗荣渠:《现代化新论:世界与中国的现代化进程》,北京大学出版社,1993年,第124页。

② [美]哈维·罗森、[美]特德·盖亚:《财政学》(第八版),郭庆旺、赵志耘译,中国人民大学出版社,2009年,第4~7页。

③ 参见张志红:《当代中国政府间纵向关系研究》,天津人民出版社,2005年,第59~63页。

④ [日]杉原泰雄:《宪政的历史》,社会科学文献出版社,2000年,第187页。

⑤ 参见郑贤君:《地方自治学说评析》,《首都师范大学学报(社会科学版)》,2001年第2期。

过政治行政机构，自己决定自己的利益"①。地方自治拥有双重内涵，其一是社会应享有充分的自由、平等权利；其二是反对任何专制统治。简单地说，自治是社会各主体充分享有自由、平等的权利，并实现自我管理的必然形式。进一步看，自治所体现的地方分权是有效限制中央集权的重要方式。

与此同时，地方分权与自治还能够不断扩大民众对于政治生活和社会生活的参与程度，进而有效推进民主政治的进程。围绕这一逻辑，学界衍生出了一系列理论，其中与本书相关度较高的是"制度性保障说"和"行政辅助说"。制度性保障说认为，地方自治的合法性关键在于宪法对地方自治的保障。也就是说，现代国家的地方公共团体是民主国家构造的重要一环，并受到一种在本质上不容侵犯的公共制度的保障。②沿着这一逻辑，宪制就成为了保护权利的分离与制衡、推进政治民主进程的最优选择。行政辅助说则立足于行政实践，认为地方政府能否有效地辅助中央政府，是社会管理成败的关键所在。因此，必须实行地方分权，促使地方政府形成高效的辅助能力，从而一方面推进民主建设的进程，另一方面提高政府管理的绩效。

实际上，地方分权理论是作为对中央集权的一种制衡而发展起来的。在现代语境中，地方自治体现出的是对绝对国家主义的抵制和对个人主义与民主自由价值的彰显。在地方分权理论体系中，影响比较深远的包括"地方权力固有说"和"地方权力让与说"。固有权说认为地方自治的权利是公共组织本身所固有的，因而地方自治的发展是自然的行为，无须国家特许。伴随着理论的发展与完善，就地方自治权的来源问题形成了"比附理论""联邦主义"和"居民自治理论"三类说法。比附理论认为法人与自然人一样，拥有固有的人格和权利，而地方政府组织作为地方性的法人，同样拥有固有的权利；联邦主义认为，联邦政府的合法性源于地方的主动出让，换言之，联邦成

---

① ［日］松村岐夫：《地方自治》，经济日报出版社，1989年，第117页。
② 参见张庆福主编：《宪政论丛》，法律出版社，1998年，第372页。

员在成立联邦之前具有独立自主权，而其中的一部分出于形成统一全国性政府的考虑而被出让了；居民自治理论主张地方自治是居民和地方团体拥有的基本人权和固有的团体基本权，或者说，地方自治是民主主义的固有要素。[1]但是，地方权力固有说往往容易导致地方主义，因为这种理论"包含着一个明显的逻辑危险：既然地方自治权力是固有的，那么地方自治就变成了可以独立于国家而存在的自主和独立单位"[2]。为了避免出现这种结果，理论界另辟蹊径，提出了地方权力让与说。该学说认为，地方自治之所以存在，是国家为实现统治和管理，主动地将一部分权力让与地方政府。换言之，地方自治是中央政府的权力让与形成的结果。[3]这与中央集权主义恰恰不谋而合，并为具有长期中央集权传统的国家实行地方自治提供了理论上的储备。

（三）均权主义

均权主义理论在总结集权主义与分权主义的基础上产生，并试图跳出集权或分权的简单争论，从中央与地方的职能关系入手，寻求央地关系的平衡和地方自治的合理性。[4]均权理论并不否认中央集权和地方分权的重要性，而是更加主张政府职能在中央和地方之间的分工。换言之，中央和地方权力的划分并非依据主体的属性，而在于公共事务的性质。均权主义认为，只有在合理的职能体系基础上，中央与地方的关系才能实现重构与协调。

孙中山先生是均权主义的首创者与倡导者。在长期的革命生涯中，孙中山先生一直试图建构一种兼具集权和分权二者优点的新型央地关系。1923年，孙中山先生在《发扬民治说帖》中指出："均权原则是实现民治的关键"；1924年1月，在《中国国民党第一次全国代表大会宣言》中，孙中山先生首次提出了"均权"的概念，即"关于中央及地方之权限采均权主义……不偏于中

---

① 参见张志红：《当代中国政府间纵向关系研究》，天津人民出版社，2005年，第64~68页。

②③ 转引自林尚立：《国内政府间关系》，浙江人民出版社，1998年，第31页。

④ 参见李明强：《论孙中山的均权主义》，《江汉论坛》，2003年第6期。

央集权制或地方分权制"①。"权力之分配,不当以中央或地方为对象,而当以权力之性质为对象,权之宜属于中央者,属之中央可也,权之宜属于地方者,属之地方可也。"②

值得注意的是,在20世纪90年代初期,王沪宁教授结合中国的政治实践和央地关系失衡的窘况,曾提出将"集分平衡"作为协调中央与地方关系的基本原则,即"在权力下放中,要注意集分平衡,分权不能使中央的宏观调控无以进行,集中不能使地方的调控能量过多削减"③。这一提法在一定程度上成为后来中央与地方关系调整的原则性思路。

总的来说,均权主义思想的核心,是以公共事务的性质作为划分中央和地方管理权限的标准——依据公共事务的性质,对管辖权进行科学、合理的划分,从而形成有效的职责体系、推动央地关系重塑,而非简单地在中央和地方之间进行"平均分配"。均权主义无疑具有较为明显的理想化色彩,但它为权力的纵向配置提供了一种可能的价值取向和结构模式,对于后来的研究也有相应的启示价值。

二、权力纵向配置是政府纵向职责体系运行的基础

(一)权力纵向配置是中国政治发展和政府理论发展的关键问题

权力纵向配置问题一向是党中央关注的核心。早在1956年4月,毛泽东就在《论十大关系》中专门论述了"中央与地方的关系",并指出"处理好中央和地方的关系,这对于我们这样的大国大党是一个十分重要的问题"④。"要发展社会主义建设,就必须发挥地方的积极性","我们的国家这样大,人口

①　《孙中山文集》,人民出版社,1982年,第603页。
②　张金鉴:《行政学典范》,中国行政学会,1979年,第247页。
③　王沪宁:《集分平衡:中央与地方的协同关系》,《复旦学报(社会科学版)》,1991年第2期。
④　《毛泽东选集》(第五卷),人民出版社,1977年,第276页。

这样多,情况这样复杂,有中央和地方两个积极性,比只有一个积极性好得多。"①邓小平旗帜鲜明地指出:"我们的一切工作都会涉及全局与局部的关系、中央与地方的关系、集中统一与因地制宜的关系……在中央工作的同志要经常照顾局部和地方,要因地制宜,注意到地方工作有什么困难……在地方来讲,则应照顾全体、中央和集中统一,以中央为主体。"② 1995 年 9 月,党的十四届五中全会关于《正确处理社会主义现代化建设中的若干重大关系》的报告中提出:"充分发挥中央和地方两个积极性,是国家政治生活和经济生活中的一个重要原则问题,直接关系到国家的统一、民族的团结和全国经济的协调发展。"③党的十六大报告指出,要"依法规范中央和地方的职能和权限,正确处理中央垂直管理部门和地方政府的关系"。党的十六届三中全会通过的《中共中央关于完善社会主义市场经济体制若干问题的决定》提出:"合理划分中央和地方经济社会事务的管理责权。按照中央统一领导、充分发挥地方主动性积极性的原则,明确中央和地方对经济调节、市场监管、社会管理、公共服务方面的管理责权。"在此基础上,还进一步明确了中央和地方的管理事务:"属于全国性和跨省(自治区、直辖市)的事务,由中央管理,以保证国家法制统一、政令统一和市场统一。属于面向本行政区域的地方性事务,由地方管理,以提高工作效率、降低管理成本、增强行政活力。属于中央和地方共同管理的事务,要区别不同情况,明确各自的管理范围,分清主次责任。"

党的十七大报告、十八大报告、十九大报告中则分别强调要"统筹中央和地方关系,统筹个人利益和集体利益、局部利益和整体利益、当前利益和长远利益,统筹国际国内两个大局""加快改革财税体制,健全中央和地方财力与事权相匹配的体制,完善促进基本公共服务均等化和主体功能区建设

---

① 《毛泽东选集》(第五卷),人民出版社,1977 年,第 275 页。
② 《邓小平文选》(第一卷),人民出版社,1994 年,第 198~199 页。
③ 《江泽民文选》(第一卷),人民出版社,2006 年,第 471~472 页。

的公共财政体系""加快建立现代财政制度,建立权责清晰、财力协调、区域均衡的中央和地方财政关系"。这一系列论述,均雄辩地证明了权力纵向配置的重要地位。

对于任何国家和政府而言,权力都是维持体系运行和社会稳定的重要手段和关键要素。从类型学的意义上讲,权力配置既包括横向上的,也包括纵向上的。权力横向配置指权力在同一层级政府的不同机构之间的分配。目前来看,国内对这一问题的理论认识已经比较深刻了,大部门体制改革的实践也取得了不错的成效。权力纵向配置则是指权力在纵向各层级政府之间的分配。总体而言,当前国内对这一问题的理论认识还有待进一步深入,改革实践也亟待进一步推进。结合中国政治实践和政府理论发展来看,理清权力纵向配置,将成为下一步深化政府职能转变和行政体制改革的关键。

(二)"确权"原则的确立有助于跳出"集权""分权"的怪圈

任何一个政府要想恰当地履行职责,必须要拥有相应的权力——无论这种权力是来自于人民抑或上级。①在这个意义上,可以说,权力为政府履责提供了支撑。当然,反过来说,从权责对等的原则出发,享有什么样的权力,自然也就必须承担起相应的责任。这一观点在理论层面业已形成了共识,但在实践过程中,如何设计一套权责对等、边界清晰、运行高效的政府权责体系,还是一个有待突破的难点。

为了解决这一问题,学界提出了不少理论模型。总起来看,无非是集权、分权和均权三类。集权主义强调中央政府的权威以及在整个社会发展和资源配置中的决定性作用。集权主义者认为,实行中央集权有助于维护国家统一和资源的有效配置。相反,分权主义则认为社会应享有充分的自由与平

① 政治学者安德雷·拉焦尔(Andree Lajoie)曾经概括了地方分权的三种类型:政治性分权、行政性分权和行政权转让。政治性分权指中央当局和与中央当局不存在优劣关系的地方政体之间的权限划分;行政性分权指中央当局和与中央当局存在优劣关系的地方政体之间的权限分离;行政权转让意味着向从属于中央当局的机关转让中央当局拥有的部分权限。参见[日]松村岐夫:《地方自治》,经济日报出版社,1989年,第2~3页。

等,反对任何形式的专制统治;进一步讲,分权主义实际上是作为对中央集权的一种制衡而发展起来的。但从实践效果来看,无论是前者还是后者往往都面临着风险——中央集权虽然有利于国家的统一和社会的稳定,但却容易导致体制僵化,并可能损害地方自由;地方分权虽然有利于增进地方自主、释放经济活力,但其"局部性""特殊性"的特点却又根深蒂固地存在导致地方主义的可能。

在对二者进行批判的基础上,均权主义试图跳出集权或者分权的窠臼,尝试从中央和地方的职能关系入手,寻求央地关系的平衡,打破"一放就乱,一收就死"的循环怪圈。这一理论虽然具有逻辑上的合理性,但在操作层面往往容易陷入困境,带有较强的理想化色彩。当然,这非但没有抹煞均权理论的历史地位,反而张扬了其理论光彩,因为"我们若停止集权制与分权制理论上相反抗的辩论,而平心考虑二者相合时所产生的结果,则行政上的长足进展当可立致"[1]。

无论是集权、分权抑或是均权,其所关注的重点都在于权力如何配置这一基点上。但从另一个角度看,这些改革无疑都蕴含着深刻的不稳定性,其非制度化特征较为显著。尤其是结合我国当前相关体制机制建设有待进一步健全的现实环境,这种不稳定性成为新时期政府职能转变未能取得突破性进展以及各项改革不到位的结构性原因之一。顺理成章地,关于这一问题的应对,就应当从如何实现权力纵向配置制度化的视角入手。

确权原则恰恰是对权力集分改革所内含的非制度化的一种应对。正如前文所述,确权意味着实现权力纵向配置结构的制度化。在操作过程中,应当结合理论发展和实际国情,在政府体系运行的过程中,逐渐探索、厘清各层级政府应该拥有的权力,并使之制度化,从而为政府纵向职责体系的实践与运行提供坚实的合法性基础,也能为纵向职责的调整与配置提供理论指引。

---

[1]　张金鉴:《行政学典范》,中国行政学会,1979 年,第 246 页。

第三节　财政支出与政府纵向职责体系

一、关于财政支出的几种理论

财政支出是政府运行中的关键要素。一方面,政府职能决定着财政支出的项目;另一方面,财政支出结构体现着政府履责的状况。具体地说,"对一个国家的支出结构作时间序列分析,便能够揭示该国的国家职能发生了怎样的演变;对若干国家在同一时期的支出结构作横向分析,则可以揭示各国国家职能的差别"[①]。

(一)古典学派的财政支出理论

威廉·配第(William Petty,1623—1687)是英国古典政治经济学的创始人。配第对于资本主义经济的研究,虽然未能摆脱重商主义的影响,但已从流通领域深入到了生产领域,并提出了劳动价值论的一些基本命题。在《赋税论》一书中,他依据政府职能的需要,提出了财政支出的一般范围,即军事费用、行政官吏的俸禄、宗教费用、各种学校的经费、对孤儿和各种失去工作能力的人的赡养费以及修筑公路、疏通河道等公共福利事业的经费。[②]在此基础上,他还进一步提出,应当压缩诸如行政、军事、教育等非生产性开支,相应地增加有关生产性支出以及社会救济方面的支出;同时实行行政、法院、教会等制度改革缩减相应项目的支出。[③]

亚当·斯密(Adam Smith,1723—1790)认为,政府的活动并不能创造物质

[①]　陈共:《财政学》,中国人民大学出版社,2000年,第66页。
[②]　参见[英]威廉·配第:《赋税论》,陈冬野等译,商务印书馆,1972年,第17~19页。
[③]　同上,第19~30页。

财富,因而属于非生产性劳动;相应地,为了履行政府职能而消耗的那部分物质产品,自然也就属于社会财富的浪费。在这一理论基点上,斯密认为,政府应当尽可能地缩小职能——只要做好"守夜人"即可。按照他的理解,政府的职能应当主要包括:保护本国社会的安全,使之不受其他独立社会的暴行与侵略;保护人民,不使社会中任何人受其他人的欺负或压迫,换言之,就是设立一个严正的司法行政机构;建立并维持某些公共机关和公共工程。①相应地,财政开支也应当压缩到最低限度,主要用于与上述职能相配套的费用,即国防费用、司法费用、建设费用以及一些为了维护君主尊严而必要的费用。②

总体上看,古典学派财政支出理论的核心在于充分发挥市场机制在资源配置方面的高效率,政府职能实际上是在尊重市场机制的基础上对其进行的补充与完善。

(二)社会政策学派的财政支出理论

19世纪中叶,德国正处于向资本主义急剧变化的过程中,"资本家与工人以及专制主义的政治机构形成三足鼎立的复杂的社会结构"③。在这样一种阶级对立和社会矛盾日趋尖锐的背景下,社会政策学派应运而生,其中尤以阿道夫·瓦格纳(Adolf Wagner,1835—1917)为典型代表。

瓦格纳一方面反对自由主义的经济政策,承认国家对经济活动具有积极的干预作用;另一方面又谋求改变分配不公的现状从而解决社会问题,修正和排除经济体制存在的弊端。为此,他极力主张实行"国家社会主义"政策。他认为,政府不但要履行保护法治和权利的职能,还应当履行文化和福利方面的职能;政府不仅要维持国内的法律秩序、防御外敌,还必须保证公民享有文化财富的机会。尤为重要的是,这一目的应当高于私人经济方面的

①② 参见[英]亚当·斯密:《国民财富的性质和原因的研究》,郭大力、王亚南译,商务印书馆,1972年,第254~284页。

③ [日]坂入长太郎:《欧美财政思想史》,张淳译,中国财政经济出版社,1987年,第298页。

目的。

瓦格纳重点解释了公共活动特别是政府支出的膨胀问题。他认为,财政经济是国家经济为获得和使用完成其职能所必需的财货或资金而从事的活动;财政经济范围会随着各时期的任务、活动范围以及活动种类的变化而变化。借助横向和纵向的各种比较。瓦格纳发现,中央和地方政府的活动呈现出有规律的扩大趋势:伴随着社会的发展,公共事务逐渐增多,政府职能不断扩大,进而为履行这些职能所需要的支出也就随之扩大。这一理论为认识财政支出和政府职能关系提供了视角。

(三)凯恩斯学派的财政支出理论

凯恩斯主义产生于 20 世纪 30 年代,具有复杂而深刻的经济社会根源。20 世纪 30 年代资本主义世界出现严重的经济危机,促使学界开始对古典经济学进行反思。凯恩斯主义认为,古典经济学中理想的"均衡状态"并非持续存在,在现实中从"不均衡"到"均衡"的调整实际上是一个过程——在这一过程中市场实际上处于非均衡状态。换言之,市场的常态是不均衡、不完美的,因此单纯依靠市场机制无法实现资源配置的高效率。为此,凯恩斯主义主张,要充分发挥政府的职能,以弥补私人经济主体有效需求的不足。作为凯恩斯主义代表人物之一的保罗·萨缪尔逊(Paul A. Samuelson, 1915—2009)提出,在财政支出方面,政府应当扩大有益于社会耐久性的公共工程投资、增加福利开支、重视基础理论和应用科学的研究与开发以及旨在教育和培训劳动力的公共开支等。总体上看,凯恩斯思想的核心就是运用扩大政府支出的办法或扩张性财政政策,刺激社会需求、实现充分就业。

凯恩斯主义的盛行标志着对政府职能理解的重大变化。在凯恩斯主义的视阈中,市场机制本身存在的失灵使得政府对经济活动的干预成为一种必要,从而扩大了政府职能的范围;也就是说,政府不仅仅限于扮演好"守夜人"的角色,而应当是一个积极、主动的参与者。

二、财政支出是政府纵向职责体系运行的保障

公共财政是以政府为主体，为满足公共需求而参与国民收入分配所形成的一种分配关系。①作为治理主体的政府，肩负着提供公共服务、满足公共需求的职能；为了履行这种职能、维持自身的稳定运转和社会的稳定运行，政府必然离不开财政资源的支持。恩格斯早就指出，为了维持国家公权力，"需要公民缴纳费用——捐税……随着文明时代的前进，甚至捐税也不够了；国家就发行期票、借债，即发行公债"②。这一论断直接点出了国家与财政之间的重要关系。

财政支出是政府体系运转中的重要环节，是对筹集到的财政资金进行分配，以支付政府履行其职能所需的过程。通俗地讲，财政支出的直接目的就是为政府要做的事情提供资金支持。在这个意义上，财政支出就是政府纵向职责体系运行的重要保障。进一步说，政府的职能配置将决定财政支出的结构和规模，有什么样的职能配置就有什么样的财政支出结构和规模。③这也可以从财政支出项目上得到验证。例如，按照国际货币基金组织的划分，财政支出项目包括一般政府服务、公共和社会服务、经济服务、其他职能四类；④从各国普遍情况来看，财政支出项目大致包括一般性公共服务和公共秩序支出、国防支出、教育支出、保健医疗方面支出、社会保障及福利支出、住房与环境支出、经济服务支出、其他支出等。⑤

新中国成立以来政府职能发展和财政支出结构的变化同样显著地验证了这一点。在计划经济阶段，政府要发挥资源配置的决定性作用，因而形成

---

① 参见巫建国：《公共财政学》，经济科学出版社，2013年，第9页。
② 《马克思恩格斯全集》（第21卷），人民出版社，1965年，第195页。
③⑤ 参见何振一、阎坤：《中国财政支出结构改革》，社会科学文献出版社，2000年，第4页。
④ 参见国际货币基金组织：《政府财政统计手册》，中国金融出版社，1993年。

了全能式、无所不包、无所不管的职能结构,财政支出自然需要覆盖社会经济的各个方面;为了加快推进工业化建设,支出的重点落在固定资产投资上,但在教育、文化、科技、农业等方面的支出却较少。伴随着从计划经济向市场经济的转型,政府逐步"向企业放权""向社会放权",加之分税制改革的影响,职能结构发生了结构性的演变①。相应地,财政支出重点从工业经济领域向农业、教育等领域倾斜(见表1-1)。例如从"五五"时期到"十五"时期,社会文化支出从 760.64 亿增长到 34051.05 亿,增长幅度达到 40 多倍;占当年支出总额的比例也从 14.40%上升到 26.60%。而同期经济建设支出从 3164.61 亿增长到 37308.52 亿,增长幅度为 10 多倍;占当年支出总额的比例反而从 59.91%降到 29.15%。这一对比就显著地体现出了政府职能定位以及政府履责的变化。

---

① 罗干在第九届全国人民代表大会第一次会议上做的《关于国务院机构改革方案的说明》(1998 年)中曾提出:"要把政府职能切实转变到宏观调控、社会管理和公共服务方面来"。这是官方文件中首次对"政府职能转向何方"这一问题做的较为明确、全面的答复。2003 年 9 月时任总理温家宝同志在国家行政学院讲话时也指出,"经济调节、市场监管、社会管理和公共服务,是社会主义市场经济条件下政府的四项基本职能"。

表 1-1　新中国成立以来我国财政支出一览

时期	支出总额(亿元)	经济建设支出		社会文化支出		国防支出		行政管理支出		其他支出	
		金额(亿元)	比例(%)	金额(亿元)	比例(%)	金额(亿元)	比例(%)	金额(亿元)	比例(%)	金额(亿元)	比例(%)
经济恢复	362.19	125.70	34.71	42.10	11.62	138.49	38.24	46.07	12.72	9.83	2.71
"一五"	1320.52	670.81	50.80	191.32	14.49	314.79	23.84	112.18	8.50	31.42	2.38
"二五"	2238.18	1491.55	66.64	302.07	13.50	272.94	12.19	133.16	5.95	38.46	1.72
1963—1964	1185.81	638.22	53.82	180.24	15.20	226.04	19.06	76.42	6.44	64.89	5.47
"三五"	2510.60	1407.62	56.07	277.76	11.06	549.56	21.89	134.27	5.35	141.39	5.63
"四五"	3917.94	2261.12	57.71	426.25	10.88	750.10	19.15	196.71	5.02	283.76	7.24
"五五"	5282.44	3164.61	59.91	760.64	14.40	867.81	16.43	280.06	5.30	209.65	3.97
"六五"	7483.18	4196.61	56.08	1477.44	19.74	893.74	11.94	687.41	9.19	327.98	4.38
"七五"	12865.67	6230.03	48.42	2978.15	23.15	1170.15	9.10	1520.66	11.82	966.68	7.51
"八五"	24387.46	10125.54	41.52	6256.29	25.65	2321.40	9.52	3355.90	13.76	2328.33	9.55
"九五"	57042.46	21870.44	38.34	15503.97	27.18	4751.27	8.33	8933.22	15.66	5984.55	10.49
"十五"	128002.85	37308.52	29.15	34051.05	26.60	9732.66	7.60	24339.39	19.01	22591.23	17.65

资料来源：笔者根据赵云旗论文《新中国成立60年国家财政收支变化》(载于《当代中国史研究》2009年第5期)和《中国财政年鉴》(2007)相关数据整理而来。

第四节   网络治理与政府纵向职责体系

一、关于网络治理的四种理论

20 世纪 80 年代以来,全球化和后工业化的发展对社会治理形成了巨大的挑战,使得传统治理方式陷入了尴尬的窘境。与此同时,多元化的社会要素逐渐形成,尤其是非政府组织大量出现,并开始参与到社会治理当中,催生了一种新的治理关系和治理模式。这种治理模式强调应当扩展公共事务管理的主体,突出公私伙伴关系、公民组织发展,以便形成政府、公民、私人部门以及非营利组织共存的治理平台和多元参与的社会网络组织。在这样的历史和现实背景下,有必要规划一套中央与地方、政府与民间彼此"分享治理"的互动模式,从而解决各项跨域性难题。①

事实上,网络治理的理念由来已久。过去四十多年里,关于政策网络的研究、关于组织间服务供给和政策执行的研究以及关于管理网络的研究都为网络治理理论的发生与发展提供了铺垫。②结合历史发展和研究现状来看,网络治理是一种复合中心的治理形式,具有自我组织的特征,表现出对政府干预的抵制,并能够制定政策、构建外部环境。换言之,网络治理意味着在相互达成的博弈规则和内在相互信任的基础上,治理主体能够进行资源交换、妥协以及互动。③

---

① 参见赵永茂、朱光磊等:《府际关系:新兴研究议题与治理策略》,社会科学文献出版社,2012年,第 1~2 页。

② 参见[荷兰]埃里克汉斯·克莱恩、[荷兰]基普·柯本让:《治理网络理论:过去、现在和未来》,《国家行政学院学报》,2013 年第 3 期。

③ 参见张康之、程倩:《网络治理理论及其实践》,《新视野》,2010 年第 6 期。

在实践推进和流派演变的过程中,网络治理理论大致形成了依赖理论、政府治理能力理论、整合理论和政府至上理论四种观点。

依赖理论认为,网络治理中的网络是相互依赖的主体之间进行利益协调的媒介。借助这一媒介,多元主体依托资源互赖进行不断互动,以此来抵消新公共管理催生的碎片化对主体自身的影响。在这个意义上,作为公共机构制定政策的工具,网络治理是在自下而上的渐进过程中形成的;网络中的多元主体通过相互博弈认识其内部利益,并由于资源的互赖而形成谈判或协商,进而实现多元主体利益的最大化。

政府治理能力理论认为,网络治理是对网络中处于相互博弈状态中的各个行为主体的横向协调。网络治理的形成是对复杂社会中管理困境的功能性回应,即借助各行为主体之间的横向协调与相互信任,来共同讨论、应对集体面临的问题。

整合理论认为,网络治理是被整合在某个体系当中的、并受到规范约束的行为主体间互动的制度化形式。在这个体系中,网络治理介于集权主义的过度整合和个人主义的过度分散之间,依托所形成的共识将多元行为主体有效地整合到网络当中。

政府至上理论所定义的网络治理是对不断增加的自反性和促进国家动员、塑造行为主体自由的一种尝试。在这一理论视角下,政府是最为关键的治理主体,并在实践中将治理的负担转嫁给了治理网络;反过来说,在治理网络中,多元行动主体被充分动员起来,成为政府实现有效治理的重要工具。

二、纵向职责体系的主体格局是一个网络结构

从广义上讲,政府纵向职责体系绝非仅仅指向政府这一单一主体,而是一个涵盖政府、市场、社会等多元主体在内的系统。也可以说,政府纵向职责

体系的主体格局是一个网络结构，多元主体之间的相互作用是体系得以有效运行的关键要素。正是在这个意义上，网络治理所内含的多元主体、资源互赖以及相互信任等内在逻辑，与政府纵向职责体系的运行逻辑实现了内洽。这就为运用治理网络理论来考察职责体系的主体格局及其运行过程提供了逻辑上的可能。

正如前文所述，网络治理理论将重点放到政策过程中各个行动主体之间形成的正式与非正式关系上，分析行动主体所形成的特殊网络，强调不同行动主体在网络结构中的互动。虽然不同流派的理论各具特点，但总体而言，这些理论实际上都内含着同一个理念，即要打破封闭式的政策过程，将各种社会主体吸纳进制度框架，从而深化主体间合作，催生更好的政策效果和治理效果。

简单来说，对于政府纵向职责体系的研究，如果仅仅将视线聚焦在各层级政府上未免太过狭隘。实际上，政府纵向职责体系是一个包含政府、市场、社会等各个主体在内的网络体系。网络治理的发扬有助于理解和划分政府、市场、社会的合理边界，构建良性的合作关系，打造成熟的公民社会——这将成为政府职能转变和职责体系构建的重要一环。

在网络治理中，政府并非唯一的政策主体，必需依赖其他行动者的信息和资源支持。当然，在不同的公共政策问题中，不同行动者各自发挥的作用也会呈现明显差异。因此，在网络治理的视域中考察纵向职责体系，意味着政府必须承认其他政策行动者的存在，并意识到其资源调动和配置能力的重要性。换言之，这意味着政府与其他政策行动者之间是一种互赖关系。正因如此，政府需要主动、有序地向社会放权、向市场放权，让社会、市场能够在政府职能转变过程中参与公共问题并培养应对能力，乃至承担一部分由政府转移出来的公共管理职能。

总的来说，以网络治理理论来审视政府纵向职责体系，出发点和落脚点都在于政府职能转变——一方面要增强政府履行职责的能力，另一方面要提高社会、市场的自我管理和自我运行能力以及承接政府转移出来的部分职能的能力。结合中国当前的实际情况看,在坚持政府主导的基础上充分调动社会的积极性并发挥其作用的"强政府、强社会"模式是一种可能的选择。[①]

第五节　小结:寻求一种新的解释框架

一、政府纵向职责体系构建需要解决的三个基础性问题

从 2007 年党的十七大报告中提出要"健全政府职责体系,完善公共服务体系,推行电子政务,强化社会管理和公共服务"算起,已经十几年了。结合这些年的发展历程看,无论是在理论研究层面还是在行政实践层面,关于政府职责体系、特别是纵向职责体系的研究仍然有待进一步深化。为何政府纵向职责体系老是"调不动""调不好"? 如何才能切实推动政府纵向职责体系的调整与优化? 这些都是摆在理论和实务工作者面前的难题。

任何一个系统都植根于特定的生态环境之中, 政府纵向职责体系自不例外。如果仅仅将着力点局限在"纵向职责"上、就"职责"调"职责",而不深入、细致地考察其内外部生态的话,关于政府纵向职责体系构建的工作或许只能浮于表面、无法触及深层次障碍。在这个意义上,要想顺利地实现职责体系的调整与优化, 就必须考虑一系列内外部条件、解决一系列基础性问题。也可以说,这些内外部条件的满足过程与基础性问题的解决过程,就是政府纵向职责体系的构建过程;反过来讲,一旦满足了这些内外部条件、解决了这些基础性问题,政府纵向职责体系也就自然实现了有效调整与优化。

---

① 参见朱光磊:《地方政府职能转变问题研究:基于杭州市的实践》,南开大学出版社,2012 年,第 150~156 页。

（一）政府要向谁负责

"政府要对公民负责"，这似乎是一个不证自明的命题。但如果从权力配置的角度看，地方政府的权力来源有两个方面：一是作为地方国家权力机关的执行机关，通过地方国家权力机关获得外部授权，二是作为本区域的行政机关，直接或间接地通过上级行政机关从中央政府得到内部授权。后者是主要途径这一事实，使得下级政府在行政实践中更倾向于"向上级负责"，也导致其在职责配置、机构设置方面更倾向于"复制"上级政府。在这个意义上，权力配置方式与当前政府间纵向关系以及职责履行之间，产生了紧密的逻辑联系，自然也就成为下一步推进职责体系构建需要应对的关键问题之一。

新中国成立以来我国的改革实践无疑也验证了这一点。以往颇受诟病的集分式改革，均在地方政府以内部授权为主要权力来源方式的基础上推进的，其症结在于权力配置方式表现出极强的非制度化——某种意义上，权力的集分成为中央有效控制地方的"武器"。

沿着这一逻辑，在未来推进政府纵向职责体系构建的过程中，应当从权力配置方式改革入手，跳出集权或分权的简单争论，以合理确权为原则，推进内部授权规范化、外部授权扩大化，从而切实实现权力配置的制度化。

（二）政府要负责什么

"政府要负责什么"指向政府具体的政策执行。这一过程中，财政支出结构是关键要素之一。财政支出结构作为财政支出的各个不同部分的组合状态及其数量配比的总和，本质上体现为财政职能和政策执行的状态。简单地说就是，政府的职责配置直接影响着财政支出的结构和规模，而财政支出的结构和规模也反映出政府的履责状态。基于这一逻辑，关于财政支出结构的时间序列分析，往往能够揭示政府职能转变的历程。这一点也可以从新中国成立以来政府职能转变与财政支出结构变迁的相互映射上得到验证。

计划经济时代，政府在资源配置中发挥着决定性作用，形成了以重工业优先、"无所不包、无所不管"的职能结构；相应地，财政支出一方面覆盖着社会经济的方方面面,另一方面重点落在固定资产投资领域,在科教文卫领域比重较低。改革开放以后,我国财政支出结构出现两大变化:一是总体规模呈现上升趋势;二是经济建设、工业发展和基础设施领域的财政比重逐渐减少,相应地公共服务领域的财政比重日渐增加。这些变化勾勒出从"生产建设型财政"到"公共财政"转变的趋势,也凸显了政府逐渐淡化经济干预职能、强化公共服务职能的转变过程。然而,结合当前行政发展实践来看,我国财政支出结构不均衡仍然比较显著。这种不均衡既表现在对民生财政目标的偏离上,也表现在不同地区、不同层级政府财政支出结构的显著偏差上。这也为下一步改革指引了方向。

财政支出是政府纵向职责体系的支持性要素,不同层级的财政支出结构与支出规模能够反映出政府履责重心的变化。在下一步研究中,有必要立足于府际关系的现实背景,从财政支出的角度审视政府纵向职责体系,考察二者的内在关联,从而推动政府职能的进一步转变和纵向职责体系的有效构建。

(三)政府要如何负责

前面已经分析了政府纵向职责体系的权力结构和支撑要素,接下来应当将重点放到职责体系的运行过程上,考察"政府要如何负责"的问题。从静态上讲,政府纵向职责体系指纵向各层级政府应当完成的工作任务的总和;但动态地看,这一概念意味着政府为了有效完成工作任务而与市场、社会乃至个体发生关系的过程,例如,推进行政审批改革、设计职责清单等。宽泛地讲,政府纵向职责体系可以被视为包含政府、市场、社会等多个主体在内的网络体系;在这一体系中,政府并非唯一的行动主体,其履责过程需要依赖其他行动者的信息和资源支持,并且这种支持的表现方式和作用强度会因公共政策议题的变化而有所区别。进一步说,政府必须承认其他政策行动者的存在,并意识到其重要的资源调动和配置能力,强化诸多政策行动者各自的治理能力及其竞合联系,进而塑造一种多元主体之间的互赖关系。

基于这一前提,在未来推进政府纵向职责体系构建的过程中,一方面要强化政府履行职责的能力,另一方面,政府应当主动、有序地向社会放权、向市场放权,在不断"试错"中提高其参与公共问题治理的能力,乃至承接一部分由政府转移出来的公共管理职能。唯有如此,才能形成强政府、强社会,同时又能充分发挥市场主体作用的治理格局,为政府职能的进一步转变和纵向职责体系的优化创造良好的生态环境。

二、一种可能的解释性框架

关于政府纵向职责体系的研究是一个宏大的叙事结构,应当强调宏观与微观相结合、动态与静态相结合、状态与过程相结合。换言之,单一维度的研究或许无法满足这一叙事的客观需要。因此,探寻一种多维度、全景式的解释性框架就显得极为必要。在这里,依托纵向府际关系这一主线,在回应前文所列的三个基础性问题的基础上,探寻一种多维度的解释性框架。

第一个维度指向权力的纵向配置。长期以来,我国在"集分平衡"的原则指导下,试图找到集权与分权的最佳均衡点,却往往难以避免"一放就乱、一收就死"。要想有效地应对这一问题,应当尝试跳出集权或分权的简单争论,从合理确权出发,落实各级政府的权限和职责,在此基础上实现事权与财权相匹配,构筑高效的纵向职责体系。

第二个维度指向政府的财政支出结构。财政支出是政府职能履行的前提与基础,财政支出结构的变化能够有效反映政府职责的变化。因此,政府纵向职责体系的调整优化,可以从财政支出结构及其规模的调整入手,由点及面,分步骤、有重点地加以推进。

第三个维度指向政府纵向职责体系的主体格局。政府纵向职责体系的调整与优化,并不局限于政府单一主体,而应当置于政府、市场、社会三位一体的宏观背景中。借助治理网络这一载体,考察纵向各层级政府之间以及

"政府—市场—社会"之间的正式与非正式的关系,并借助主体间的博弈,合理划定政府职责边界,最终推动纵向职责体系的构建。

简而言之,构建政府纵向职责体系是一个异常复杂的过程。沿着"府际关系"这条逻辑主线,结合"权力纵向配置""财政支出结构"和"多元主体格局"三个维度架构起一种分析框架(见图1-2)。借助该分析框架,围绕"权力配置制度化""财政支出结构优化"和"多元主体治理能力强化"三个抓手,梳理政府纵向职责体系运行的基本逻辑,以期形成总体把握和宏观视界,进而为职责体系构建提供有针对性的策略和措施。

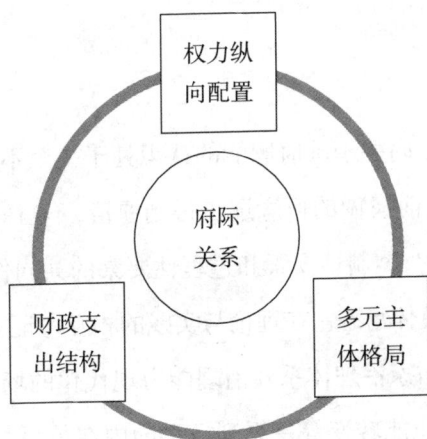

图1-2　关于中国政府纵向职责体系的分析框架

资料来源:作者自制。

第二章

职责同构：
我国政府纵向职责体系的总体描述

改革开放以来国内关于政府职能的认识处于一个不断演进的过程。在这一过程中，很多以前模糊的概念逐步得到厘清，不当的用法、说法也逐步得到规范。在实践中，体制性要素和过程性要素的共同作用，影响着我国政府纵向职责体系的总体形态。在理论与实践的相互印证下，将政府纵向职责体系放到全面推进国家治理体系和治理能力现代化的场域中，考察国家治理、政府治理、政府职能转变等一系列概念的内在关联，从而为下一步考察政府纵向职责体系的基本要素、探索政府纵向职责体系的有效调整做好理论上的铺垫。

第一节 国内关于政府职能问题的历史演进

改革开放以来，我国围绕"政府职能"这一主题展开了大量的理论研究和实践探索。与之相伴，国内关于政府职能问题的认识也经历了一个由粗浅到深入、由粗放到精细、由宏观到具体的过程。依据具体内容和着力点的不同,这一过程可以大致分为三个阶段:1978 年到 1998 年为第一阶段,总体特征表现为"从国家职能到政府职能";1998 年到 2007 年为第二阶段,总体特征表现为"从政府职能到政府职责";2007 年至今为第三阶段,总体特征表现为"从政府职责到职责体系"。沿着"国家职能—政府职能—政府职责—职责体系"这一逻辑进程,国内关于政府职能的认识不断走向深化、细化、具体化。

一、从"国家职能"到"政府职能"

20 世纪 80 年代以前,我国实际上并没有现代意义上的"政府职能"概念,仅仅在马克思主义哲学教本中,对"国家的基本职能"进行大略地说明。在当时特殊的历史环境中,关于国家职能的研究往往是围绕着国家的"对内职能"和"对外职能"①展开的。这种二元划分虽然是必要的,但因其过于关注国家的"阶级属性",从而在相当程度上限制了理论和实践的突破。

1978 年,中共十一届三中全会吹响了改革开放的号角,做出了"把全党工作的着重点和全国人民的注意力转移到社会主义现代化建设上来"的战略决策。因应着这一转变,"国家职能"被注入了新的内涵,突出国家阶级性和社会性的分离,从而将国家的社会管理职能独立出来,进而为现代化建设提供理论支持。这一时期,张广芳、田穗生、周琪、曹沛霖等②学者都提出过类似的观点。即便如此,必须注意到的是,在这一时期主流术语依旧是"国家职

---

①　按照斯大林的定义,国家的"内部的(主要的)职能是控制多数被剥削者;外部的(非主要)职能是靠侵略别国领土来扩大本国统治阶级的领土, 或者是保护本国的领土不受别国的侵犯"。参见《斯大林选集》(下卷),人民出版社,1979 年,第 468 页。转引自朱光磊:《现代政府理论》,高等教育出版社,2006 年,第 67 页。

②　参见张广芳:《试论国家职能的两重性》,《广西民族学院学报》,1983 年第 1 期;田穗生:《国家的两种职能及其关系》,《社会科学》(上海),1984 年第 4 期;周琪:《国家的经济管理职能具有二重性》,《社会科学》(上海),1984 年第 4 期;曹沛霖:《马克思主义国家学说对现代资本主义国家研究的意义》,《马克思主义研究的几个问题》,复旦大学出版社,1983 年。

能"而非"政府职能","国家"与"政府"混为一谈的局面未能彻底改观。但是，无论是从理论发展的需要来看，还是从历史发展的趋势来看，"政府职能"已经呼之欲出了。

80年代中后期，在经济体制改革和政治学理论发展的推动下，学界和政界逐渐开始讨论在社会主义商品经济条件下"政府应当做什么"的问题，进而提出了"转变政府职能"的客观政治任务。在这个意义上可以认为，我国关于"政府职能"的第一个认识就是要"转变政府职能"。

1984年中共中央正式将"发展社会主义商品经济"明确为改革和发展的目标，并提出要"实行政企职责分开，正确发挥政府机构管理经济的职能"——这是官方文件中首次提及"政府职能"这一概念。但是，此时并没有把"政府职能"作为一个单独的问题系统表述出来。直到1986年中共中央"关于第七个五年计划的报告"中，才明确提出"政府机构管理经济的职能转变"这一说法。至此，"政府职能"正式成为一个独立的概念，"转变政府职能"则成为贯穿此后改革的一条主线。例如，1987年中国共产党第十三次全国代表大会要求政府转变管理企业的方式，提出"使政府对企业由直接管理为主转变到间接管理为主"的要求；1988年和1993年两次政府机构改革的主要任务是探索适应经济体制发展的政治体制，着力于政企分开，对企业进行宏观、间接的管理等。

1978年到1998年是国内关于政府职能认识的第一阶段。如果要用一个术语来描述这一阶段的总体特征，"从国家职能到政府职能"可能是恰当的。在这一阶段，"政府职能"成为一个区别于"国家职能"的概念，关于政府职能的初步认识也已经形成，并为下一步改革做了铺垫。具体地看，这一阶段关于政府职能认识的突破主要体现在以下三个方面：

第一，政府职能具有边界。如果将国家视为一个政治系统，那么"国家职能"实际上就是作为整体政治系统的行为模式。但如果从内部结构上看，仅仅作为政治系统内多元主体之一的政府，其职能区别于国家职能在逻辑上是必然的。在这个意义上，"政府职能"从"国家职能"中脱离出来，必然是考察一系列相关问题的基本前提。进一步说，政府与国家混为一谈、政府"无所不管、无所不包"的职能模式已经无法适应现代市场和社会的发展；明确政府"该做什么、不该做什么"，同时处理好政府、市场、社会的关系将成为行政改革的关键性问题。

第二，政府职能的重心要放到经济发展上。从职能重心调整的思路看，这一阶段，政府职能的重心逐渐从政治方面的职能脱离出来，越发注重经济方面的职能。例如，1978年党中央做出把全党工作重心转移到社会主义现代化建设上来的战略决策，并提出要以经济工作为中心；1980年，国务院《关于经济体制改革的初步意见》明确提出"自觉运用价值规律，把单一的计划调节改为在计划指导下充分发挥市场调节的作用"；此后连续几轮政府机构改革也秉持着"一脉相承"的理念。经过这一系列改革，政府职能沿着市场化的方向不断演进，逐渐完成了从以政治职能为重心向以经济职能为重心的转变。

第三，政府对企业的管理方式要以间接管理为主。这一阶段，学界和政界逐渐意识到，要改变单一的行政管理模式，过渡到行政、经济、法律多手段并用；要从以直接管理为主转变到以间接管理为主，即改变传统的行政命令式的管理方式，从直接的行政干预过渡到间接的宏观管理。实际上，这种管理模式非但没有削弱对企业的管理，反而由于从"眉毛胡子一把抓"似的"全面履责"转变为关键环节的"重点履责"，节省了政府精力、降低了管理成本、提高了行政效能，进而强化了政府机构在经济管理方面的职能，同时也有助于企业自主性的发挥。

从总体上看，从改革开放到20世纪90年代中后期这个阶段，学界和政界对"政府职能"有了初步的认识，特别在政府职能的边界、政府职能的重心、政府管理方式等方面形成了一定的共识。不可否认，囿于特殊的历史环境，这一时期关于政府职能的认识还比较粗浅，对转变政府职能的看法还比较片面,政府机构改革也更多地局限在单纯的机构调整方面。尽管如此,这一阶段的历史地位仍然是显著的。经过这一阶段,"政府职能"终究走向了前台,并有力地推动了现代政府理论的发展和现代公共行政的实践。

二、从"政府职能"到"政府职责"

1998 年到 2007 年是国内关于政府职能认识的第二阶段。在前一阶段的基础上,关于政府职能的边界、重心、运作方式等虽然已经有了初步认识,但关于政府职能的界说,实际上还比较混乱,尤其表现在把有关国家机器的一切活动、行动、功能、职责等都解释为政府职能。例如将正确处理社会中公平与效率的关系视为政府的重要职能;通过设置若干警戒线作为政府直接行使其职能的基本尺度;中央政府的基本职能是处理好外交、国防、社会保障和对经济进行宏观调控等说法[1];也有简单地将政府职能视为政府在国家和社会中所扮演角色和所发挥作用[2];或者将政府职能视为"国家行政机关各种职责的总称"[3]等。这些混乱的界说不但导致了理论上的模糊,而且带来实践中的困难。

经过一段时间的理论摸索与实践验证,学界逐渐在政府职能的概念上形成了一定的共识。例如,谢庆奎、朱光磊、张康之等学者[4]殊途同归地从"功能(功用)"和"职责"两个层次加以界定。当然,在具体的表述上仍然存在差异,如朱光磊教授认为应当"把关于政府职能相对原则的界说中的适当部

---

① 参见朱光磊、于丹:《建设服务型政府是转变政府职能的新阶段——对中国政府转变职能过程的回顾与展望》,《政治学研究》,2008 年第 6 期。

② 参见李善阶:《应用行政学》,中国广播电视出版社,1990 年;许文惠、齐明山、张成福:《行政管理学》,人民出版社,1997 年。

③ 参见张国庆:《行政管理学概论》,北京大学出版社,2001 年。

④ 参见谢庆奎、王平:《中国政府体制分析》,中国广播电视出版社,1995 年;朱光磊:《现代政府理论》,高等教育出版社,2006 年;张康之、李传军:《公共行政学》,北京大学出版社,2007 年;李文良等:《中国政府职能转变问题报告:问题、现状、挑战、对策》,中国发展出版社,2003 年。

分,纳入政府功能的范围;把关于政府相对具体的界说中的适当部分,纳入政府职责的部分"[1];张康之教授则认为"政府职能表现为作为国家行政机关的政府所履行的职责……以及政府在国家和社会中的功用和效能状况"[2]。但无论如何,这种二分的认识在一定程度上避免了原则与操作之间的模糊,为进一步深化政府职能转变提供了抓手。

这一变化同样在实践层面得到了印证。1998 年国务院机构改革就是一个典型标志。在此之前,几轮国务院机构改革多立足技术层面,强调政府机构的撤并和机构数量的增减,并为政府职能划定边界、努力建立适应社会主义市场经济运行的行政体制;[3]此后,政府机构改革开始尝试将机构改革与职责划分联系起来,重点关注部门间职责权限与职能分工及其内部协调问题。[4]

在这一时期,关于政府职能究竟转向何方的问题也有更为明确的认识。时任国务委员兼国务院秘书长罗干在第九届全国人民代表大会第一次会议上做的《关于国务院机构改革方案的说明》(1998 年)中提出:"要把政府职能切实转变到宏观调控、社会管理和公共服务方面来"——这是官方文件中首次对"政府职能转向何方"这一问题做出的较为明确、全面的答复。随后,2003 年 9 月时任总理温家宝同志在国家行政学院省部级干部政府管理创新与电子政务专题研究班上的讲话中指出,"经济调节、市场监管、社会管理和公共服务,是社会主义市场经济条件下政府的四项基本职能"。这一提法

---

① 参见朱光磊:《现代政府理论》,高等教育出版社,2006 年,第 73 页。

② 张康之、李传军:《公共行政学》,北京大学出版社,2007 年,第 101 页。

③ 如 1982 年机构改革的核心是"精简机构";1988 年机构改革试图弱化专业经济部门管钱、管物、直接干预企业经营活动的职能,以达到增强政府宏观调控能力和转向行业管理目的;1993 年的机构改革强调以"政企职责分开和精简、统一、效能"为原则,着力于"转变职能,理顺关系,精兵简政,提高效率"方面。

④ 如 1988 年机构改革的总体原则是:"按照权责一致的原则,调整政府部门的职责权限,明确划分部门之间的职能分工,相同或相近的职能交由同一个部门承担,克服多头管理、政出多门的弊端。"

的出现可以被视为政府职能认识走向深化的重要标志。

2003 年以后,"非典"的爆发、弱势群体问题的显化和全球化带来的压力,促使中国开始集中地考虑服务型政府建设的问题。2004 年 2 月 21 日,时任总理温家宝同志首次提出"建设服务型政府"的主张,并在十届人大三次会议《政府工作报告》中系统阐述了服务型政府的内涵;2006 年 10 月,中共十六届六中全会进一步明确要求"建设服务型政府,强化社会管理和公共服务职能"。这是"服务型政府"首次被写入执政党的纲领性文件中。这一目标的提出,明确了政府职能转变的方向在于社会管理和公共服务,也为推进下一步行政体制改革描绘了蓝图。

借助这一契机,学界围绕服务型政府展开了大量深入、细致的研究,系统描述了服务型政府的价值原则、理论基础、服务精神、建设目标、实现途径等诸多方面,其中比较有代表性的课题组或研究团队包括:国务院发展研究中心课题组、财政部财科所课题组、世界银行课题组、南开大学课题组、国家行政学院研究团队、中国农业大学研究团队、厦门大学课题组等。[①]

与此同时,特别值得关注的是,学界开始系统地思考纵向政府间职责配置的问题——这是对传统理论的极大突破。结合历史与实践可以发现,中国政府职能在纵向配置的"职责同构"是政府职能转变不到位、条块矛盾突出等一系列重要问题难以解决的主要体制性原因[②]。因此,只有适度打破职责同构,合理配置政府纵向间职责,才能推动政府职能转变、深化行政体制改革、理顺条块关系等工作的同步推进。而这恰恰就关联着如何配置纵向间政府职责的问题。

1998 年到 2007 年是国内关于政府职能认识的第二阶段,其总体特征表现为"从政府职能到政府职责"。围绕这一逻辑,国内关于政府职能的认识逐

---

① 参见孙涛:《近年来服务型政府建设研究述评》,《中国行政管理》,2011 年第 1 期。

② 参见朱光磊、张志红:《"职责同构"批判》,《北京大学学报(哲学社会科学版)》,2005 年第 1 期。

步走向了深化,对于政府职能转向何方也有了明确的认识;同时,通过功能与职责两个层次的划分,政府职责的调整成为关键,从而使得改革更具针对性和操作性。

具体地看,这一阶段关于政府职能认识的突破主要体现在以下四个方面:

第一,政府职能包括政府功能和政府职责两个方面。这一划分改变了传统政府职能界说混乱的局面,明确了"政府应该做什么"的问题,有效避免了理论上的模糊和实践中的混乱;更重要的是,进一步明确了在转变政府职能的过程中应将重点放到调整现代政府的职责上来。

第二,政府职能转变有了明确的方向。虽然我国在 1998 年以前就提出过转变政府职能的历史任务,但关于政府职能究竟要转向何方的问题尚缺少明确的解释。1998 年《关于国务院机构改革方案的说明》、2005 年修订的《国务院工作规则》等相关内容为政府职能转变明确了方向。

第三,政府职能的重心开始由经济建设向公共管理和社会服务转移。伴随着全球化的发展、市场经济体制的不断完善以及经济体制改革的不断深化,政府职能逐渐从偏重经济发展转向更加注重公共管理和社会服务。进一步说,要深入推进政府职能转变,就必须顺应社会发展需要,更加关注民生,让广大人民群众能够共享改革成果。

第四,机构改革要与职责划分联系起来。在这一阶段,研究者关注机构改革与职责划分的联系及其内部的权责配置,强调要按照权责一致的原则,调整各部门的职责权限、明确划分部门之间的职能分工。特别在提出服务型政府建设目标之后,更是将机构改革、职责划分和服务型政府建设三者有机地联系在一起,进一步推动着中国的行政改革进程。

三、从"政府职责"到"职责体系"

2007 年至今是政府职能问题研究的第三阶段。在前一阶段,研究者已经有意识地将政府职能区分为政府功能和政府职责，从而大大推进了关于政府职能的认识，特别是关于"政府要如何做"的问题有了较为深刻的理解。进入新时期，研究重点逐渐从关注政府的职责划分转移到政府职责体系的建构上来。换言之，职能转变改革不能单纯地考虑政府做什么、如何做的问题，也不能局限于职责划分和机构改革方面，而更应当关注各项职责之间的相互协同以及职责配置与机构改革之间的双向互动等。直观地说，这凸显出从"政府如何做"到"政府如何做得更好"的演变脉络。

2007 年，党的十七大报告旗帜鲜明地提出："健全政府职责体系，完善公共服务体系，推行电子政务，强化社会管理和公共服务。"这是"政府职责体系"这一术语首次被写入国家的纲领性文件中。2008 年以来推行的大部门体制改革恰恰秉持着这一理念，试图超脱简单的机构层面的改革，与政府在经济社会中扮演的角色以及发挥的功能联系起来，着力于理顺职责关系、凸显职责协同，并以此为基础实现职责设置与机构改革间的良性互动。此后，2012 年党的十八大报告中强调"稳步推进大部门制改革，健全部门职责体系"。新一届政府以"放管服"改革作为政府职能转变的"先手棋"和"当头炮"，有效激发了企业和市场活力，取得了明显成效。① 2013 年国务院机构改革则进一步延续了这一思路，并将"职能转变"提到了更高的位置。②

2013 年 5 月，中国机构编制管理研究会在郑州召开了"中国机构编制管理研究会第五次联席会议暨政府职责体系专题研讨会"。这是中国首次直接以"政府职责体系"为专题召开的研讨会。与会专家从理论和实践两个角度对政府职责体系的核心问题、加强政府职责体系研究的意义、构建政府职责体系要处理好的几对关系、健全地方政府职责体系的关键环节和突破口等

---

① 参见马宝成等：《党的十八大以来政府职能转变的重要进展与未来展望》，《行政管理改革》，2017 年第 10 期；沈荣华：《十八大以来我国"放管服"改革的成效、特点与走向》，《行政管理改革》，2017 年第 9 期。

② 2013 年改革方案名称中多了"职能转变"四字，这在国务院机构改革中尚属首次。

关键性问题进行了深入、细致的研讨。①在某种意义上,此次会议标志着"政府职责体系研究"作为一个学术问题开始引起了学界的关注。同年 11 月通过的《中共中央关于全面深化改革若干重大问题的决定》首次对"中央政府职责"和"地方政府职责"进行了区分即"加强中央政府宏观调控职责和能力,加强地方政府公共服务、市场监管、社会管理、环境保护等职责"②。这两者相互呼应,意味着学界的理论思考与高层的实践决策实现了有效互动和互促,标志着改革进行到了新的阶段。此后,全面推广的权力清单改革、职责清单改革、负面清单改革,本质上就是改革走向精细化的直接表现,有助于厘清政府职责关系、塑造政府职责体系,因而也可以被视为同一序列的改革。

党的十九大以来,关于政府纵向职责体系的认识进一步走向深化,典型标志就是十九大报告中关于"赋予省级及以下政府更多自主权"的提法。这一提法至少涵盖三层含义,其一,关于"省级及以下政府"的表述意味着央地关系的细化和具体化,突出表现为地方政府至少可以分为"省级政府"和"省级以下政府"两类;其二,关于"更多自主权"的表述体现出央地关系调整思路的变化,意味着中央意识到当前赋予地方的自主权与地方应当发挥的关键作用不相匹配;其三,在"赋予省级及以下政府更多自主权"的改革实践过程之中,必须牢牢坚持中国共产党的领导地位,坚持中央政府在行政体系中

---

① 会议主办方根据录音整理摘编了部分与会专家的发言,并陆续刊发在《中国机构改革与管理》上。如黄文平:《加强政府职责体系研究具有重要意义》,《中国机构改革与管理》,2013 年第 6 期;朱光磊:《政府职责体系构建中的六个重要关系》,《中国机构改革与管理》,2013 年第 6 期;马新华:《健全地方政府职责体系的关键环节和突破口》,《中国机构改革与管理》,2013 年第 6 期;刘传旺:《明确省以下各层级地方政府的职责重点》,《中国机构改革与管理》,2013 年第 6 期;盛放:《职能管理是政府职责体系建设的重要抓手》,《中国机构改革与管理》,2013 年第 6 期; 李东民:《直管县政府职责体系的核心》,《中国机构改革与管理》,2013 年第 9 期;河北省行政管理体制改革与机构编制管理研究会:《垂直管理是完善县政府职责体系的核心问题》,《中国机构改革与管理》,2013 年第 9 期;刘云广:《正确选择构建政府部门职责体系的方法路径》,《中国机构改革与管理》,2013 年第 10 期;刘学群:《省直管县背景下县级政府职责体系建设要考虑的几个关键问题》,《中国机构改革与管理》,2013 年第 10 期。

② 《中共中央关于全面深化改革若干重大问题的决定》,《人民日报》,2013 年 11 月 16 日。

的主导地位。可以认为，这一提法是新时期构建政府职责体系和调整政府间纵向关系的总体战略部署。此后2018年《深化党和国家机构改革方案》更是在这一理念的基础上明确提出"突出不同层级职责特点，允许地方根据本地区经济社会发展实际，在规定限额内因地制宜设置机构和配置职能"，进一步落实了改革措施和改革步骤。

具体地看，这一阶段关于政府职能认识的突破主要体现在以下三个方面：

第一，关于"层级差异"的理念有了新的突破。以往改革虽然也强调要结合不同层级政府职责特征、因地制宜地推进改革，但总体讲得比较笼统。党的十九大报告在"层级差异"这一点上做出了细化和具体化，旗帜鲜明地将中国的政府层次分为"中央政府""省级政府"和"省级以下政府"三类，从而在原则层面上突出了"层级差异"，也为下一步具体工作的推进指明了方向。

第二，关于"自主权"的理念为有限度地突破"职责同构"拓展了制度空间长期以来，在纵向间府际关系处理上，我国更加偏重于强调下级政府对上级政府的服从、地方政府对中央政府的服从。这种偏重当然是必要的，对于中央把控改革节奏起到关键作用。但这一结构往往也容易导致地方的灵活性和积极性受到限制。此次关于赋予更多自主权的提法，进一步明确了矛盾的主要方面，同时又进一步突出了"层级差异"。

第三，关于权力清单和责任清单的改革，借助对各级政府及其部门权力和责任的清理，明晰了政府权力和责任的边界，推动了权力公开、强化了权力运行的监督和制约，本质上就是构建政府职责体系的重大基础性工作。与此同时，各级政府权力和责任边界的划定，在"法无授权不可为"和"法定职责必须为"的基本原则下，为政府间纵向关系协调提供了相应的依据。借助权力清单和责任清单改革，各级政府权责边界进一步明晰，从而为有限度地突破"职责同构"、构建政府职责体系和调整政府间纵向关系拓展了制度空间。

表 2-1　改革开放以来我国关于政府职能认识的三个阶段

历史阶段	总体逻辑	主要内容
第一阶段 （1978—1998）	从国家职能到政府职能	政府职能具有边界 政府职能的重心要放到经济发展上 政府对企业的管理方式要以间接管理为主
第二阶段 （1998—2007）	从政府职能到政府职责	政府职能包括政府功能和政府职责 政府职能转变有了明确的方向 政府职能的重心向公共管理和社会服务转移 开始将机构改革与政府职责划分联系起来
第三阶段 （2007 至今）	从政府职责到职责体系	关于"层级差异"的理念有了新的突破 "自主权"理念有助于拓展改革的制度空间 权力、责任清单改革有助于明晰政府边界

资料来源：作者自制。

第二节　政府纵向职责体系配置的影响因素

任何一个稳定运行的体系，既是一定社会历史发展的结果，也是一系列内外部条件共同作用的产物。正确把握这些条件，既是充分认识政府纵向职责体系的基础性条件，也是有效调整职责体系的必要前提。结合理论研究和实践经验来看，可以从"体制"和"过程"两个维度来考察影响政府纵向职责体系配置的重要因素。

一、体制性要素

基于体制性要素的考察，主要是从政府纵向职责体系及其运行所涉及的诸多体制、机制入手，考察独具特色的条块体制、自上而下的监督体制和财力上聚的财政体制对政府纵向职责体系配置的影响。

（一）独具特色的条块体制

条块关系是我国行政组织体系的基本结构性关系："条条"指从中央到地方各级政府职能中性质相同或相似的职能部门；"块块"指的是由不同职能部门组合而成的各层级政府。构建在这一基础之上的"条块体制"指以层级制和职能制相结合为基础，以"上下对口"与"合并同类项"为原则建构起来的各层级政府大体上"同构"的政府组织和管理模式。①从实践中看，条块关系受到国家行政管理体系、层级制与职能制的结合状况、国家结构的不同形式以及不同的集权与分权模式等因素的影响。②反过来，在其运行过程中，条块关系又会内在地影响政府体系的运转和政府职能的履行。这就为考察独具特色的条块体制对政府纵向职责体系的影响提供了现实可能。③

"条条"与"块块"这两条主线构筑了政府纵向职责体系的基本框架，政府纵向职责的配置和运行恰恰也就是依托于"条条"和"块块"之上。事实上，中央政府通过条条对地方政府进行宏观调控是必要的，关键在于如何选择调控的方式和内容，而这就指向了政府纵向职责的合理配置问题。

简而言之，条块体制是政府纵向职责体系运行的基本依托。在未来相当长一段时间内，这一体制都将产生重要的影响。因此，在全面深化改革与推进国家治理现代化的背景下，理顺条块关系、寻求和建立"条""块"之间的平衡点是政府职能转变和政府职责体系配置的高难度课题。④

（二）自上而下的监督体制

任何一个体系的运行，最终必然具体到单个的个体上。体系的运行绩效

---

① 参见周振超：《当代中国政府"条块关系"研究》，天津人民出版社，2008年，第1页。

② 参见马力宏：《论政府管理中的条块关系》，《政治学研究》，1998年第4期。

③ 1956年2月24日，毛泽东同志在听取国务院第三办公室工作汇报时说："我去年出去了一趟，跟地方同志谈话。他们流露不满，总觉得中央束缚了他们，地方同中央有些矛盾，若干事情不放手让他们管。他们是块块，你们是条条，你们无数条条往下达，而且规格不一。他们若干要求，你们也不批准，约束了他们。"参见薄一波：《若干重大决策与事件回顾》（上），中共中央党校出版社，1991年，第483页。

④ 参见朱光磊：《当代中国政府过程》，天津人民出版社，2002年，第424~425页。

直接取决于个体的行动绩效。这就自然涉及了有关行政监督的问题。从一般的意义上讲，行政监督指依据法律法规对行政机关及其工作人员履行职责和执行法律的情况所进行的限制、检查、督促和制裁，从而保证行政机关及其工作人员行使行政权力的目标、过程及其结果合法、合理。[①]事实上，一个有效的行政监督体制是深化政府职能转变和提升政府管理能力，并从源头遏制腐败的关键基础，是推进国家治理体系和治理能力现代化的重要保障。结合现实来看，考察行政监督体制对政府纵向职责的配置与职责体系的运行具有显著的必要性，直接体现在以下两个方面:

首先，行政监督有助于保证转变政府职能各项部署的贯彻落实。通过有效的行政监督，可以督促各地区、各部门抓紧落实政府机构改革和职能调整的各项任务、要求，科学界定政府职能范围、优化组织结构、理顺职责分工，厘清政府、市场、社会之间的关系，塑造运转良好的政府职责体系。

其次，行政监督内容与重心的变化会催生政府履责重点的变化。一般而言，行政监督的重点内容，就是政府重点履责的领域;行政监督力度的增减和监督重心的偏移，将会导致政府履责内容和履责方式的相应变化。以绩效评估为例，在实践中，上级政府往往会列出多个项目，为每个项目赋以相应的数值，制定相应的考核标准，用以考察下级政府的行政绩效。但是，这一过程或多或少地存在着"主观性"，即考核的指标及其相应赋值成为了体现上级政府意志的工具。"着眼于关键问题解决的目标责任考核指标作为上级政府管理下级政府的'着手点'和'切入点'，有助于保证上级政府的整体规划或特定计划目标的实现。"[②]

(三)财力上聚的财政体制

任何一个政府体系的有效运转都离不开财政体制的支撑。一方面，政府

---

① 参见丁煌主编:《行政学原理》,武汉大学出版社,2007年,第173页。

② 吴建南、杨宇谦、阎波:《政府绩效评价:指标设计与模式构建》,《西安交通大学学报(社会科学版)》,2007年第5期。

履行职责的过程,实际上就是对财政资源进行配置的过程。财政问题往往是政府,特别是基层政府最为关心的问题。[①]甚至可以说,财政支持是否到位以及到位程度如何,往往是决定履责绩效的关键。另一方面,财政支出结构的变化,即财政支出总额中各类支出的组合及其在支出总额中所占比重的变化,往往能够凸显政府履责的变化。[②]一般情况下,财政支出比重上升的领域就是政府在当前阶段重点关注的领域。例如,从 2007 年到 2012 年,各年国家社会保障和就业支出金额分别为 5447.16 亿元、6804.29 亿元、7606.68 亿元、9130.62 亿元、11109.40 亿元、12541.79 亿元,年均递增速度为 18.2%,[③]远超同期 GDP 增速。这一变化有效地凸显了政府在社会保障和就业领域履责的强化。

具体到政府转移支付之中,作为财政资源在政府间直观、显性的资金收付活动,[④]政府转移支付是上级政府调控下级政府行为、调整下级政府职责的重要手段。例如政府间专项转移支付就是中央财政为实现特定的宏观政策与事业发展目标,对委托地方政府代理的一些事务或中央地方共同承担事务进行补偿而设立的补助。这部分资金需要按规定用途使用,以便完成特定任务或履行特定职责。如果下级政府未能按照规定使用资金或完成特定任务,中央政府有权停止拨付甚至追回资金。同时,政府间转移支付还可以为应对突发事件提供财政支撑,这也成为强化政府履责、提升危机应对能力的重要支持。例如 2008 年汶川地震后,国家动用了数百亿财政资金,通过转移支付的方式用以应对抗震救灾和灾后恢复重建问题;国务院还颁布了《汶川地震灾后恢复重建对口支援方案》,按照"一省帮一重灾县"的原则安排对

---

① 结合笔者在天津、上海、重庆、广东、福建、黑龙江、山西等地调研的情况看,地方政府官员在"诉苦"的时候,往往会重点强调"财政支持不足"和"人员编制过少"两个方面。这一点虽然可能具有片面性,但或许可以作为佐证。

② 参见陈共:《财政学》,中国人民大学出版社,2000 年,第 66 页。

③ 参见《中国财政年鉴》(2013),中国财政杂志社,2013 年,第 451 页。

④ 参见马海涛主编:《财政转移支付制度》,中国时政经济出版社,2004 年,第 48 页。

口支援方案。[①]

二、过程性要素

从过程性的角度来考察,府际关系实践和政府机构改革无疑都可能对政府纵向职责配置和职责体系运行产生显著影响。

(一)府际关系实践

府际关系是考察政府纵向职责体系的重要理论视角。从中国政治发展和政府过程来看,中央与地方的关系向来是关键问题之一。早在1956年,毛泽东同志就曾提出过"发挥两个积极性"的论断,[②]为我国央地关系研究和央地关系实践定下了基调。而府际关系则是在央地关系基础上的"升级",因为它将"中央—省"二元纵向关系为主的模式拓展成了"中央—省—市—县—乡"多元纵向关系模式,从而拓宽了研究视阈、丰富了理论内涵。从实践来看,政府纵向职责体系实际上是依托于这种多元纵向关系构筑起来的,政府纵向职责体系的运行也是依托于这种多元关系之上。恰因如此,考察府际关系实践对政府纵向职责体系的影响也就具有了可能性和必要性。

府际关系跳出传统"中央与地方"的框囿,不但关注"中央—省—市—县—乡"多元关系,而且关注同一层级地方政府间的水平互动以及不具有行政隶属关系的不同层级政府间互动合作。在政府履行职能的层面看,多元主

---

① 值得注意的是,党的十八届三中全会明确提出:"财政是国家治理的基础和重要支柱,科学的财税体制是优化资源配置、维护市场统一、促进社会公平、实现国家长治久安的制度保障。必须完善立法、明确事权、改革税制、稳定税负、透明预算、提高效率,建立现代财政制度,发挥中央和地方两个积极性。要改进预算管理制度,完善税收制度,建立事权和支出责任相适应的制度。"这一论断实际上可以被视为财政体制改革和政府纵向职责体系调整的总体原则。参见《中国共产党第十八届中央委员会第三次全体会议公报》,《人民日报》,2013年11月13日。

② 毛泽东同志在《论十大关系》中指出:"我们的国家这样大,人口这样多,情况这样复杂,有中央和地方两个积极性,比只有一个积极性好得多……我们的宪法规定,立法权集中在中央。但是在不违背中央方针的条件下,按照情况和工作需要,地方可以搞章程、条例、办法,宪法并没有约束。"参见《毛泽东著作选读》(下册),人民出版社,1986年,第729~730页。

体之间的互动往往表现在政府完成特定任务以及公共服务供给等领域。换句话说,府际关系实践实际上就内含着政府履责的过程。进一步说,借助对府际关系的调整,就可能推动政府纵向职责体系的完善。

(二)政府机构改革

政府机构是政府履行相应职责的载体,二者呈现出一体两面的关系:职责决定了机构的产生,机构的运行影响着职责的履行。具体地讲,一方面,当一项公共事务出现,需要政府承担相应责任时,政府往往就会通过立法或其他方式设置新的机构来承担相应的职责。[①]同时,政府职能将会决定政府机构的大小与规模。一般而言,政府机构承担的行政职能越多、职能本身越复杂,其规模就会越大;[②]另一方面,作为职能承担者的政府机构,其自身运作的效率将直接影响行政效能。通常来说,如果政府机构的职能定位清晰、职责分工合理,那么履责效果就良好、行政效能也较高。在这个意义上,机构改革与职责体系二者存在着显著的相关性。

事实上,早在20世纪80年代初,邓小平同志就曾指出,“到本世纪末的近二十年内要抓紧四件工作,其中第一件就是进行机构改革”。在这一理念的指引下,改革开放四十年以来,我国先后在1982年、1988年、1993年、1998年、2003年、2008年、2013年、2018年进行了8次较大规模的政府机构改革。这一系列改革取得了明显的成效,有力地推动了全面深化改革的进程与社会主义现代化建设的步伐。但与此同时,也必须看到,之所以会进行如此高频率的改革,除了适应社会经济发展的现实需要之外,很大程度上也在于政府机构改革不到位、改革层次不深入、顶层设计不完善。

总的来看,这一系列改革虽然涉及优化机构、精简人员、管理机制创新、

---

① 当然,也有可能将相应的职能划归已有的政府机构。

② 以美国为例。1933年联邦政府的文职雇员有50多万人,1938年增至84万,1943年激增至约300万,主要原因就是随着罗斯福新政的实施,政府职能急剧扩张,政府雇员数量亦随之剧增。参见[美]查尔斯·比尔德:《美国政府与政治》(上),朱曾汶译,商务印书馆,1987年,第272页。转引自张迎涛:《中央政府部门组织法研究》,中国法制出版社,2011年,第5页。

政企关系、政社关系等诸多领域,但总体上是依托"政府职能转变"这一主线的(见表2-2)。中央政府的重要目的——至少是之一,在于希图借助政府机构的改革来推动政府职能的有效整合。应当说,这一目的在一定程度上实现了。但是,特别值得注意的是,当前的改革成效更多地体现在横向职责的调整方面,相应在纵向职责配置和体系调整方面,改革成效还未得到显现。这或许是政府机构改革未能进入更深层次的关键阻碍。进言之,如果仅仅停留在横向层面的职责调整,没有弄清楚各层级政府究竟应当干什么、怎么干的问题,政府机构改革和政府职能转变的根本张力就难以体现出来。

表2-2 改革开放以来政府机构改革历程

年份	会议名称	重点表述
1982	第五届全国人民代表大会常务委员会第二十二次会议《关于国务院机构改革问题的决议》	全国工作的重心转移到社会主义现代化建设上来之后,国务院第一位的任务是领导经济建设。
1988	第七届全国人民代表大会第一次会议《关于国务院机构改革方案的决定》	今后五年改革的目标是,转变职能、精干机构、精简人员……这次国务院机构改革的基本要求是:减少政府机构直接干预企业经营活动的职能,增强宏观调控职能。
1993	第八届全国人民代表大会第一次会议《关于国务院机构改革方案的决定》	这次机构改革的重点是转变政府职能。
1998	第九届全国人民代表大会第一次会议《国务院机构改革方案》	按照发展社会主义市场经济的要求,转变政府职能……按照权责一致的原则,调整政府部门的职责权限,明确划分部门之间的职能分工。
2003	第十届全国人民代表大会第一次会议《关于国务院机构改革方案的说明》	转变职能是深化行政管理体制改革的关键。
2008	第十一届全国人民代表大会第一次会议《国务院机构改革方案》	这次国务院机构改革的主要任务是,围绕转变政府职能和理顺部门职责关系,探索实行职能有机统一的大部门体制……以改善民生为重点加强与整合社会管理和公共服务部门。

续表

年份	会议名称	重点表述
2013	第十二届全国人民代表大会第一次会议《国务院机构改革和职能转变方案》	这次国务院机构改革,重点围绕转变职能和理顺职责关系,稳步推进大部门制改革。
2018	第十三届全国人民代表大会第一次会议《深化党和国家机构改革方案》	以加强党的全面领导为统领,以国家治理体系和治理能力现代化为导向,以推进党和国家机构职能优化协同高效为着力点,改革机构设置,优化职能配置,深化转职能、转方式、转作风,提高效率效能,积极构建系统完备、科学规范、运行高效的党和国家机构职能体系。

资料来源:作者自制。

当然,这一问题已经引起了高层的关注,无论是党的十七大报告中提及的"健全政府职责体系"、党的十八大报告中提及的"健全部门职责体系"等原则性提法,还是《中共中央关于全面深化改革若干重大问题的决定》首次对"中央政府职责"和"地方政府职责"做出的区分,抑或党的十九大报告中关于"赋予省级及以下政府更多自主权"的提法等,无疑都暗示着中央关注点的转换。未来,在全面深化改革和推动国家治理现代化的背景下,进一步理顺纵向府际关系、构建政府纵向职责体系,必将成为改革的"重头戏"。

第三节　现代国家治理与政府纵向职责体系

现代国家治理无疑是一项复杂、系统的工程,其核心在于国家治理体系的构建与国家治理能力的提升。作为国家治理体系的核心主体,政府治理能力的提升直接关乎着国家治理现代化的全面推进。在全面正确履行政府职能和全面深化改革的背景下,进一步推动政府职能转变、构建政府纵向职责体系成为提升政府治理能力、推动国家治理现代化的关键所在。

一、政府职能转变、政府治理与国家治理

在现代国家治理中，作为国家治理体系之核心主体的政府无疑发挥着关键作用。从逻辑上讲,政府治理可以从治理能力和治理方式两个维度加以理解,前者指的是政府在应对公共事务时所具有的潜在或现实的能力,后者则指政府如何实现自己的意志，直观表现在政府与多元主体的关系上。当然,这种架构并不意味着二者截然分开;实际上,二者本身是相辅相成的,例如,治理能力提升会客观上催生治理方式的变化,而治理方式的更新无疑可以提升治理能力。但无论如何,进行这种类型学的区分有助于深化对问题的分析。沿着这一逻辑继续推演,政府治理能力的提升和治理方式的变革直接关乎着国家治理现代化的全面推进，或者说,"政府治理理论现代化是国家治理现代化的基本要求"①。而反映到行政实践中,兼顾治理能力和治理方式的政府职能转变,无疑天然地成为了国家治理现代化的重要"抓手"和关键突破口。这种从"职能转变"到"政府治理"再到"国家治理"的演绎,层层推进、渐次深入,体现出国家治理现代化场域中政府职能转变的理论逻辑。

（一）政府在国家治理主体格局中占关键地位

国家治理实际上是由公共事务量与质的属性以及公共事务治理的众多技术条件所决定的。②现代化因素的成长及其内部相互交织的复杂关系,使得现代国家的公共事务数量与规模急剧增长,塑造了日益复杂的治理情境,同时也使得治理难度不断增加。面对这一复杂、困难的情境,不同治理主体之间的多元沟通与互动协同成为必要，并催生了现代国家日益复杂的治理体系和治理结构。

---

① 丁元竹:《治理现代化呼唤政府治理理论创新》,《国家行政学院学报》,2017 年第 3 期。
② 参见何显明:《政府转型与现代国家治理体系的建构——60 年来政府体制演变的内在逻辑》,《浙江社会科学》,2013 年第 6 期。

现代国家治理体系包含政府治理、市场治理和社会治理三个重要的次级体系。①这三个体系塑造了规范行政行为、市场行为和社会行为的程序与制度，而其各自的运行规则及其交织互动则有效地嵌入现代国家治理的内在逻辑之中。在这个意义上，通俗地讲，现代国家治理表现为包括国家政权的所有者、管理者和利益相关者在内的多元行动者之间的协同与互动，其关键在于政府、市场、社会等多元主体之间的博弈与合作。当然，需要注意的是，多元主体各自发挥的作用，天然不可能是等量齐观的。

从多元主体各自的地位来看，诚然政府、市场、社会等主体都是作为现代国家治理要件之一的多元共治协作体系的重要一环，但不可否认的是，无论是从行政体系的运作过程还是从治理能力的推进实践看，政府这一主体依旧占据着主导地位，发挥着关键性的作用。甚至可以说，其他主体的顺利成长及其力量的有效发挥都离不开政府的支持或引导。在这个意义上可以认为，在国家治理结构中，政府发挥着中流砥柱的作用。

(二)政府职能转变推动政府治理能力提升

政府职能是国家行政机关依法对公共事务进行管理时所承担的职责，政府履行其职能的过程实际上就是实现政府治理的过程。在这个意义上，政府职能成为实现政府有效治理的依托与载体。恰因如此，关于"政府应当履行何种职能以及如何履行职能"的追问也就成为政府治理的首要问题。进一步而言，对"应然"状态的追问，为从"实然"到"应然"的转变提供了标杆；这一点反映到中国的行政话语体系中，表现为对"政府职能转变"的理论与实践探索。

通俗地说，政府职能转变有助于提升治理能力。这一观点可以从以下两个方面得到论证：一方面，职能转变意味着要重新定义政府的角色，明确新形势下政府应该做什么、不应该做什么。正如李克强总理在多个场合所强调

---

① 参见俞可平：《衡量国家治理体系现代化的基本标准——关于推进"国家治理体系和治理能力的现代化"的思考》，《党政干部参考》，2014 年第 1 期。

的那样："把不该管的微观事项坚决放给市场、交给社会，该加强的宏观管理切实加强。"这种厘清哪些该管、哪些不该管的过程，恰恰就是在国家治理现代化的大背景下，为政府寻找明确的职能定位的过程。唯有在这一基础上，才可能有效地解决政府职能越位、缺位、不到位等问题；另一方面，政府职能转变的核心是打造"有为政府"。政府职能转变并不能简单地被理解为"放权"，也不意味着职能的体量越小越好。实际上，对于政府的衡量，应当更关注其能否切实有效地管理好国家、社会。反过来说，只有在确保管理好国家、社会的前提下，政府职能转变才是有意义的。这就意味着要将"有为政府"视为职能转变的核心，围绕如何推动政府更加"有为"进行改革。结合这两方面来看，一个"对路"且"有为"的政府及其职能结构，才是改革的最终指向；进一步说，在国家治理现代化的场域中，应当借助政府职能转变，塑造一种既能恪守本分、处理好公共权力与市场规则以及社会组织之间关系，又能应对全球化和风险社会的挑战、满足公众对政府治理绩效期待的结构。

（三）政府职能转变推动政府治理方式变革

深化政府职能转变的过程，既涵盖着政府治理能力的提升，也涵盖着政府治理方式的变革。大略地看，从新中国成立到改革开放这段时间，中国实行高度集中的计划经济体制，政府治理方式突出地表现为行政命令；改革开放以后，伴随着市场化改革的推进和理论认识的提升，政府治理方式开始有了更多的灵活性，逐步实现了从微观管理到宏观管理的转变，市场和社会的活力也得到了显著释放；到了 2003 年以后，"建设服务型政府"这一目标的提出，更是推动了政府治理方式日渐走向柔性化、多元化。这一历史经验无疑佐证了政府职能转变在推动治理方式变革方面所起到的关键作用，也指引着下一步改革深化的方向。

正如前文所述，政府治理方式直观地表现在政府与多元主体的关系上，政府职能转变的过程恰恰也就是调节政市、政社、政民关系的过程。一方面，政府应当从微观经济活动和市场行为当中坚决退出，改变过度干预，"使市场在资源配置中起决定性作用"①;另一方面,推动政事分开,完善政府公共服务购买,改革社会团体审批登记制度,培育和扶持社会组织发展;同时,切实遵循法治,防止公权力滥用,维护公民的权利和利益,捍卫社会秩序与公民自由。总而言之,借助职能转变这一关涉着政府与多元主体关系调试的载体,削减对市场的不正当干预、调整社会管理职能、增强公共服务职能、保障公民的正当权益,并有效地将多元主体格局融会贯通,从而变革政府治理方式并使政府职能与其在现代国家治理体系中的角色定位相一致,最终切实有效地推进国家治理现代化。

二、国家治理现代化视域中的政府职能转变

前文已经描述了国内关于政府职能问题的历史演进,同时也梳理了关于政府职能转变、政府治理和国家治理等概念之间的内在逻辑关联。如果将其共同置于国家治理现代化的场域中进行观察,可以发现:一方面,结合各阶段具体内容和目标指向看,改革无非面向治理能力或治理方式,抑或兼而有之;另一方面,政府职能转变的过程,实际上也就是国家治理不断完善的过程。在这个意义上,二者在推进国家治理现代化的历史场域中得到了有机统一。

(一)各阶段改革往往着力于提升政府治理能力或(和)变革政府治理方式

第一阶段的改革,归纳起来主要有以下几项内容:其一,明确"政府职能"从"国家职能"中脱离出来成为考察一系列相关问题的理论前提。也就是说,从逻辑上认识到,明确政府"该做什么、不该做什么",同时处理好政府、市场、社会的关系是关键内容。这无疑是改革基础,宏观上兼顾着治理能力和治理方式。其二,从职能重心上看,政府应当着重经济方面的职能,无论是

---

① 《中共中央关于全面深化改革若干重大问题的决定》,《人民日报》,2013 年 11 月 16 日。

从党的十一届三中全会还是从 1980 年国务院发布的《关于经济改革的初步意见》中，都可以得到明显体现。这一时期进行的机构改革，也无疑是强化经济管理能力为目的的。这项内容着力于提升政府治理能力，强化政府在经济管理方面的能力。其三，对于企业的管理方式，要改变单一的行政管理模式，过渡到行政、经济、法律多手段并用，从以直接管理为主转变到以间接管理为主。这项着力于调整政府治理方式，重塑政府与企业的关系。

第二阶段的改革，归纳起来主要有以下几项内容：其一，将政府职能从逻辑上划分为政府功能和政府职责两个部分，改变了传统政府职能界说混乱的局面，明确了"政府应该做什么"的问题，并且将改革重点放到政府职责的调整上来。这同样是基础层面的改革，是治理能力提升和治理方式变革的前提条件。其二，政府职能转变有了明确的方向，即"经济调节、市场监管、社会管理和公共服务职能"上，政府履责的重心也开始从偏重经济发展转向更加注重提供公共管理和社会服务。其三，将机构改革与政府职责划分联系起来，强调要按照权责一致的原则，调整各部门的职责权限，明确部门间职能分工。这两项内容一个着力履责重点调整，一个着力机构调整，最终均指向政府治理能力的提升。其四，"服务型政府建设"这一主张的提出与贯彻，既体现出政府对自身定位的清晰认识，又意味着传统管理方式的重大变革，是政府职能转变进入新阶段的标志，也渗透出变革政府治理方式的思路。

第三阶段的改革，归纳起来主要有以下几项内容：其一，"职责体系"成为改革着眼点是理念层面的重大变化。政府职责体系的构建，是关涉着一系列内外部要素的问题域，意味着应当与政府在经济社会中扮演的角色以及发挥的功能联系起来，着力于理顺职责关系，并以此为基础实现职责设置与机构改革间的良性互动。2016 年李克强总理在《政府工作报告》中提出的"简政放权、放管结合、优化服务"，更是这种系统思维的直接体现。这项改革兼顾了治理能力和治理方式两个维度，对于深化改革具有重要的指导意义。其二，持续推进深化大部门体制改革。2008 年以来我国扎实推进大部门体制改革,借助部门重组实现职责的归并整合和优化重组,打破部门壁垒、避免职能交叉、政出多门和多头管理,行政效能得到显著提升。借助这一改革,政府内部关系进一步理顺了,政府治理能力提升也就理所当然了。其三,推进行政审批改革,强化事中事后监管。将行政审批改革视为重要抓手,借助行政审批权限下放,同时将政府工作的重点从事前审批转向事中事后监管,从而推动政府治理方式的变革,"让市场在资源配置中发挥决定性作用"、同时又充分发挥社会的积极主动性。

(二)政府职能转变的过程,就是国家治理不断完善的历程

作为中国行政体制改革的核心内容之一, 也是经济体制改革和政治体制改革的"结合部",政府职能的转变催生了一系列体制机制变革,导致国家发生结构层面的变化,在这一过程中,国家治理不断完善,国家治理体系和治理能力也走向了现代化。

从"国家职能"到"政府职能"的转变,实质上一方面体现了政治体制改革的张力作用开始显现;另一方面则是在传统管理方式低能甚至无能的背景下提出的适应性应对策略。正因如此,这一阶段,改革的表层目的在于推动经济发展、塑造社会主义市场经济体系,深层目的则在于维护政治体制的稳定,巩固中国共产党的领导,继而完善国家治理。

政府功能与政府职责的逻辑划分,以及从"政府职能"到"政府职责"的转变,实质上意味着改革有了更强的具体性和针对性,是适应社会主义建设和发展的重大策略调整。与前相比,这一阶段的显著特点是,更多地从管理层面而非政治层面来考量政府职能转变问题, 同时也从单纯地关注如何更好地推动经济发展转移到兼顾经济发展和公共服务上来, 甚至后者的地位更加重要。

从"政府职责"到"职责体系"的转变,反映了顶层设计的改革思路,体现了从单一性改革向整体性改革的跃进,直接表现在改革着力点的重大变化,是在全面深化改革和推进国家治理现代化的大背景下应对新挑战、新问题

的策略安排。与此同时，政府职责体系的健全，在逻辑上必然导致政社之间、政市之间的边界清晰化，客观上会推动作为国家治理重要主体的社会和市场地位的上升。因此，这一转变还暗含着政府行为方式的变化，即如何既能充分发挥政府效能，又能发挥多元主体的治理绩效，从而推动国家治理现代化。这是未来改革过程中面临的高难度课题。

三、完善职责体系与推进国家治理现代化

推进国家治理体系和治理能力现代化是一个过程范畴。结合全面深化改革的历史背景来看，现阶段应当以健全政府职责体系为"抓手"，扎实推进国家治理现代化。具体地看，应当重点把握以下三项原则：

（一）划定主体边界、明确职能范围

健全政府职责体系的首要任务是合理划分政府、市场、社会三者的边界。通俗地讲，就是要弄清楚政府应当做什么、不应当做什么的问题，进一步说，还包括哪些应当由市场来做、哪些应当由社会来做的问题。

经济体制改革是全面深化改革的重点范畴，核心问题是处理好政府和市场的关系，使市场在资源配置中起到决定性作用。李克强总理曾经指出："简政放权要将该放的权坚决放开、放到位，该管的事管住、管好，激发市场主体创造活力"；"放开那些不该管的、管好那些该管的"。[①]但是，由于受到发展惯性的影响，特别是在计划经济体制的残留和现行政府考核机制的作用下，直接投资推动依旧是经济发展最快捷、有效的方式，从而压制了市场的主体地位、阻碍了市场的自由成长。因此，如何进一步培育市场主体、发挥市场作用，仍然是难点问题。

---

① 参见 2013 年 5 月 13 日李克强总理在"动员部署国务院机构职能转变工作"的全国电视电话会议上的讲话。

在计划经济体制下,政府将行政权力延伸至社会的每一个角落,包揽社会、吸纳社会。伴随着从计划经济体制向市场经济体制的转型,社会的力量被释放出来,社会体制改革加速进行。顺应这一变化,改革社会组织管理制度、创新社会治理方式成为新时期的关键问题。

简而言之,健全政府职责体系的前提和基础是要厘清政府、市场、社会之间的关系;唯有如此,才能为推进经济建设、政治建设、文化建设、社会建设、生态文明建设五位一体提供恰适的制度性框架。相应地,只有合理地界定政府、市场、社会相对自主的行为边界,才能形成既相互制约又相互支撑的国家治理框架体系,最大化提升国家治理能力,进而共同应对公共事务中的政府失灵、市场失灵等诸多问题。

(二)打破职责同构、落实权责分工

健全政府间权责分工体系,明确不同层级政府的职责内容,保证各级政府及其组成部门切实有效地履行自己的职责,以提高政府体系的运行效率、提升政府治理的效果,是现代国家治理的题中之义。

传统政治文化和特殊的发展背景塑造出的"职责同构"模式既为计划经济下地方对抗部门集权提供了合法性依托,同时也是改革后能够平稳过渡到市场经济的重要体制性原因。但是,伴随着市场经济体制改革的进一步推进和全国性市场的进一步完善,职责同构反而成为了资源要素有效流动的阻碍,成为政府职能转变不到位、条块矛盾突出等一系列重要问题难以解决的制度性掣肘。

正因如此,在推进国家治理现代化和全面正确履行政府职能的背景下,有必要有限度地打破职责同构,合理划定各层级政府的职能范围,分区域、分层级地探索落实政府职责、优化机构设置,形成内外之间、上下之间、左右之间,各级、各类职责衔接有序、沟通顺畅的局面,形塑相辅相成、高效运行的治理体系。

(三)塑造主体格局、明确主体地位

关于政府职责体系的认识,如果仅仅局限政府内部,未免显得狭隘。实际上,政府职责体系关涉着政府、市场、社会、企业、公民等多元主体,是国家治理现代化中的重要变量。

作为一个整体的、系统的、复杂的过程,国家治理现代化涉及政党、政府、社会组织、私营部门以及公民在内的所有主体以及全部的政治、经济和社会过程。[①]恰因如此,未来在推进国家治理现代化的进程中,必须进一步明确各主体的地位与责任,塑造良好的国家治理主体格局。具体地看,至少应当把握以下几项原则:一方面,应当牢牢坚持中国共产党的领导——这既是世界范围内政党政治的普遍要求,也是当前我国实际行政生态的现实需要,是坚持社会主义道路、推动改革开放和现代化建设、维护国家统一和人民团结的基石所在;另一方面,必须突出政府的中坚地位。无论是从历史发展的角度看还是从现实境遇的角度看,政府作为重要的治理主体,对于维护社会运行、保障公民权益、全面深化改革都起到了不可替代的作用。应当进一步优化治理结构,提升治理绩效,改革不适应社会发展的各种体制机制,促进各方面制度更加科学、完善,实现治国理政的程序化、制度化与规范化。与此同时,必须强化市场与社会的重要支撑作用。放权于市场、放权于社会,既是进一步推动政府职能转变的现实任务, 也是推动国家治理体系和治理能力现代化的内在要求。现阶段应当扶持市场与社会主体的成长,有效推动其治理能力的提升,进而形成一个定位明确的国家治理主体格局。

---

① 参见郑言、李猛:《推进国家治理体系与国家治理能力现代化》,《吉林大学社会科学学报》,2014年第 2 期。

第三章

职责异构：
国外政府纵向职责配置模式介绍

他山之石，可以攻玉。国外很多发达国家与转型国家在构建政府纵向职责体系方面做出了积极的探索，并积累了宝贵的经验，对于我国推进纵向职责体系的理论研究与改革实践极具价值。本文以美国、法国和日本三个国家为例，考察了其各自的政府纵向职责模式和运行机制，发现其共同特征是"职责异构"。简单地说，就是科学、明确地划分各级政府职责，并以财政、法律等方面的规制作为其体制和机制保障，是这些国家共同的特征。这种结构虽然不能被简单"复制"，但无疑能够提供有益的启示与借鉴。

第一节　美国：以财政控制为主线的
纵向职责体系模式

美国是实行联邦制的国家，包含联邦政府、州政府和地方政府三个层级。《美国宪法》为联邦政府与各州政府的职责划分提供了制度保障，而各州政府与地方政府的职责又由各州宪法以及相关法律做出明确的划分，从而塑造了一种权限和范围都比较清晰的职责体系。在体系运行中，联邦政府可以通过对财政工具的有效使用,在联邦制度的法律框架和预留空间内,强化对州和地方的控制,并对纵向职责体系进行有效调整。

一、美国政府纵向职责配置结构

(一)联邦政府与州政府的职责配置

起草于 1787 年的《美国宪法》,通篇只有 7000 个单词。在这个文本中,找不到"联邦制"的称谓,也看不到政府权威在联邦政府与州政府之间的明确划分。但是,这部宪法却规定了多种类型的权力,从而制度性地对联邦政府与州政府的权力进行划分。

简单地说,美国联邦制的正式宪法结构可以归结为四个方面:联邦政府只拥有《美国宪法》授予的权力(其所固有的外交权除外);联邦政府在其活动范围之内拥有至高无上的地位;除《美国宪法》和各州宪法规定不授予的权力之外,州政府拥有未授予联邦政府的其他一切权力;有的权力明确规定既不授予联邦政府,也不授予州政府,有的权力明确规定不授予联邦政府或不授予州政府。①在这一基础上产生的纵向府际关系也就得到了宪法的辩护,为纵向职责的合理配置和职责体系的高效运行提供了制度性的保障。

1. 联邦政府的权力及其宪法依据

宪法赋予联邦政府的权力主要包括三种:授予权力(Delegated Power)、默示权力(Implied Power)和固有权力(Inherent Power)。

授予权力有时也称明示权力(Express Power),指的是按照宪法规定明确授予联邦政府的权力。宪法第一条第八款第一至十七目详细例举了联邦政

---

① 参见[美]戴维·马格莱比、[美]保罗·莱特:《民治政府:美国政府与政治》,吴爱明、夏宏图编译,中国人民大学出版社,2014 年,第 28~33 页。

府所拥有的明示权力。①

默示权力是由明示权力推断而来,其宪法依据是"弹性条款(Elastic Clause)",也称"必要和适当条款(Necessary and Proper Clause)"。该条款规定,国会有权制定为执行上述各项权力和由本宪法授予合众国政府或其任何部门或官员的一切其他权力所必要的和适当的各项法律。弹性条款为美国的宪法体制注入了灵活性,赋予了国会拥有那些可以合理地推导出、但未能在宪法中予以明确表述的权力。借助这一条款,联邦政府有效地扩大了权力范围,对社会历史环境变化的适应性也得到了极大增强。

此外,在外交领域以及在战争和国家面临严重危机期间,联邦政府拥有固有权力,准许国家结成针对外国势力的统一阵线。根据美国最高法院的解释,固有权力并不是宪法所授予的,而是因为政府的存在而天然产生的权力;换言之,固有权力并没有在《美国宪法》中得到解释,但联邦政府仍然拥有诸如宣战、缔结条约以及任命外交使节以及处理与他国事务的权力。

---

① 《美国宪法》第八款规定:国会有权(1)赋课并征收直接税、间接税、关税和国产税,用以偿付国债和规划合众国共同防务与公共福利,但所征收的各种税收、关税与国产税应全国统一;(2)以合众国之信用举债;(3)管理与外国的、各州之间的以及各印第安部落的商贸活动;(4)制定合众国全国统一的归化条例和破产法;(5)铸造货币,厘定本国货币与外国货币的价值,并确定度量衡的标准;(6)规定有关伪造合众国证券和通行货币的惩罚条例;(7)设立邮政局和修建邮政道路;(8)保障著作家和发明家对各自著作和发明在一定期限内的专有权利,以促进科学和实用技艺的进步;(9)设立最高法院以下的各级法院;(10)界定并惩罚海盗罪和在公海所犯的重罪以及违背国际法的犯罪行为;(11)宣战,颁发捕获敌船许可状,制定关于陆上和水上俘获物的条例;(12)招募陆军并供给军需,但此项用途的拨款期限不得超过两年;(13)建立和维持一支海军;(14)制定统辖和管理陆海军的条例;(15)规定征招民兵,以执行联邦法律、镇压叛乱和击退入侵;(16)规定民兵的组织、装备和纪律,规定用来为合众国服役的那些民兵的统辖事宜,但民兵军官的任命和按国会规定纪律训练民兵的权力,由各州保留;(17)对于由某州让与合众国、经国会接受而成为合众国政府所在地的地区(不得超过十平方英里),在一切事项中都行使专有立法权;对于经州议会同意,由合众国在该州购买的用于建造要塞、弹药库、兵工厂、船场和其他必要建筑物的一切地方,亦行使同样的权力;(18)制定为执行上述各项权力和由本宪法授予合众国政府或其任何部门或官员的一切其他权力所必要的和适当的各项法律。参见[美]杰罗姆·巴伦、[美]托马斯·迪恩斯:《美国宪法概论》,刘瑞祥等译,中国社会科学出版社,1995年,第313~325页。

2. 州政府的权力及其宪法依据

《美国宪法》将未授予联邦政府的一切管理都保留给了各州(Reserve for the States All Power not Granted to the National Government),而且规定这些权力只受宪法的约束。因此,这些未明确或特定地授予联邦政府的权力也被称为保留权力(Reserve Power)。例如,只有各州才有权设立学校和地方政府、为保护人民的健康、安全和福利而立法等。当然,由于这些权力未被明确地例举出来,同时又不限于明示权力,因此,关于"某项权力是否被授予了联邦政府或保留给州政府"的争论时常存在。

3. 联邦政府与州政府共享权力及其宪法依据

《美国宪法》授予联邦政府和州政府共同享有、共同行使的权力被称为"共有权利(Concurrent Power)"。多数共有权力并未在宪法中做出具体说明,因此仅仅是在默示意义上的。例如,联邦政府与州政府可以对同一个项目征收同一种税收,如个人所得税,但州政府不能因为征税而给各州之间的商贸往来增加不适当的负担,也不能妨碍联邦政府行使其职能。又如,在联邦政府没有优先权的领域,州政府可以自行管理其商贸活动,只要其管理行为不涉及那些需由国家统一处理的事务或不会给州际贸易带来不必要的负担即可。通常来讲,共有权力以州的地理区域为边界,并局限于宪法未完全授予联邦政府的那些职能。

4. 宪法对联邦政府和州政府的限制

为保证联邦制度的有效运行,《美国宪法》对联邦政府和州政府都做出了必要的限制。根据宪法的规定,联邦政府在行使其权力,特别是行使其征税和管理州际贸易的权力之时,不得给各州政府履行其职责带来实质性的损害。同时,宪法又规定,禁止州政府与外国政府缔结条约,禁止州政府授权私人掠夺他国船只、损害他国贸易,禁止州政府铸造货币、发行债券或使用金银币以外的其他任何物品作为偿还债务的法定货币,禁止州政府征收进出口关税,禁止州政府向外国船只征税,禁止州政府在和平时期保留军队或战舰(州民兵,即国民警卫队除外),禁止州政府进行战争(除非遭受入侵或刻不容缓之时)等(参见图 3-1)。①

宪法权力(部分)			
联邦政府		联邦与州政府	州政府
授予权力:	默示权力: 制定为执行上述各项权力和由本宪法授予合众国政府或其任何部门或官员的一切其他权力所必要的和适当的各项法律。	共有权力: 公司	授予权力: 安全和道德 正案
最高法院			

宪法未给予的权力(部分)		
联邦政府	联邦与州政府	州政府
货物征税 宗教测试	奴隶被拒绝赋予公民选举权 予公民选举权	豁免权,或拒绝正当程序和法律的平等保护

图 3-1 《美国宪法》规定的联邦政府与州政府权力结构

资料来源:Steffen W. Schmidt,Mack C. Shelley,Barbara A:Bardes. *American Government and Politics Today*,Wadsorth,2001,p.91.

---

① 值得一提的是,在美国,政治家、法官和学者们在最终应该由什么来界定国家政府和州政府的权力界线这一问题上,还存在不少分歧。例如,一些人认为,各州主要通过政治程序——即选举出参与国会决策的参议员和众议院来保护自身免受联邦政府的干涉;而另一些人则认为,应该强化最高法院约束联邦政府和保护州政府的作用。

(二)地方政府的职责配置[①]

从纵向府际结构上看,美国政府包括联邦、州和地方三个层级。有意思的是,在美国联邦宪法中并没有关于地方政府的明确规定,关于地方政府的所有权限是依据州宪法而产生的,简单地说,地方政府是州政府的创造物。

正如前文所述,宪法为联邦政府与州政府的职责划分提供了制度性框架。在宪法架构之中,大略地看,联邦政府与州政府各自要"干什么事儿"的问题已经比较清楚了。但与此同时, 在美国 50 个不同州的法律下,3031 个县、19519 个自治市、16360 个镇以及 38266 个特别区、12880 个学区(参见图3-2),加上数以万计的准政府组织,汇聚成了庞大的地方政府体系。正如托克维尔所言:"各州的政治或行政生活, 均集中于可以比作指挥人体活动的神经中枢的三个行动中心,依次序来看分别是镇(Township)、县(County)和州(State)。"[②]因此,考察这些与人民发生最直接、最密切关系的组织的职责,同样是剖析政府纵向职责体系结构及其运行逻辑的关键。

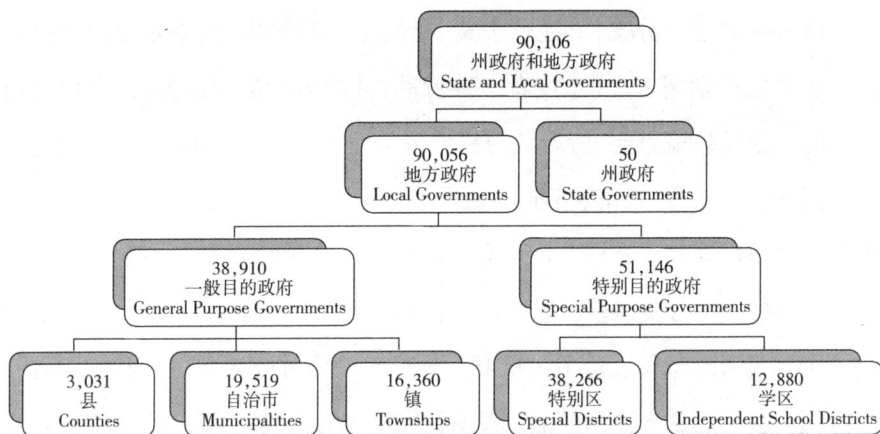

图 3-2 美国州政府和地方政府数量(单位:个)

资料来源:美国人口统计局公布的《2012 年度政府组织总结报告》。参见美国人口统计局官方网站(https://www.census.gov/)。

---

① 参见[美]文森特·奥斯特罗姆、[美]罗伯特·比什、[美]埃莉诺·奥斯特罗姆:《美国地方政府》,井敏、陈幽泓译,北京大学出版社,2004 年,第 1~18 页;楚树龙、荣予:《美国政府与政治》(上),清华大学出版社,2012 年,第 622~645 页。

② [法]托克维尔:《论美国的民主》,董果良译,商务印书馆,1988 年,第 65~66 页。

在此之前,需要首先明确的一点是,美国的州政府和地方政府关系模式主要是由"狄龙法则(Dillion's Rule)"和"地方自治(Home Rule)"这两项相互独立而又相互影响的规则来塑造。地方自治原则植根于美国的政治、司法实践,对于20世纪中后期大都市地区治理产生了持续性影响。而狄龙法则意味着,地方政府的权力范围仅限于州宪法明确授予的及其隐含的各项权力。狄龙法则虽然为地方政府的运作提供了制度保障,但从另一个角度看,该法则却也限制了地方政府的权力范围。特别是当地方政府的职能履行状况无法满足社会发展需求的时候,狄龙法则便成为联邦政府和州政府扩张权力的最佳依据。①

1. 县政府的职责

在美国的50个州中,除康涅狄格州和罗得岛州外的所有州均设有县或相当于县的单位,例如阿拉斯加州的"区(Boroughs)"和路易斯安那州的"教区(Parishes)";还有一些地区,县只是一个地区、并不设置政府。

作为州的地方分支,县是州表达、行使主权的产物,其创立无需经过所在地居民的特别请求、同意或者一致行动;县的组织机构设置,几乎都是出于州的一般性政策需要,所涉及的领域包括地方政治组织的建立、民政的管理,以及财政、教育、救济、组建军事组织、旅行和交通,尤其是司法行政等诸多方面;同时,县的所有权力均来自于州并直接接受州的管辖。换句话说,县不过是州的一个分支机构,这一点鲜有例外。②

作为美国政府与政治中最重要、最稳定的地方政治单位,县承担着政治、社会、法律等多方面的职能。根据托克维尔的考察,县是一个没有严格意义上的政治生活单位,其建制"纯系出于行政考虑"③——一方面,镇的面积

---

① 参见张千帆:《自由的魂魄所在:美国宪法与政府体制》,中国社会科学出版社,2000年,第289~304页。转引自张志红:《当代中国政府间纵向关系研究》,天津人民出版社,2005年,第244~245页。
② 值得注意的是,一般情况下,当一个县内部建立自治市的时候,县就会将大部分公共服务供给转移给市,例如自治市的警察将替代县警察。
③ 参见[法]托克维尔:《论美国的民主》,董果良译,商务印书馆,1988年,第77页。

不大,无法建立配套的司法体系,因而需要县承担起司法体系中基层中心的职责;另一方面,有些设施是一个县内所有的镇都需要的,因此建立县级机关来统理各镇的同类事务也就顺理成章了。恰因如此,县没有直接或间接代表本县的议会,县政府官员的权力也仅仅是有限的和非正规的,而且只能作用于为数极少的事项。

2. 自治市政府的职责

美国的自治市(Municilaoities)是城市或城镇人民基于自我治理的目的而建立的政治实体。作为一种地方政府单位,自治市的主要职责是为更集中和更稠密的人口提供公共服务。

目前,绝大多数市位于县的管辖区域内,但却与县政府没有法律上的隶属关系。市政府直接从州政府获取宪章,以确定边界、获得职权、规定组织结构与财政,以及选举和任用公务人员等。市政府履行的职责主要涉及城市居民的公共事务,例如治安、消防、环境卫生、公共文化娱乐设施的建设与维护等。有些人口较多的市还为居民提供部分公共福利和公共教育。特别值得注意的是,近年来,伴随着一些大都市(例如纽约、洛杉矶、芝加哥)的不断扩展,市政府的职能逐渐扩张,很多时候开始越过州政府,直接与联邦政府进行交涉。这也导致联邦政府、州政府、市政府三者之间的关系变得更为复杂。

3. 镇政府的职责

虽然在大多数州中,县是基本地方单位,但在新英格兰,最基本的地方政府单位却是镇;在新英格兰、新泽西和宾夕法尼亚以及密歇根、纽约和威斯康星的部分地方,镇被授予了相对广泛的权力,承担着不少与市政府有关的活动。当然,如果从基本面上看,镇还是作为县内部的次级单位而存在的。镇政府主要负责修筑街道和安装路灯、确保供水系统的安全、提供治安和消防保护、建立地方健康条例排垃圾、污水以及废品处理、征收地方税、保障政府运作、地方教育体系管理等。另外,由于大都市区的扩张,一些位于大都市郊区的镇政府被允许扩大权限,并开始承担起不少以前应当由市政府履行的职责。这种趋势也值得关注。

4. 特别区的职责

在美国,数量最多的地方政府单位是发挥有限目的政府功能的"特别区"。特别区一般由州宪法规定、由州法律批准设立,并由理事会管理,通常可以被称为"当局(Authorities)""委员会(Boards)""公司(Corporations)",或简称为"区(District)"。通常情况下,一个特别区仅仅负责一项公共服务;即便是提供一项以上公共服务的,也多是相关的项目,如供水与排水。同时,特别区的重要特点之一还在于跨越了地理边界和政府边界,有时甚至超越了州界。如1921 年,纽约州和新泽西州通过州际公约建立了港口当局,用以统筹发展和运营港口设施;运输特区可以向数十个自治市和数个县提供公交服务。

在特别区中,最常见的形式是负责义务公共教育的"学区"。学区负责为本区内的青少年教育筹集资金并维持公立学校体系。学区往往拥有独立的财政权和行政管辖权限,其税源绝大多数为地方财产税,并由一个通过不分党派的选举产生的董事会进行管理。①

联邦政府	美国最高层级的政府。在历史上,联邦是由各州自愿组合而成,因此联邦的权力是各州让渡的结果。			
州政府	联邦政府的下一级政府。在性质上,各州是作为国家主权的构成部分留在联邦内,而不是作为独立的主权单位留在联邦内。			
地方政府	县政府:州的地方分支,州表达、行使主权的产物;主要职责是协助州政府提供公共服务。	自治市政府:主要职责是提供公共服务;绝大多数市位于县的境内,但与县政府没有法律上的隶属关系。	镇政府:一般是作为县内部的次级单位而存在;在基层执行县政府的一般职能。	特别区:发挥有限目的政府功能的单位;跨越了地理边界、政府边界甚至州界;学区是最常见形式。

图 3-3　美国各层级政府的纵向结构

资料来源:笔者根据前文资料整理而成。

---

① 这一举措基于以下理念:教育事务的治理不应当被那些操纵市政厅或县政府的党派利益所控制。

二、政府体系中的财政控制运行

根据宪法的规定,美国形成了按照联邦、州、地方三级划分、各级拥有各自财政收入和支出范围,同时权力与责任相互补充的财政体制。从最初的制度设计上看,美国联邦、州、地方三级财政各具独立性,从而保障联邦制的精神以及各级政府的独立运转。但是,由于社会环境的变化以及内部各层级之间的多元互动,联邦政府出现了权力扩张的趋势,以政治性分权为核心特征的联邦制也出现了集权化的倾向。当然,这种权力扩张是在宪法所允许的制度框架之内的,联邦制的精髓并未被抛弃。

(一)财政控制依托的宪法基础

宪法为联邦政府与州政府之间的权限划分以及二者关系的调适塑造了制度性框架,并为联邦制度的运行提供了基础和保障。但与此同时,宪法条款同样又为联邦政府职能的扩张埋下了伏笔——"国家至上条款(National Supremancy Article)""战争权(War Power)""商贸条款(Commerce Clause)"以及尤为重要的"为提高普遍福利而征税和拨款的权力(Power to Tax and Spend)"这四个支柱,为联邦政府强化对州政府和地方政府的控制提供了可能的路径。

首先,《美国宪法》第六条①确立了国家至上的原则。根据这一条款,美国所有州政府和联邦政府的官员都应当宣誓效忠《美国宪法》;这一约束同样适用于作为州政府代理机构的地方政府。此外,联邦法律和联邦政府制定的规章具有优先权,与之相抵触的州和地方法规不得实施。其次,联邦政府担负着保卫国家免受外来入侵之责。目前,军事力量不再仅仅局限于军队,也

---

① 具体内容为:"本宪法和依宪法所制定的合众国法律,以及根据合众国的权力已缔结或将缔结的一切条约,都是全国的最高法律;每个州的法官都应受其约束,即使州的宪法和法律中有与之相抵触的内容。"参见[美]杰罗姆·巴伦、托马斯·迪恩斯:《美国宪法概论》,刘瑞祥等译,中国社会科学出版社,1995年,第313~325页。

涵盖了调动国家工业能力和运用高新技术的能力。再次,商贸条款授予了联邦政府管理跨州贸易和与其他国家贸易的权力。当今贸易活动中,跨州贸易和跨国贸易正在日益成为主流形式。伴随着州际贸易和国际贸易的不断拓展,联邦政府相应的管理权限也就随之不断扩张。

如果说前三个支柱为美国纵向府际关系的调整提供了基础的话,最后一个支柱——征税和拨款的权力——则起到了决定性的作用。正是这一支柱的存在,才为联邦政府强化对州政府和地方政府的控制提供了现实可能。这一事实也契合了近年来联邦制美国出现的集权化趋势。具体而言,联邦政府虽然没有为了提高公众福利而立法的权力,却拥有为此目的而征税和拨款的权力。这种对州和地方的现金支付扩大了联邦政府对州政府和地方政府政策的影响力。例如,联邦政府虽然并不能直接管理教育或农业,但却有权拨款支持教育或为农场提供补贴。

联邦政府可以通过对资金提供附加某些条件的方式,来管理其不能直接通过立法控制的活动,并影响州和地方的政策选择。通俗地说,州政府和地方政府一旦决定接受联邦政府的经费,就必须按照联邦政府规定的方式"花钱";通过停拨或威胁停拨经费的方式,联邦政府就能够影响甚至控制州和地方的活动。

从类型上看,州政府和地方政府接受的联邦经费可以分为专项经费和一般经费两类。专项经费受到的限制比较严格,只能用于某项特别的活动。例如,专门用于学生午餐的资金只能用于资助学生午餐,而不能挪用类似领域。相对地,一般经费受到的限制比较少,联邦政府往往只限定了这些资金使用的一般领域,州政府和地方政府可以自主选择特定的投入项目。例如,对于限定用于医疗卫生领域的一般经费,州和地方可以选择投入医疗设备购置方面,也可以选择投入医卫人员培训或医疗保险方面。另外,由于大部分经费实际上要求州政府专门配套资金,这就使得联邦政府可以在一定程度上决定州政府如何使用其自有税款。从以往的历史来看,通过财政控制的方式,联邦政府能够对州政府和地方政府施加足够的影响力。①特别是近年来,这种影响呈现出越发增强的趋势。

(二)财政控制已经成为联邦政府权力扩张的重要途径

结合实际发展历程看,联邦与州之间财政关系的变动是联邦政府结合社会经济的发展需要借助宪法修正案、联邦最高法院的宪法解释以及联邦法律等方式加以确定。财政联邦制的主体并未发生根本变化,州和地方仍然享有相对独立的生存空间。换言之,美国财政联邦制的发展演变历程体现出了既保持联邦政府的"集权"、又保持州政府和地方政府的"分权"这一特征。这一点值得后发国家在调适中央和地方关系时参考借鉴。

从1789年到20世纪30年代,联邦政府所掌握和控制的经济资源是相当有限的;相对地,州政府和地方政府的独立性比较强。财政联邦制表现出"二元联邦主义(Dual Federalism)"的特征。到了20世纪70年代,第二次经济危机的爆发和全国性问题的泛滥客观上推动了联邦政府权力的不断扩张。②从罗斯福新政开始,"合作联邦主义(Cooperation Federalism)"大行其道;在这一期间,增进政府间合作关系的机制迅速增加,比较突出的是以建构财政联系为主轴的全国性计划的推行。借助这些措施,联邦政府的权力扩张到了金融、交通、运输、环保等诸多领域。同时,这一时期联邦政府权力的扩张还得到了法律的支持,例如1935年通过的《社会保障法》就要求联邦政府承担起建立全国性养老保险和失业保障制度的任务,同时也赋予其征收社会保障税的权力。

---

① 例如,罗纳德·里根政府时期(1981—1989),联邦政府以向各州修建和养护高速公路提供资金为条件,要求各州将最小饮酒年龄限制提高到21岁。失去联邦资金的危险促使各州采取行动,多数州很快通过法律,将21岁限定为最低饮酒年龄。当时,路易斯安那州是唯一的"抗命者",但也做出了妥协,即禁止未成年人购买酒精饮料,但不禁止酒吧和零售商将酒精饮料出售给未成年人。直到克林顿总统时期,以不发放共计170万美元的联邦公路资金作为威胁,才迫使该州于1996年完全遵守关于最低饮酒年龄的要求。

② 参见涂永珍:《论美国财政联邦制的发展演变对我国构建和谐央地关系的启示》,《学习论坛》,2014年第4期。

从 20 世纪 80 年代到 21 世纪初期,里根政府和小布什政府推行"新联邦主义(New Federalism)",出现了权力的反弹和逆转趋势。新联邦主义宣称"还政于州""还权于民",致力于减少联邦卷入州内事务、鼓励州和地方更多地承担职责。这些努力包括停止普遍的利润分享、削减联邦援助资金的数额以减少州和地方对联邦税收的依赖等。但是,从长远看,这一逆转仅仅是暂时性的;而且,即便在这一时期,针对州和地方政府的行动所制定的联邦规制也始终稳步增长,并未显示出减弱的趋势。

2007 年肇始的金融危机的影响使得州级财政和地方财政面临巨大压力。这一现实促使联邦政府发挥出更为积极的作用,从而导致联邦政府更多地卷入传统意义上属于州和地方的事务——联邦政府对州政府和地方政府的补助数额创下历史新高就是明证。例如,在 2007 年,联邦财政补助仅占州政府财政总收入的 20.4%;2007 年以后,这一数值持续走高,直至2010 年,该数值达到了峰值——当年联邦财政补助占到了州政府财政总收入的 35.5%;此后,虽然比例开始逐渐下降,但即便到了 2013 年,联邦财政补助也占到州政府收入的 30%。较之奥巴马执政之前,这一比例已然是大大提高了(参见表 3-1)。

表 3-1　2007—2013 年联邦财政补助占州政府财政总收入的比例

年份	2007	2008	2009	2010	2011	2012	2013
比例(%)	20.4	26.1	31.8	35.5	34.7	31.6	30

资料来源:美国人口统计局公布的《州政府财政年度报告》(2007—2013)。参见美国人口统计局官方网站(https://www.census.gov/)。

特朗普上任以来,聚焦"美国优先"的政策承诺,在财政政策方面提出刺激经济增长的扩张型财政政策,主要包括以大规模减税为核心的税制改革和以增加基础设施投资支出为核心的支出政策两大内容。这些政策的出台,从短期看有可能拉动美国经济增长、带动世界经济较快复苏、影响美国财政可持续性、加剧税收和产业等领域的国际竞争等[1],对财政联邦主义的影响有待进一步观察。

从总体上看,联邦政府强化对州政府和地方政府财政控制的主要方式包括以下四种:其一,联邦政府为州政府和地方政府提供更为便利的融资援助;其二,通过联邦立法来控制州政府和地方政府的相关事务,例如在奥巴马医改法案中将原本由联邦政府承担的责任和财政负担转嫁给州政府和地方政府;其三,为州政府和地方政府提供更多的财政援助;其四,引导州政府和地方政府的预算政策以督促其与联邦政府保持一致等。[2]从另一个方面说,州政府和地方政府面临的内外部问题也强化了这种趋势。从自身来看,由于经济衰退导致州和地方政府财政收入大幅度下降。为了应对严重的经济危机,大部分州和地方政府只能通过削减教育支出、削减公务员数量、减少公立学校的开支等方式来缓解财政压力。同时,作为传统意义上实行联邦制的重要原因之一的地方之间的异质性逐渐减少,州及地方政府面临的公共事务和应对策略出现了较强的同质性趋势,也为联邦政府出台统一政策以解决类似问题、强化对州及地方政府的控制,乃至调整纵向职责体系提供了可能。

简而言之,美国财政联邦制的发展历史已经证明,由宪法塑造的联邦制框架依旧为美国政府的运转与美国社会的运行提供制度性基础。但是仅仅用"政治性分权"无法完满地解释现代政府过程中联邦、州和地方政府之间动态、密切的互动。事实上,伴随着政治、经济、社会的发展,联邦制度出现了某种集权化的趋势,尤其体现在财政领域。换言之,财政控制已经成为联邦政府权力扩张和强化对州及地方政府控制的重要途径。

---

[1] 参见杨元杰:《特朗普政府财政政策走向及影响简析》,《中国财政》,2017 年第 16 期。

[2] 参见罗洋、何利辉:《美国财政联邦制的演变趋势》,《中国财政》,2011 年第 6 期。

第二节　法国：以"双轨制"为核心的
纵向职责体系模式

　　法国是一个曾长期实行中央高度集权的国家。1982 年《权力下放法案》的正式通过,拉开了法国分权改革的帷幕。此后三十年间,法国政府先后颁布了将近一百项法案与将近一千个法令,将各个层级的政府职责进行了细致、明确的划分,①从而塑造了一种有序的职责体系结构。值得注意的是,在法国的地方行政系统中,既存在代行中央政府职责的派出机构,也存在地方自治机构,从而呈现出一种双轨并行的结构性特征。结合当前的行政实践来看,法国政府纵向职责体系正是依托于这一结构而运行、演变。

一、"双轨并行"是职责体系运行的依托

　　作为单一制国家的法国,在大革命以前就形成了中央集权的传统。但是,中央集权往往容易蜕变成决策权的高度集中和对地方自主性的压抑,从而导致行政链条过长、行政程度复杂、行政效率较低。托克维尔曾不无嘲讽地说:"为了做到身在巴黎而能领导一切、洞悉一切,必须发明上千种审查手段。书面文件已经十分庞大,行政程序慢得惊人。我从未发现一个教区重建钟楼或修理本堂神甫住所的要求能在少于一年内获得批准,通常需要两年或三年才能获得批准。"②行政体系自身和外部的社会环境都寻求着变革的契机。法兰西第五共和国自成立以来就一直在摸索着各种可能的改革方案,

---

　　① 参见丁煌:《法国政府的地方分权改革及其对我国政府管理的启示》,《法国研究》,2002 年第 1 期。

　　② [法]托克维尔:《论美国的民主》,冯棠译,商务印书馆,1992 年,第 102 页。

其中首要的便是权力下放。

自从 20 世纪 60 年代以来,法国中央政府便开始在全国范围内分散行政审批权;行政官员被派往全国并在特定的地域内代表国家来履行行政职能,以期"既能维持国家统一性、又提高行政效率"[①]。但是,作为府际关系改革和行政效能提升的有效探索,权力下放却无法根治中央集权的痼疾——国家行政与地方偏好的冲突,或者简单地说,就是中央利益与地方利益的冲突。中央集权体制以及权力下放改革的内生性缺陷,必然只能从体制外部进行弥补。正是在这一背景下,法国从 20 世纪 80 年代开始推行地方分权改革。

所谓地方分权,指的是"建立于地方利益的概念上,是指区别于国家的公共团体,由民选议会自由治理,由宪法规定并受法律保障,具有法人资格、财政自主权和自身的审议与执行机关,在行政法院和审计法院的监督之下负责独立于国家的财产管理和公共服务"[②]。当然,地方分权同样经过了漫长的发展历程,尤以 1982 年议会通过的《关于市镇、省和大区权利与自由法案》带来的改变最具实质性,并在 2003 年修宪中将"地方分权"确立为宪法的基本原则。从历史地位上看,正是 1982 年这场改革,改变了法国数百年来高度中央集权的行政管理制度,改善了法国高度官僚集权的现象,简化了行政审批手续、提高了行政效率,同时也初步克服了中央和地方的矛盾,平息了地方的不满、调动了地方的积极性。[③]

"地方分权"与"权力下放"并存的局面使得法国国家领土划分出现了两种标准——前者塑造了"领土单位"的概念,作为地方自治行政的地理空间;后者则塑造了"行政区域"的概念,作为中央政府为了应对集权体制的低效

---

① Henri Oberdorff: *Les Institutions Administratives*, Dalloz, 2006, p.127. 转引自王建学:《法国国内公法领土观的基本概念与借鉴》,《太平洋学报》,2008 年第 9 期。

② Gérard Cornu, *Vocabulaire Juridique*, PUF, 2006, p.261. 转引自王建学:《法国国内公法领土观的基本概念与借鉴》,《太平洋学报》,2008 年第 9 期。

③ 参见吴国庆:《法国政治史(1958—2012)》,社会科学文献出版社,2014 年,第 175~176 页。

率而渗透到地方所形成的地理空间。①结合行政实践来看,地方分权形成的公共团体自治改善了单纯国家行政的僵化格局,而权力下放所形成的地方国家行政也在很大程度上弥合了地区间发展的差异。如果从一个更抽象的角度,也可以说,权力下放与地方分权的结合,反映在中央层面,表现为对集权与分权的顶层设计;反映在地方层面,则表现为一种特殊的地方制度——"地方双轨制"(也称"行政双轨制")。

在法国,政府纵向职责体系正是依托于行政双轨制而运行。首先,权力下放有效地推进了中央政府履责,提高了行政效能。大革命以前,法国就形成了顽固的中央集权传统。中央集权所包含的中央审批制度使得行政程序极度冗长,行政效率极其低下;同时,中央政府"眉毛胡子一把抓"的职责格局也给其带来了沉重的行政负担。为此,中央政府开始有计划地推行权力下放,在全国范围内分散行政审批权,并将行政官员派往各地代表国家履行行政管理职责。具体地说就是,地方国家行政机关的官员由中央政府委派,其行政权力由中央政府授予,并在一定的层级和范围内代表中央政府进行行政管理,从而缩短行政链条、塑造扁平的组织形态、强化管理的灵活性,进而强化中央政府履责和提高行政效能。

其次,地方分权改革为纵向职责体系提供了制度化保障。伴随地方分权改革的深化,纵向府际权力划分结构得到了固定,各级政府事权划分结构也得到了有力的保障。改革之后,地方分权团体变成了独立的公法人,其机关、组织、财政、权能均独立于中央,在此基础之上的纵向府际关系及其事权划分也就得到了规范,进而为纵向职责的有效划分和地方政府高效履责提供了基础。

最后,权力下放改革和地方分权改革的协同互补,为政府纵向职责体系的运行提供了重要依托。在这一体系中,借助地方分权改革,中央政府与地

---

① 参见王建学:《法国国内公法领土观的基本概念与借鉴》,《太平洋学报》,2008 年第 9 期。

方政府的职责得到了明确划分;同时,凡涉及中央政府职责在地方的落实,由中央政府及其派驻到地方的行政机构来完成,凡是属于地方政府的职责,则由地方各级政府来履行。这样就有效地分离了纵向府际职责,在单一制条件下有效地避免纵向府际的权力争夺或责任推诿,为职责体系的有效运行提供坚实的基础。

特别需要注意的是,在我国现行行政体制中也存在权力下放,例如中央政府驻香港和澳门特别行政区联络办公室或财政部派驻地方的财政监察专员办事处、审计署驻地方特派员办事处等,但这种权力下放显然只存在于特定的和具体的行政领域。法国则不同,其权力下放是一种普遍性的国家行政职能的下放,因而可以形成所谓"行政区域"的概念。这是二者最大的区别。

二、法国政府纵向职责配置的基本结构

结合制度背景和行政实践来看,法国各级政府的事权划分是比较明确的。在这一框架下,各级政府能够各行其事、各履其责并且运作有序。从职责分工看,大略地说,中央政府主要负责宏观管理和战略发展规划,主要涉及全国性或国际性事务,例如外交、国防、维护社会公平、促进农业发展和外贸发展、制定国家财税政策、提供全国性公共产品等;大区主导国家在地方发展的命脉,主要负责执行国家的中长期计划、促进本区经济开发与发展、支持本区所辖省及市镇的经济活动及中小企业和私人企业的发展、协助国家推行领土整治政策、分配和使用国家调拨的财政经费、高中的设立、维护与管理、调整大区的地方公共投资和工商旅游各行业分布等;省级政府的事权则主要是制定城镇规划、管理省内的公共运输和港口、主持各种社会救济机构、管理社会医疗和社会保险费用、负责社会救助和社会福利、制定和资助农村领土整治规划以及乡村设施的建造与维修、初中的建造与维护、职业学校管理、讨论并分配中央调拨的经费等;作为最基层的行政单位,市镇负责

与居民直接相关的事务,例如市镇规划、管理公共财产和公共工程、提供地方公共服务、市镇医院的管理、小学的建设与维护等。①

在法国政府间事权划分实践中,法制化是其最典型的特征,也是法国地方分权改革能够成功的关键之一。早在1982年的《权力下放方案》中就对中央、大区、省、市镇各级政府的权限划分做出了比较明确的规定,奠定了事权划分的基本框架;随后又借助一系列法案对这一框架进行不断地补充与完善,最终形成了现有的事权划分结构。相比传统的行政式分权模式,这种结构使得各级政府职权得到了法律的保障,避免政府间的权力争夺或责任推诿,从而为各级政府各自职责的履行提供了坚实的基础;与此同时,这种分权模式也更加符合法制化国家的需要、减少了盲目性和随机性,为政治民主的进步提供了有效的支撑。

此外,法国在划定政府间事权的过程中,还特别注意针对不同层级政府进行细化(见表3-2)。以公共服务为例,市镇负责建立个人福利档案、履行与省签订的协议;省主要负责社会福利和医疗帮助,向儿童、家庭、残疾人和老人等提供救助;中央政府则负责社会保障、孤儿救助以及少数民族保护。再如,在公共卫生领域,市镇负责为卫生和消毒部门提供经费;省负责儿童健康与家庭健康以及疫苗接种、传染病防治;中央政府则负责公立医院、公众健康和心理疾病防治等。又如,在教育领域,高等教育由国家提供,高中、初中和小学教育产品分别由大区、省及市镇提供等。这种细致地划分为政府纵向职责的有效配置和各级政府的有效分工合作提供了必要的前提。

---

① 参见熊伟主编:《政府间财政关系的法律调整》,法律出版社,2010年,第259~260页。

表 3-2　法国政府纵向职责配置一览

职责	市镇	省	大区	国家
社会服务	通过社会福利部门建立福利案例卷宗,按协议行使省赋予的职责	负责社会福利、医疗救助,对家庭、儿童、残疾人、老年人提供救助		负责社会保障,保护少数民族、老人、妇女、残疾人、移民,救助孤儿
卫生	组织本市卫生消毒工作并提供经费	负责儿童和家庭健康,接种疫苗,同癌症、结核、性病、麻风病作斗争		举办公立医院,解决公众健康、心理疾病、毒品、酗酒等问题
住房	采取行动支持当地穷人的住房计划	在帮助住房分配方面提供建议,建立省住房委员会	确定住房保障的优先对象,补充实施国家住房救助	鼓励房屋建筑节能、革新、资源节约
教育	小学和学前教育机构的选址、经费、建设、设备和维修,可以调整学校课外活动时间,组织和资助美术、舞蹈、音乐和戏剧的教学	初中的选址、经费、建设、设备和维修,可以调整学校课外活动时间,组织和资助美术、舞蹈、音乐和戏剧的教学	高中的选址、经费、建设、设备和维修,可以调整学校课外活动时间,组织和资助美术、舞蹈、音乐和戏剧的教学	负责中小学课程、教学法、教师工资和任命等,管理高等教育
文化	创办和资助市图书馆和博物馆,维护市档案馆和图书馆	创办和资助省博物馆,管理图书的集中外借,维护省档案馆	创办和资助大区博物馆,维护大区档案馆	负责博物馆、档案馆、图书馆的科技管理
计划	制定和批准跨市镇的合作章程	对大区计划提出建议,支持对农村的投资	参与制订和执行国家计划、大区计划,批准土地使用计划,管理旅游	制订国家计划
城市管理	提出土地使用计划,研究跨市镇计划,发放土地许可证	对城市建设控制地带、投资项目选址提出建议	审批土地使用计划和跨市镇计划	
经济援助	执行大区直接的或间接的援助(如贷款、减免税收、土地或建筑物出售等),帮助困难企业	完成大区直接或间接的援助(如贷款、减免税收、土地或建筑物出售等),帮助困难企业	促进当地企业扩张、革新和创造就业机会,对赢利企业提供直接帮助和各种形式的间接帮助	促进创新,反通货膨胀,反失业等

续表

职责	市镇	省	大区	国家
港口水道	负责港口游乐业和港口警察管理	管理海事港口、商业港口和渔港,帮助保存海上文化	建设运河和河流港口,帮助渔业和海上文化企业	
交通	对大区交通计划提出建议,对省交通计划提出建议,建设和维修市镇和农村道路,完成与省协议确定的学校交通服务	对大区交通计划提出建议,制订省交通计划,审批城市以外地区交通服务计划,维修省道,建立学校交通服务体制并提供资金	制订大区交通计划,建设某些飞机场,与铁路部门签协议	维修国道

　　资料来源:Vivien A. *Schmidt*:*Democratizing France*,Cambridge University Press,1990,pp.
121-127. 转引自黄凯斌:《法国中央与地方政府行政职责划分情况及其启示》,《江汉论坛》,2007 年第 9 期。

　　特别值得注意的是,分权改革不仅改变了地方自治的运作逻辑,也内在地影响着国家行政的运作方式。在"决策就近原则"的影响下,国家行政自身的性质和职能进行了重新界定,中央国家行政与地方国家行政的职责也得到了重新梳理。①具体地说,中央国家行政主要承担着决策的制定、评估、协调职责,相应地地方国家行政则承担着大量的政策执行和管理实务。这一划分有效地实现了国家行政职责在中央和地方之间的重理,既充分发挥了中央的作用,减轻了大量日常政策执行带来的负担,使其能够将重心放到涉及国计民生的宏观问题上,同时又强化了地方的作用,充实了地方的服务能力。

　　与此同时,法国中央与地方关系也得到了根本性地调整。1982 年以前,中央对地方拥有广泛的监督权,地方的很多决定必须得到中央的批准才能生效,中央与地方之间呈现出一种强烈的行政监管关系,具体表现为:中央或中央派驻地方机关拥有治理地方事务的决策权;地方民选议会通过的决议或地方自治法规在公布施行前,须先送交中央或中央派驻地方机关审议;

---

① See John Loughlin,*Subnational Government:The French Experience*,Palgrave Macmillan,2007,pp.170–174.

中央或中央派驻地方机关,不仅可以以"违法"为理由撤消地方通过的决议或自治法规,而且可以以"不适当"为理由拒绝实施;中央或中央派驻地方机关在必要时,可以代替地方自治团体行使预算权和监察权。①分权改革正式取消了中央及其派驻机构对地方决议的"事前监管权",而代之以"事后监督权";地方决议只要不违背国家的法令,就可以不受中央干涉,也无须得到中央及其在地方代表的同意、批准或授权,而且这种监督也只能在地方决议生效后才能实施。与此同时,分权改革之后,中央对地方的监督模式也发生了巨大变化,宪法委员会监督、立法监督、行政监督和司法监督②成为后改革时代央地关系运作的重要逻辑。

简而言之,经过分权改革以及后续的一系列改革,作为传统集权国家的法国巩固了地方自治,有效地改变了地方的权力来源和运作方式,塑造了行政双轨制这一特殊的地方政府形态。结合地方行政双轨制运行三十多年的实践来看,双轨制一方面维护了地方的独立,发挥了地方的自主性和能动性,另一方面又保证了中央的宏观调控,强化了中央的资源配置能力。在职责重理和府际关系重塑的基础上,行政体系和政府职责体系得到了进一步优化,并产出了更高的行政效能和更好的公共服务,国家治理能力也得到了显著提升。

---

① 参见唐建强:《法国中央与地方关系中的监督机制及其对我国的启示》,《上海行政学院学报》,2004 年第 12 期。

② 其一,宪法委员会的监督。早在《权力下放法案》通过之前,宪法委员会就应国民议会和参议院的请求,就法律草案的合宪性进行审查,并确立了两条不可篡改的原则:"共和国不可分割性原则"和"地方团体自由治理原则"。虽然前者拥有优先地位,但是后者同样不可侵犯;任何对这两条原则的违背都将受到制裁。其二,立法监督。根据宪法的规定,"地方自治的实施必须遵循法律之规定"。换言之,法律为对地方自治施加影响预留了空间。这一原则一方面可以防止地方自治受到行政机关的侵犯,另一方面也将地方自治团体置于立法者的监督之下。其三,行政监督。地方分权改革之后,央地关系重塑的重要内容之一在于以行政监督取代行政监管,从而为地方自治拓展空间。其四,司法监督。作为裁决公民、团体与公共行政部门在执行公共法过程中争议的机构,行政法院也担负着裁决中央与地方争议的重任;而大区长(省长)和大区审计院施加的预算监督和其他财政监督也成为中央监督地方的重要方式。参见唐建强:《法国中央与地方关系中的监督机制及其对我国的启示》,《上海行政学院学报》,2004 年第 6 期。

第三节　日本：以地方自治为关键的纵向职责体系模式

作为单一制国家的日本，实行的是中央与地方相对分权的地方自治。地方自治使得日本政府纵向间职责相重合的部分比较少，职责异构的特征较为明显；但与此同时，中央政府的保留程度——集权程度——仍然较高，特别表现在中央较大的财权上。这种中央集权和地方自治并存的局面——神野直彦教授将其归纳为"集权式分散体系"①，为日本政府纵向职责体系的形成和运行提供了重要的场域。

一、地方分权改革与职责体系调整

自从 1921 年废除郡制度以来，日本就采取了"都道府县-市町村"二重体制。这种二重政府体系是日本独具特色的地方自治模式的产物，一方面满足了对统一性和稳定性的需求；另一方面也满足了对广域行政的需求。都道府县是介于国家和市町村之间地域较为广阔的地方公共团体；实际上，它们属于同级行政区划单位，仅仅由于历史习惯沿袭而导致称谓不同，但在组织和职能上基本没有本质差别。市町村是设在都道府县内的地方自治组织，但与都道府县并不存在行政隶属关系，二者在法律规定的范围内各自履行职责。从数量上看，在都道府县这一级共有 1 都、1 道、2 府和 43 县；

---

① 神野直彦在其《体制改革的政治经济学》一书第四章"日本版'现代体制'的缺失环节"中对这一特征进行了细致的描绘。参见[日]神野直彦：《体制改革的政治经济学》，王美平译，社会科学文献出版社，2013 年。

在市町村这一级共有 782 个市、827 个町、195 个村和 23 个特别区，共计
1827 个单位。①

　　早在明治维新时期，日本就开始实行地方自治制度。当然，囿于历史条件和现实环境，当时的地方制度并不注重地方社会的自主性，官吏又主要由中央政府选任而非地方选举，加之地方自治未得到宪法的有效保护，导致日本近代地方自治仍然"虚有其表"。二战以后，日本参考欧美模式，在《宪法》和《地方自治法》的基础上，逐渐形成一系列关于地方自治的法律文本，从而将地方自治体的组织和管理根本性地纳入了法制轨道，在实践中塑造了富有特色的地方自治制度框架。从当时的制度设计上看，都道府县以及市町村均设有地方自治政府，享有地方自治权，仅仅接受中央政府给予的必要指导。然而，在实践中，中央与地方仍然表现出实质性的领导与被领导关系，例如中央政府将其官员派往地方自治体任职以强化对地方自治体的控制;②同时，地方还承担着大量的机关委任事务，加之中央与地方在财政能力上的严重不均衡，③导致日本地方自治出现了"三分自治"的局面。

　　这一局面反映到政府纵向职责体系中，表现为虽然当时的法律划定了纵向府际职责结构，但由于中央政府可以通过"机关委任事务"将很多职责"向下推"给地方政府，从而给地方政府造成了巨大的压力，并在很大程度上导致权责不一致、体系混乱等情况的出现。这些问题一直到 20 世纪 90 年代以后才得到有效的解决。

　　1994 年 12 月，村山内阁制定《关于推进地方分权的大纲方针》，确立了地方分权改革的基本框架和方向。1995 年 5 月，《地方分权推进法》出台;同

---

　　① 参见[日]礒崎初仁、[日]金井利之、[日]伊藤正次:《日本地方自治》，张青松译，社会科学文献出版社，2010 年，第 3 页。

　　② 参见林良亮:《渐进式的地方自治改革——日本地方自治制度的发展及其对中国的启示》，《行政法论丛》，2009 年第 1 期。

　　③ 根据自治省的估算，1997 年全国 3300 个地方自治体的总支出为 87 万亿日元，比中央政府一般会计支出还要多 10 万亿日元;但是地方自治体征收的地方税只有 37 万亿日元，不到其财政开支的 40%。参见杜创国:《日本地方自治及其地方分权改革》，《中国行政管理》，2007 年第 4 期。

年7月,作为拥有对地方分权改革具体内容调查、建议以及对政府拥有劝告权的审议机构,"地方分权推进委员会(分权委)"正式成立,其任务是在五年① 内完成分权改革的方案设计、立法和监督实施工作。根据该委员会先后提出的四次"劝告",政府内阁决议先后通过了第一次(1998年5月)、第二次(1999年3月)的《地方分权推进计划》。在此基础上,1999年7月修改了总计475部相关法律,制定了《地方分权一览法》,并从2000年4月起实施。自此,日本地方自治开启了新的阶段。

结合纵向职责体系和行政实践来看,这一阶段的改革主要带来了两个方面的突破:其一,机关委任事务制度被废除了。在此次分权改革之前,机关委任事务占到了都道府县事务的70%至80%、市町村事务的30%至40%。这一制度导致中央和地方之间形成事实上的上下、主从关系。此次改革将以往的机关委任事务,除了极其例外的、以及由国家直接执行的事务外,都分割为自治休的自治事务和法定委托事务,从而极大地扩展了自治体可自行决策的领域,提高了纵向职责体系的制度化、规范化。

其二,干预实现了规则化。改革之前各省厅为了执行机关委任事务,可以通过下发省令、通知、通告等方式,对自治体进行各种建议、劝告或指导;主管大臣也拥有综合性的指挥监督权。这一局面在分权改革后得到了显著改观。在新时期,国家的干预实现了规范化,即必须遵循法定主义、一般法主义和公正透明三项原则。同时,为了督促国家遵守这些原则,日本还设立了国家和地方诉讼处理制度加以保障。②

简而言之,经过历史发展和制度变迁,日本的地方自治逐步走向规范化、制度化,中央与地方各级政府之间的权力配置和职责关系也得到了有效

---

① 《地方分权推进法》是为期5年的时限立法,因而地方分权推进委员会的设立期限也就是5年,但后来设置期限延长1年。

② 参见[日]礒崎初仁、[日]金井利之、[日]伊藤正次:《日本地方自治》,张青松译,社会科学文献出版社,2010年,第25~35页。

调适,初步形成了一个划分明确、分工合作、协调运行的纵向职责体系。

二、日本政府纵向职责配置结构

(一)政府纵向职责配置的具体内容

在日本地方自治的发展演变过程中，如何划分中央和地方之间的职责一直是理论和实践关注的重点。伴随着法治化的推进,日本政府纵向间职责划分也在法理上得到了支撑。总体上看,政府纵向职责配置内容大致包括制度性划分和机制性协调两个方面。

在制度性划分方面,首先由中央以通用法律的形式例举中央和地方的职责,例如《日本国宪法》中就规定了中央和地方的职责关系原则和地方政府职责的大致范围,然后借助《地方自治法》《地方分权一览法》等法案专门加以细化。大略地看,凡关系到国家根本利益的国计民生的重大事项,如军事、国防、外交、司法、国立教育、医疗等,均属于中央的职责,而相对应地,地方承担的事务主要包括公共事务即地方公共团体可以自主处理的基本事务、团体委任事务即中央和其他公共团体委托给地方政府的事务以及行政事务即从保障居民基本福利的角度出发承担的一些职责。

在机制性协调方面,主要是设立规范化、程序化的协调机制,来处理各级政府在履行职责过程中出现的争议状况。事实上,完全不受国家干预的自治体是不存在的,但是国家干预必须基于法治原则之上。为了贯彻这种原则,特别是在当事人之间出现利益冲突或违反规则的时候，由中立的第三方机构来加以处理就显得尤为重要。在日本的行政实践中,主要形成了由纠纷处理委员会进行纠纷处理的机制和法院诉求机制这两种重要的协调机制。[1]

---

[1]　参见[日]西尾胜:《日本地方分权改革》,张青松、刁榴译,社会科学文献出版社,2013年,第48页。

特别值得注意的是,2000年的分权改革废除了机关委任事务制度,有效地推动了政府纵向职责体系的结构性调整。机关委任事务制度被废除后,原有的事务按照功能、性质分成了存续事务、国家直接执行事务以及废除事务三类。其中,存续事务继续留存,但性质发生了改变,即不再以"机关委任"的方式出现,而将一部分调整为自治事务,如都市计划的决定、土地改良区的设立认可、饮食店营业的许可、医院药店的开设许可等,另一部分则上升为法定委托事务,如国政选举、护照交付、国家指定统计、国道管理等。部分机关委任事务调整为国家直接执行的事务,如国家公园的管理、根据驻军用地特别法代行对土地相关文件签字盖章等事务、劳务者的劳务管理事务以及规定由地方事务官开展的事务等。另外,国民养老金的印花检验事务、外国人身份证、复制件之间的递送事务等都被废除了(见图3-4)。

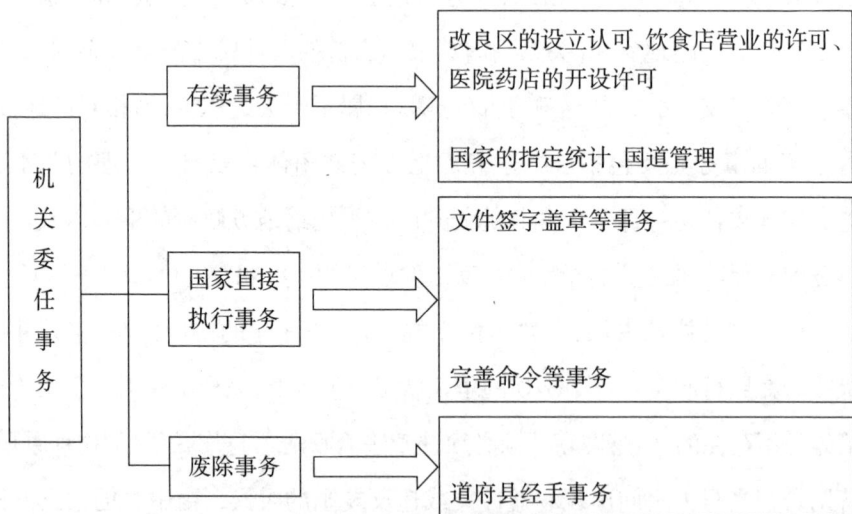

图3-4　机关委任事务废除后相关事务的变动

资料来源:[日]山谷成夫、[日]川村毅:《自治体职员研究讲座——地方自治制度、地方公务员制度、地方财政制度》,学阳书房,2006年,第53页。转引自[日]礒崎初仁、[日]金井利之、[日]伊藤正次:《日本地方自治》,张青松译,社会科学文献出版社,2010年,第29页。

(二)纵向职责配置的结构性特征

从结构上看,日本政府纵向职责配置具有职责异构、宏微恰适和财政控制三个特征;这些特征塑造了颇具特色的日本政府纵向职责体系的内在运作规则。

首先,职责异构。《日本国宪法》《地方自治法》《地方分权一览法》等法律体系为职责在中央和地方之间的有效划分提供了明确的制度性框架(参见表3-3)。根据法律的规定,那些涉及国计民生的重大事项以及与国民生活相关的基本公共服务由中央政府统一管理或提供, 而与居民密切相关的大部分行政事务则由地方公共团体负责。这种规定的直接结果就是,不同层级政府之间的职责重合程度比较小,职责异构的特征较为显著。当然,在实践中,不同层级政府之间存在职责上的重叠是不可避免的, 但这一划分终究为划定不同层级政府的职责边界提供了保证。在法律规定和具有操作性的范围内,各级政府也就能够各司其职、各履其责。

表3-3　日本政府纵向职责配置明细表

	中央	都道府县(地方)	市町村(地方)
基础设施	高速公路 国道 一级河川	都道府县道 一级河川(指定区间) 二级河川 港湾 公营住宅 决定市街化区域、调整区域	都市计划等 市町村道路 准用河川 港湾 公营住宅 下水道
教育	大学 私立学校补助 (大学)	高中 特殊教育学校 中小学校教员工资、人事 私立学校补助(幼儿园—高中) 公立大学	中小学校 幼儿园
福利	社会福利 医生等资格证书 医药品许可资格证书	生活保护(町村的区域) 儿童福利 保健所	生活保护(市的区域) 儿童福利 国民健康保险 护保险

续表

	中央	都道府县(地方)	市町村(地方)
			上水道 垃圾处理 保健所(特定的市)
其他	防卫 外交 通货	警察 职业训练	消防 户籍 住民基本台账

资料来源:中华人民共和国财政部关于日本财政体制的介绍。

网址:http://www.mof.gov.cn/zhengwuxinxi/guojijiejian/200806/t20080623_47848.html.

　　其次,宏微恰适。日本政府纵向间职责配置,呈现出从宏观到微观逐次递减的趋势。总体上看,越在中央政府,其管理事务就越为宏观,主要集中于全国性事务的宏观调控上;越在基层政府,其管理事务就越为微观,主要集中于为居民提供必要的公共服务上。这种从宏观到微观的趋势,既符合行政体制改革的方向,也有助于纵向层级职责的有效配置,从而推进行政体制的高效运转和政府职责体系的有效运行。

　　最后,财政控制。中央对地方的财政转移支付——"财政控制"——成为弥合中央与地方分歧、提高中央政府控制能力、促进政府纵向间相互依赖的重要工具。日本中央对地方的转移支付主要包括"地方交付税"和"国库支出金"两类,二者合计在财政收入所占比重超过30%。特别值得注意的是,中央政府是直接对"都道府县"和"市町村"进行转移支付的,简单地说就是没有中间环节。日本的地方交付税制度是精确的收支均衡型转移支付制度,是为推进各地基本公共服务均等化、从中央向地方转移的资金。从来源上看,地方交付税来自国税中的所得税(32%)、法人税(32%)、酒税(32%)、消费税(24%)、烟税(25%),这部分资金并未受到具体的限制,可以作为地方的自主财源加以使用。目前,日本全国超过90%的地方自治体接受地方交付税。[1]国

---

　　① 参见丁颖、师颖新、户泉巧:《二战以来的日本财政分权改革》,《经济社会体制比较》,2011年第5期。

库支出金大致相当于我国的专项转移支付，拥有专门的指定用途，地方政府只能专款专用。特别是其中的"国库补助金"，用于对属于地方的一些事务，由中央政府支付一部分资金，从而引导、鼓励和扶持地方，并贯彻中央的政策导向。

第四节　共性规律与基本启示

前文已经对美国、法国和日本三国的政府纵向职责配置以及体系运行进行了细致地描述。虽然由于政治体制以及行政环境、历史文化的殊异，各国政府纵向职责体系各有特点，但在国际比较的视野中审视，还是可以发现一些共同的规律。这些规律对于我国构建政府纵向职责体系、推进国家治理现代化可能起到有益的参考价值。

第一，权力配置制度化。从三个国家的发展经验看，美国借助联邦宪法和州宪法以及相关法律将纵向府际权力配置格局固定下来，法国和日本则通过地方分权改革实现中央与地方权力配置的制度化。简单地说，某项权力归属于何级政府是相对确定的，并得到法律的切实保障；在此基础上实现事权划分法制化和职责法定，进而为行政体系的运转与职责体系的运行提供有效支撑。反观我国，长期以来，我国在纵向府际关系改革中秉承着"收权""放权"的思维模式。这种思维模式虽然便于操作，但却制度性地蕴含着不稳定性。同时，在这种或收或放的思维模式下，中央会习惯性地将"触角"向下延伸，而地方也容易习惯性地"服从"中央，进而固化当前这样一种从中央到地方都干着"类似的事儿"的职责同构格局。因此，在未来改革的过程中，应当尝试跳出简单的集分或收放的思维，探索合理确权，逐步实现权力配置制度化，进而形成事权、财权的有效配置格局，从而切实为职能转变和职责体系建构以及各项体制、机制改革提供制度保障。

第二，职责配置异构化。从纵向上看，三个国家均实行职责异构模式，即对从中央到地方不同层级政府的职责做出清晰明确的划分。美国宪法就明确规定了联邦政府与州政府的职责划分，法国和日本则通过地方分权改革逐步将更多的权力与职责授予地方政府；在地方（州）政府履行这些职责的时候，中央（联邦）政府不会进行输入性的实质领导与指挥，而代之以必要的监督与控制。大体地看，那些涉及国计民生的重大事项以及与国民生活相关的基本公共服务由中央统一管理或提供，而与居民密切相关的大部分行政事务则由地方负责。或者简单地说，越在高层级政府，其管理事务就越为宏观，主要集中于全国性事务的宏观调控；越在低层级政府，其管理事务就越为微观，主要集中于为居民提供必要的公共服务。具体到我国的情况看，由于自身体制与发展的特殊性，实行完全的职责异构模式虽然并不恰当，但是在"同构"的整体格局中适当地嵌套一些"异构"，例如在某些类别的职责配置上打破同构型结构完全是可能的。当然，这一点还需要实践的进一步检验。

第三，调控手段柔性化。正如古德诺所言："地方政治共同体要与国家（州）的利益保持适当的关系，就不能完全不受国家（州）的控制；如果完全不受国家（州）的控制，就会导致国家（州）的分裂。"[1]为了维护国家主权的完整，任何国家的全国性政府都必须对区域性政府施加一定的监督与控制。但是，如何来施加这种作用就是一个颇具艺术性的问题了。从国外经验来看，中央政府已经越来越少地运用类似于行政命令的刚性措施，而是采用一些柔性化的手段，来实现对地方的影响。例如，美国联邦政府正是通过对财政工具的巧妙使用，来控制州政府和地方政府的行政行为，实现联邦政府的意志；又如，日本中央政府设立了专门的纠纷处理委员会来协调各级政府在履行职责过程中出现的争议，从而实现中央政府对地方的监督与调控。就我国

---

① ［美］弗兰克·古德诺：《政治与行政》，王元译，华夏出版社，1987年，第33页。

而言，长期以来习惯采用由上至下、行政命令式的刚性管控方式。这种方式虽然高效便捷，但无疑容易限制地方政府的自主性与活力，同时也可能损害体系的稳定性与权威性。结合国外经验和我国实际来看，在未来改革过程中，在条件允许的情况下，应当更多地采用柔性化或隐形化的调控方式，以便提高系统的效率与适应性。

当然，由于各国在政治、经济、文化、地理等方面情况各不相同，而我国当前又正处于现代化与后现代化相交织的异常复杂的历史情境中，加之很多理论与实践问题还存在亟待解决的难点，我国政府纵向职责体系的理论研究与实践探索还需要进一步深化、细化、具体化。

第四章

从"集分"到"确权"：
政府纵向职责体系的权力结构

权力如何配置一向是学界关注的重要理论问题，也是所有国家必须谨慎面对的实践课题。新中国成立以来，为了适应经济发展和社会主义建设的需要，我国推动了一系列以央地关系调整为主题、以权力纵向配置为主线的改革。虽然改革取得了一系列成效，但是"一放就乱、一收就死"的问题并没有得到根本性地解决，而这也恰恰成为职能转变不到位、纵向府际关系难以理顺、职责体系不健全的重要制度原因。未来，有必要跳出集权与分权的窠臼，不要拘泥于诸如"集权好"还是"分权好"，"集权多好"还是"分权多好"等问题的争论，而应当将重点具体到"哪些权力应该集""哪些权力应该分"的层面上，以确权为原则塑造合理的权力纵向配置结构，进而为构建政府纵向职责体系和推进国家治理现代化提供制度保障。

第一节　新中国成立以来权力集分的基本态势

新中国成立以来，我国在权力纵向配置上走过了一个曲折反复的过程。计划经济时期出现了两次大幅度的权力收放循环；在改革开放之后，虽然仍然未能彻底跳出集权与分权的思维模式,但情况已经大大改善。在后一阶段,高层有意识地以"财税体制改革"和"政府机构改革"为抓手,聚焦"选择性集权"和"多元化分权"①来实现对权力在纵向上的有效再配置。

一、总体轨迹:收放循环

以改革开放为界,新中国成立以来的权力集分改革大致可以划分为两个阶段:1978 年以前,央地关系调整呈现出两次权力收放循环;1978 年以后,我国逐渐从计划经济向市场经济转轨,这一时期央地关系调整不再局限于简单的放权或收权,而是以财税体制改革和政府机构改革为抓手,有步骤、分重点、分阶段,有序地推进权力在纵向府际的有效配置。

(一)改革开放以前的第一次收放循环(1956—1966)②

1956 年 10 月,中共中央、国务院联合下达《国务院关于改进国家行政体制的决议(草案)》,提出要"划分中央与各省(自治区、直辖市)的管理权限,划分省(自治区、直辖市)与县(自治县)、县(自治县)与乡(自治乡)的行政管职权限"以及"扩大地方各级的行政管理权力和财政权力"。1958 年,中央又作出了《关于工业企业下放的几项规定》,要求把中央各部门管理的近 900 个

---

① 吴帅的博士论文《分权、制约与协调:我国纵向府际权力关系研究》将改革开放以后我国纵向府际权力关系变化的基本趋势总结为"选择性集权""多元化分权"和"差异化放权"三个方面。有兴趣可以参见吴帅:《分权、制约与协调:我国纵向府际权力关系研究》,浙江大学博士学位论文,2011年,第 55~64 页。

② 新中国刚成立时,由于体制不健全、中央调控能力的限制以及各地区的差异等原因,我国采取的大区分权体制,即通过在全国设立若干个"大行政区",中央将某些权力授权给这些"大区",从而实现中央对各地的领导。当时的大行政区政府一方面是中央人民政府的代表机关,另一方面又是地方政权的最高机关。1953 年以后,我国进入了大规模经济建设时期;高度一体化的经济体制的形成,客观上要求中央加大对地方的控制力度。而大区制实际上在一定程度上削弱了中央权威、形成了地方割据。为此,1954 年,中共中央政治局扩大会议通过决议撤销大区一级党政机关;同年 6 月 19 日,中央人民政府委员会第三十二次会议通过了《中央人民政府关于撤销大区一级行政机构和合并若干省市建制的决定》。通过这样的方式,中央实现了有效集权。由于此处论述的重点在于权力配置的"收放循环",因此未对这一阶段进行细致地描述。

企事业单位下放到省市区,并完成交接工作。这一阶段,为了尽快在全国各省、市、自治区建立独立的工业体系,中央开始大规模地下放经济管理权限。以中央各部门所管辖的单位数为例,仅1957年这一年,中央就下放了8100家企事业单位的管理权;到1968年中央只保留了1200多家大型企业和军工企业。①

权力的大规模下放极大地提高了地方政府的主动性和积极性。但是,由于特殊的历史背景,这一时期的权力下放带有较为显著的盲目性;加之缺少配套的保障机制,以及地方积极性的过度膨胀,导致大量的盲目生产、重复建设和资源浪费,也破坏了中央的统一调控。

1959年2月24日,《人民日报》发表题为"全国一盘棋"的社论,强调"要加强集中领导和统一安排"。这一文件的出台意味着此轮大规模放权的终结。1961年1月,中央发布《中共中央关于调整管理体制的若干暂行规定》,强调中央对各领域经济管理的统一领导。在这一规定中,中央提出"大权独揽、小权分散"的原则,明确要求将经济管理的权限集中到中央和中央局,收回各省(市、自治区)和中央各部下放给专、县、公社和企业的不适当的权力,同时将中央各部直属企业的行政管理、生产指挥、物资调度、干部安排的权力收归中央主管各部。②

(二)改革开放以前的第二次收放循环(1966—1978)

在前一阶段中央"收权"模式运行一段时间之后,中央过度集权的弊病

① 参见宋德福主编:《中国政府管理与改革》,中国法制出版社,2002年,第338页。
② 《中共中央关于调整管理体制的若干暂行规定》中主要提出了八项措施:(一)经济管理的大权应该集中到中央、中央局和省(市、自治区)委三级。(二)一九五八年以来,各省(市、自治区)和中央各部下放给专、县、公社和企业的人权、财权、商权和工权,放得不适当的,一律收回。(三)中央各部直属企业的行政管理、生产指挥、物资调度、干部安排的权力,统归中央主管各部。(四)根据"统一领导、分级管理"的原则,凡属需要在全国范围内组织平衡的重要物资,均由中央统一管理、统一分配;在计划内应该调出的物资,各部门、各地方必须服从国家的统一调度。(五)财权必须集中。(六)货币发行权归中央。(七)国家规定的劳动计划,各部门、各地方不许突破。(八)所有生产、基建、收购、财务、文教、劳动等各项工作,都必须执行全国一盘棋、上下一本账的方针,不得层层加码,都必须集中力量,努力完成和超额完成国家计划。

又重新暴露,放权的必要性和紧迫性开始凸显。在 1970 年初召开的全国计划会议上,中央提出要扩大地方的管理权限,具体措施包括:将大批中央直属企业管辖权下放给地方①;对地方实行三个"大包干"(基建投资大包干、物资分配大包干、财政收支大包干);计划体制实行"块块为主,条块结合",给地方以较大的管理权限。

应当说,这一轮权力下放取得的效果同样是显著的,但同样也不可避免地造成了地区壁垒和部门分割现象,导致整体经济局势出现混乱。因此,1973 年 2 月,国家计委起草了《关于坚持统一计划,加强经济管理的规定》(即"经济工作十条"),试图重新将经济管理权集中起来。但是,在当时特殊的历史背景下,成效并不显著。1975 年 1 月,邓小平主持中央日常工作,启动了一系列以加强中央权力为核心的改革。1976 年粉碎"四人帮"之后,中央进一步加强了对铁路、邮电、民航等重要部门的统一领导,将部分税收、财政、物资管理权上收到中央,同时重新收回了对一些重点企业的管理权。

表 4-1　改革开放前权力的两次"收放循环"

时期	特点	企业管理	财政管理	计划管理
新中国成立初期 (1949—1952)	权力集中		"统收统支"(1950)	"条条"管理体制初告形成
"一五"时期 (1953—1957)	集中统一	部属企业由 2800 个增至 9300 个,户数约占中央和地方管理工业企业总户数的 16%,产值占 49%	"统一领导、划分收支、分级管理、侧重集中"(1954)。中央支配的财力占国家预算收入的 75%	实行直接计划与间接计划相结合的计划管理制度。统一计划,分级管理,不得层层加码

① 例如,在当年(1970 年)6 月至 9 月,中央将包括鞍钢、大庆等在内的 3600 多家中央直属企事业单位的管辖权下放到地方。

续表

时期	特点	企业管理	财政管理	计划管理
"大跃进"时期（1958—1960）	权力下放	工业企业除了一些重要的特殊的试验性质的企业外，一律下放给地方	"划分收支、比例分成、五年不变"（1958）；"收支下放、计划包干、地区调剂、总额分成、一年一变"（1959）。中央财政收入占全国财政收入的比重从40%降至20%	以地区综合平衡为基础的、专业部门和地区相结合的计划管理制度
五年调整时期（1961—1965）	权力上收	企业管理权上收，部直属企业增至10500个，产值占工业总产值的42.3%	财权收至省市自治区以上。中央财政收入占财政总收入的比重提高到60%	上下一本账，不得层层加码
"文革"前期（1966—1969）	权力涣散		"统收统支"（1968）；"收支挂钩、总额分成"（1969）	
"文革"中期（1970—1971）	权力下放	大批中央直属企业下放给地方。全国共下放2600多个重点企业和事业单位	"定收定支、收支包干、保证上缴、结余留用"（1971）	"块块为主，条块结合"，给地方以较大的管理权限
"四五"后期（1972—1975）		所有企业都要有一个集中统一的生产指挥系统	实行收支包干制	"条条为主"的状况基本未变，"块块为主"没有形成
粉碎"四人帮"后（1976—1978）	权力集中	一大批骨干企业收归中央	"定收定支、收支挂钩、总额分成、一年一定"（1976）	

资料来源：刘日新：《新中国经济建设简史》，中央文献出版社，2006年，第268~270页；苏星：《新中国经济史》（修订本），中共中央党校出版社，2007年，第179~190页；赵云旗：《中国分税制财政体制研究》，经济科学出版社，2005年，第161~182页。转引自刘承礼：《理解当代中国的中央与地方关系》，《当代经济科学》，2008年第5期。

(三)改革开放以后纵向府际关系调整的两个抓手

改革开放以来，伴随着经济体制转型与行政体制改革的深化，央地关系的调整不再局限于简单的"收权"或"放权"，而是将着力点放到财政分权与行政分权上，依托于财税体制改革和政府机构改革两个抓手，有序地推进府际关系调整。

从财税体制改革看，改革开放以来我国进行了几次大规模的财税体制改革，有效实现了央地财力格局的重塑。1979 年邓小平指出："财政体制，总的来说，我们是比较集中的。有些需要下放的，需要给地方上一些，使地方财权多一点，活动余地大一点，总的方针应该是这样。"①在这一方针的指引下，1980 年 2 月推行"划分收支、分级包干"的财政管理体制，将收支进行分类分成；1985 年调整为"划分税种、核定收支、分级包干"的财政体制，改划分收入为划分税种，形成中央税、地方税和共享税的体系；1988 年到 1993 年间，中央针对不同地区的财政状况和经济发展情况，实行"多种形式包干"的体制，除按一定比例保证中央财政收入外，增量部分留给地方政府，以此来调动地方政府的积极性。简言之，这一阶段财税体制改革的总体特征是"分权让利"，即扩大地方、部门和企业的财权与自主权，调整中央与地方的收入结构。

前一阶段的改革虽然极大地增强了地方政府的积极性和自主性，却使中央财政陷入了窘境。为了应对这一问题，国务院决定，从 1994 年 1 月 1 日起在各省、自治区，直辖市以及计划单列市实行分税制财政管理体制。②这一制度明确了中央与地方事权与支出的划分，规定了包含中央税、地方税和中央与地方共享税的税收体系，极大地增强了中央的财政能力，同时也有助于调动地方的积极性，从而推动了权力的合理配置与纵向府际关系的有效调整。

从政府机构改革看，改革开放以来我国先后进行了八次较大规模的政

---

① 《邓小平文选》(第二卷)，人民出版社，1994 年，第 199 页。
② 《国务院关于实行分税制财政管理体制的决定》(国发〔1993〕第 85 号)中提出要遵循"正确处理中央与地方的分配关系""合理调节地区之间财力分配""坚持统一政策与分级管理相结合的原则""坚持整体设计与逐步推进相结合的原则"四项原则，深入推进分税制改革。其具体内容包括：(一)明确了中央与地方事权和支出的划分；(二)按照税种划分中央与地方收入。根据事权与财权相结合的原则，按税种划分中央与地方的收入；(三)以一九九三年为基期年核定中央财政对地方税收返还数额；(四)原体制中央补助、地方上解以及有关结算事项的处理。此外，在配套改革和相关政策措施上，提出要改革国有企业利润分配制度，同步进行税收管理体制改革，改进预算编制办法、硬化预算约束，建立适应分税制需要的国库体系和税收返还制度，建立并规范国债市场，妥善处理原由省级政府批准的减免税政策问题，各地区要进行分税制配套改革。

府机构改革。伴随着改革的推进,政府职能的概念逐渐得到厘清,政府职能转变的必要性得到进一步确认,关于政府应当"做什么"和"怎么做"的问题进一步明晰,纵向府际事权结构也发生了极大变化。

1982年,为了配合全国工作重心的转移,国务院将经济建设放到第一位,进行了大规模的机构改革。但这次改革未能从根本上触及传统的计划经济体制,各级政府事权结构也没有发生实质性的改变。

1988年,国务院机构改革提出的要求是"减少政府机构直接干预企业经营活动的职能,增强宏观调控职能"。可惜的是,虽然中央政府的改革力度较大,但地方政府的改革成效却不够理想。

1993年,为了适应社会主义市场经济体制改革,国务院明确提出"这次机构改革的重点是转变政府职能",重点加强宏观调控,并强化社会管理职能部门。在此次改革中,中央政府将专业性经济部门分成了三类——一类改为经济实体,一类改为行业总会,一类保留或新设行政部门;地方政府则大力精简机构、缩减编制、提高绩效。

1998年,改革开始深入到政府部门的职责权限上,明确划分了部门之间的分工,并调整和撤销了一些直接管理经济的专业部门和行政性公司。通过此次改革,各级政府逐步把职能转变到宏观调控、社会管理和公共服务上来。

2003年,改革继续围绕"政企分开"这一主题,提出进一步转变政府职能,调整政府机构设置,理顺部门职能分工,提高政府管理水平。中央政府的主要任务是深化国有资产管理体制改革、完善宏观调控体系、健全金融监管体制、继续推进流通管理体制改革、加强食品安全和安全生产监管体制建设,地方政府也进行了相应的配套改革。

2008年,以转变政府职能和理顺部门职责关系为中心,各级政府开始探索实行大部门体制,并特别强调要以改善民生为重点、加强整合社会管理与公共服务部门。应当说,这一次改革的成效是比较显著的,中央和地方的职能结构得到了进一步明确。

2013 年，改革围绕着转变职能和理顺职责关系，强调稳步推进大部门制改革，并明确提出要以更大力度，在更广范围、更深层次上加快国务院机构职能转变。这一方案出台以后，地方各级政府也出台了一系列配套改革方案。

2018 年，《深化党和国家机构改革方案》力图"构建系统完备、科学规范、运行高效的党和国家机构职能体系"①，对全面深化机构改革的方方面面工作进行了整体部署。从具体内容上看，既涵盖党中央、国务院等机构设置及其职责划分，也涵盖为了有效完成工作任务而对各项要素进行配置的过程，并且还涉及了诸如党政、央地、条块、政社关系协调等关键性问题。

总体上看，经过这几轮改革，中央与地方的事权内容和事权结构逐步得到优化，纵向府际关系得到有效调整，在政府纵向职责体系构建方面也取得了长足的进展。

二、选择性集权

正如前文所述，从 1949 年到改革开放之前，我国先后进行了两轮放权尝试，但由于特殊的历史背景以及缺乏相关制度的有效支撑，这两次尝试均未能取得预期成效，甚至在一定程度上导致了"诸侯经济"盛行、中央调控能力减弱等反效果，最终以中央收回下放的权力而告终。

改革开放以后，伴随着经济体制改革和政治体制改革的深化，纵向府际关系又进行了几次调整。结合内容和效果看，较之之前那种暴风骤雨式的、"非制度化"的收放模式，此后的改革开始逐渐走向制度化，相应地也取得了比较显著的效果。在这一阶段，纵向府际关系调整的思路大致可以归纳为

---

① 《中共中央印发〈深化党和国家机构改革方案〉》，《人民日报》，2018 年 3 月 22 日。

"选择性集权"①与"多元化分权"并存。

(一)关于选择性集权的总体描述

从理论与实践相结合的角度看,中央集权与地方分权均各有其优缺点。②既然如此,无论是绝对集权或是绝对分权都存在内在的弊端,那么是否可以探索一种兼顾集权与分权的模式? 选择性集权(Selective Centralization)恰恰是我国目前正在实践的一种模式。按照郑永年教授的解释, 所谓选择性集权,指的是"中央制度建立自己独立于地方政府之外的统治体系并不是要对地方进行全面的统治,而是要把那些事关国家利益的权力集中起来,把另外一些权力完完全全下放给地方, 中央只对这些权力的行使实行事后的法律监督"③。也就是说,选择性集权意味着要解构中央全面集权体制,将那些属于国家治理的整体性权力集中起来,由中央统一行使;相应地,其他方面的权力可以适当地进行分权。

建构与完善选择性集权的关键在于,要理清哪些权力必须集中、哪些权力可以分散。或者说,要制度性地明确哪些权力必须由中央行使、哪些权力则应当由地方行使,以免陷入相对随意的"收权–放权"循环之中。进一步延

---

① 许成钢认为,在改革过程中,我国在政府间纵向关系的制度安排上形成了政治集权和经济分权的配置。他将这种配置概括为"政治集权下的地方经济分权制,或地方经济分权的威权主义体制",这与此处的"选择性集权"有异曲同工之妙。参见许成钢:《政治集权下的地方经济分权与中国改革》,《从威权到民主:可持续发展的政治经济学》,中信出版社,2008 年,第 185~200 页。

② 王绍光教授曾经总结了集权、分权各自的利弊。其中,集权的好处在于:(一)有利于提供全国性共享物品和服务;(二)有利于将跨地区外部效应内部化;(三)有利于获得规模经济效应;(四)有利于实现宏观经济稳定;(五) 有利于进行再分配。集权的弊端在于:(一) 对各方信息了解太粗疏;(二)难以设立一种既能调动各级官员积极性,又能使他们的行为与中央保持一致的动力机制;(三)中央决策者权力无边,却不受他人制约,一旦中央决策有误,很难加以制止。分权的好处在于:(一)有利于促进居民参与当地事务;(二)有利于促使地方政府对各地居民负责;(三)有利于发挥地方政府官员的信息优势;(四)给人们更多的选择;(五)有利于缩小政府的总体规模。一言以蔽之,分权有利于提高效率。分权的弊端在于:(一)不能提供全国性共享物品和服务;(二)难以克服跨地区外部效应问题;(三)有时无法得到提供共享物品或服务的规模经济效应;(四)几乎完全不可能解决宏观经济问题;(五) 不利于解决收入再分配问题。参见王绍光:《分权的底线》,中国计划出版社,1997 年,第20~25 页。

③ 郑永年、王旭:《论中央地方关系中的集权和民主问题》,《战略与管理》,2001 年第 3 期。

伸,这就意味着要处理好"制度性"与"原则性"的关系。两者的根本区别在于,前者规定了如何执行,而后者则强调应当执行。也可以说,原则是较为抽象层面的东西,制度是较为具体方面的东西。以往改革中,国家治理更多地强调原则性,但却在一定程度上弱化了制度性的建设,而这也正是导致国家治理陷入困境的重要原因之一。进一步说,只有兼顾原则性和制度性,以"制度建设"来支撑"原则要求",才能实现国家的长治久安。

实际上,从偏重原则性走向兼顾制度性与原则性也正是实现治国理政、推进社会主义建设的恰当途径。例如,在处理中央与地方关系问题上,毛泽东同志在 1956 年提出的方针是"发挥中央和地方两个积极性"。邓小平同志则进一步明确为"维护中央权威"①,就是指全国各级政权机关要在法制框架内,自觉地肯定、服从、接受党中央和国务院的领导。按照邓小平同志的解释,维护中央权威的实质就是中央的宏观调控有力,"中央说话算数"②。党的十六大报告指出"要依法规范中央和地方的职能和权限,正确处理中央垂直管理部门与地方政府的关系"。这种理念的变化,恰恰体现出从抽象到具体的转变、从偏重原则到兼顾制度与原则的转变。这一过程也就是国家治理能力不断提升的过程。

结合中国的改革实践和社会背景看,"选择性集权"突出表现在两个方面,其一是实行垂直管理,其二是推进分税制改革。垂直管理有助于实现中央意志在地方的贯彻,有效维护中央的权威;分税制则借助财政格局的重塑打造了财力上聚的财政体系。两者的有效结合,推动了中央权力的有效集中,同时又在很大程度上维护了地方利益,完善了纵向府际权力的有效配置。

(二)垂直管理

结合实践来看,行政运行过程中之所以出现"上有政策、下有对策"的尴

---

① 参见《邓小平文选》(第三卷),人民出版社,1993 年,第 277 页。

② 同上,第 277~288 页。

尬,重要原因之一在于中央政府实行全面集权的体制,而地方则缺少自己的组织体系,导致中央的大量决策必须依靠地方去贯彻、执行。当中央利益与地方利益发生冲突时,地方基于自身利益的考虑,就极有可能选择"上有政策、下有对策"①。对于地方政府这种谋求地方利益的举动,中央往往斥其为"不顾大局"。但是,"在某种意义上,全国观念和大局意识已经超越了对地方官员的评价标准……如果地方官员具有大局意识和整体观念,他们就已经不再是地方官员而是中央官员了"②。为了确保中央政策在地方的贯彻执行,中央尝试在地方政府之外"另起炉灶",设立垂直管理体系,用以保障国家权力在地方的有效渗透。

所谓垂直管理,一般是指由中央政府部门对其在地方设立的分支机构或派出机构实行垂直领导的一种组织形式,又称部门垂直管理或中央垂直管理。③从特点上看,首先,在地方设立的分支机构或派出机构所属的编制、人事、经费、业务等均由中央部门直接管理;其次,垂直机构的作用在于执行中央政府事务、保证中央政策在地方的有效实施;最后,垂管部门的设置形式灵活多样,即可以按照行业进行设置、也可以按照行政区划进行设置,既可以设置一个层级、也可以设置多个层级。正因如此,实施垂直管理,实际上就是从中央到地方设置一个独立于地方政府的职能系统,这些部门在业务上不受地方政府的制约与限制。

实行垂直管理一方面可以加强中央集权,另一方面则可以限制地方分

---

① 丁煌教授曾将"上有政策、下有对策"描述为一种利益博弈过程。在这一过程中,地方政府和中央政府的策略选择都遵循个体理性最大化原则,把各自的效用满足程度作为自己策略选择的直接依据,而双方的效用满足程度从根本上又取决于作为博弈规则的制度——制度约束不同,作为博弈参与者的地方政府和中央政府的策略选择依据不同,导致的收益和成本就不同,进而决定了其博弈的均衡结果。参见丁煌、定明捷、吴湘玲:《"上有政策、下有对策"的博弈缘由探析》,《科技进步与对策》,2004年第7期;丁煌、定明捷:《"上有政策、下有对策"——案例分析与博弈启示》,《武汉大学学报(哲学社会科学版)》。2004年第6期。

② 谢庆奎主编:《当代中国政府与政治》,高等教育出版社,2010年,第195~196页。

③ 参见沈荣华:《分权背景下的政府垂直管理:模式和思路》,《中国行政管理》,2009年第9期。

权。①从加强中央集权来看，实行垂直管理可以实现权力集中，防止地方势力膨胀而影响中央权威。事实上，垂直管理古已有之，如《后汉书》记载："凡郡县出盐多者置盐官，主盐税。出铁多者置铁官，主鼓铸。有工多者置工官，主工税务。有水池及渔利多者置水官，主平水收渔税。在所诸县均差吏更给之，置吏随事，不具县员。"②其中由上级派驻"盐税""鼓铸""税务"部门的官员，实际上就是早期垂直管理的应用。

改革开放以来，特别是实行分税制以来，为了应对地方积极性过高、条块矛盾突出、中央控制力减弱等问题，自1998年中国人民银行实行垂直管理以来，银保监会、证监会、工商、质监等诸多重要执法部门纷纷实行了垂直管理，以便保障中央政令畅通，同时强化地方对中央的行政回应性。

与此同时，从限制地方分权的角度来看，具有"经济人"特性的地方政府可能会"理性"地追求地方利益，导致其行为出现趋利性和非规范性，甚至产生"诸侯经济"，进而降低中央政府宏观调控的能力。为了限制、平衡地方分权，有必要将重要的行政部门、执法部门从地方政府组织序列中脱离出来，交由中央或省进行垂直管理。这一过程的实质就是将权力"上收"。正是因为垂直管理具有加强中央集权与限制地方分权的双重作用③，才使其成为调整纵向府际权力配置、协调集权与分权的重要工具。

(三)分税制改革

对财政能力的汲取是府际关系的关键要素之一。在这一领域，选择性集权突出表现在1994年实行的分税制改革上。这一改革使得新税制更加适应于市场经济发展的要求，为社会主义事业建设提供了有效保障；同时，重新

---

① 参见董娟：《困境与选择：集权与分权间的垂直管理——以当代中国政府的垂直管理为考察对象》，《中共浙江省委党校学报》，2009年第5期。

② 范晔：《后汉书》，浙江古籍出版社，2000年，第1001页。

③ 必须指出的是，并非所有领域都适用于垂直管理；同时，作为一种管理方式的垂直管理也存在制度性弊端，如使监督部门减少、容易滋生腐败，可能架空地方管理、弱化地方政府职能等。在这里，没有做进一步的展开论述。

划分了中央与地方的财政收入,大大提升了"财政收入在国内生产总值中的比例"与"中央财政在国家总财政中的比例"两个比例,为中央强化宏观调控能力奠定了坚实的基础。

从内容上看,分税制度的关键在于明确了三个问题:第一,中央和地方各负责什么事儿? 第二,中央和地方的财政如何支出? 第三,中央和地方如何划分财政收入? 前两者是一个问题的两个方面。从改革方案来看,分税制规定:根据现在中央政府与地方政府事权的划分,中央财政主要承担国家安全、外交和中央国家机关运转所需经费,调整国民经济结构、协调地区发展、实施宏观调控所必需的支出以及由中央直接管理的事业发展支出。[1]地方财政主要承担本地区政权机关运转所需支出以及本地区经济、事业发展所需支出。[2]明确了中央和地方要负责什么事务,实际上也就划定了中央政府和地方政府各自的责任;进一步说,也规划了中央和地方要行使什么权力的问题。就第三个问题而言,主要是对财政收入进行分配。通过改革,中央政府的财政汲取能力大大增强了,相应地对地方的控制和宏观调控能力也极大地增强了。借助于此,中央以一种"润物细无声"的方式有效地调整着纵向权力的分配,实现了选择性地集权。

三、多元化分权

无论是从西方国家的经验来看,还是从我国发展实践看,推行分权化改

---

① 具体包括:国防费,武警经费、外交和援外支出,中央级行政管理费,中央统管的基本建设投资,中央直属企业的技术改造和新产品试制费,地质勘探费,由中央财政安排的支农支出,由中央负担的国内外债务的还本付息支出,以及中央本级负担的公检法支出和文化、教育、卫生、科学等各项事业费支出。

② 具体包括:地方行政管理费,公检法支出,部分武警经费,民兵事业费,地方统筹的基本建设投资,地方企业的技术改造和新产品试制经费,支农支出,城市维护和建设经费,地方文化、教育、卫生等各项事业费,价格补贴支出以及其他支出。

革无疑都是全面深化改革、推进国家治理体系和治理能力现代化的必然选择。1978 年以来，我国深入开展了以"分权"为核心的改革，特别是在经济建设领域，通过大幅度、多元化下放经济管理权限，极大地刺激了地方经济的活力，推动了地方经济的高速发展。具体地看，改革开放以来，中央先后通过成立经济特区和开发区（包括经济技术开发区、高新技术开发区、国家级新区等），设立计划单列市和副省级市，成立特别行政区等方式，赋予这些区域一定的特殊权限（主要集中在经济领域），从而使得纵向分权呈现出多元化的态势。

（一）设立特殊经济区域

1979 年 4 月，中央工作会议讨论了对外开放的有关问题。在会上，时任广东省委第一书记、省革委会主任的习仲勋同志向中央提出："广东邻近港澳，华侨众多，应充分利用这个有利条件，积极开展对外经济技术交流。这方面，希望中央给点权，让广东先走一步，放手干。看来，在计划、财政、外贸、外汇、物资、对外经济技术交流等方面，都有正确处理中央和地方的关系问题。"根据邓小平的倡议批准，中央工作会议正式讨论了广东的议案，并做出了关于充分发挥广东、福建两省的有利条件和在深圳、珠海、汕头、厦门等地试办出口特区的决定。同年 7 月，中共中央、国务院批准广东、福建两省省委的报告，颁布"中央 50 号文件"，决定对广东、福建两省实行特殊政策和灵活措施。1980 年，谷牧同志受中共中央、国务院委托，在广州主持召开广东、福建两省会议，研究提出试办特区的一些重要政策，确定了深圳、珠海特区的范围。会上同意了广东省的提议，将"出口特区"改为"经济特区"。同年 5 月 16 日，中共中央、国务院批准了《广东、福建两省会议纪要》；同年 8 月，第五届全国人大常委会第十五次会议决定，批准国务院提出的在广东省深圳、珠海、汕头和福建省的厦门设置经济特区，并通过了《广东省经济特区条例》。①

---

① 参见中共广州市委党史研究室主办的网站"广州党史"相关内容（http://www.zggzds.gov.cn/dsyjr-wcq/1660.jhtml）。

至此,中国经济特区正式诞生,掀开了改革开放新的一页。

在经济特区积累了成功经验的基础上,中央开始进一步扩大对外开放。1984年3月26日到4月6日,沿海部分城市座谈会在北京召开。会上明确提出开放天津、上海、大连、秦皇岛、烟台、青岛、连云港、南通、宁波、温州、福州、广州、湛江和北海14个沿海港口城市,重点扩大了地方权限和给予外商投资者若干优惠,例如放宽利用外资建设项目的审批权限、增加外汇使用额度和外汇贷款、积极支持利用外资、引进先进技术改造老企业、大力发展进料加工出口等。①与此同时,根据《沿海部分城市座谈会纪要》(1984年4月30日)关于"逐步兴办经济技术开发区"②的相关部署,1984年9月,国务院批准设立大连经济技术开发区;同年,国务院先后批准了天津、青岛、闵行、宁波、广州等13个经济开发区,形成了我国第一批国家级经济技术开发区。此后,经济开发区的数量不断增加。

在开发区序列中,还存在一种特殊类型,即"国家级新区"③。浦东新区是全国最早设立的国家级新区。1990年,中共中央和国务院做出了"开发浦东"的战略决策,提出"开发浦东,振兴上海,服务全国,面向世界"的方针,成立浦东开发领导小组,由时任上海市副市长黄菊担任组长。1992年10月11日,国务院正式批复设立上海市浦东新区。此后,国家级新区因其所享受的

---

① 具体内容见《沿海部分城市座谈会纪要》(1984年4月30日)。参见南宁市经济体制改革委员会:《经济特区开放城市政策汇编》(上册),广西人民出版社,1992年,第59~71页。

② 当时对经济技术开发区的定位是:"经济技术开发区要大力引进我国急需的先进技术,集中地举办中外合资、合作、外商独资企业和中外合作的科研机构,发展合作生产、合作研究设计,开发新技术,研制高档产品、增加出口收汇,向内地提供新型材料和关键零部件,传播新工艺、新技术和科学的管理经验。有的经济技术开发区还要发展为国际转口贸易的基地。"参见南宁市经济体制改革委员会:《经济特区开放城市政策汇编》(上册),广西人民出版社,1992年,第64页。

③ 大致上看,国家级新区是指城市新区的成立乃至开发建设都上升到国家战略,总体发展目标、发展定位等由国务院统一进行规划和审核,相关特殊优惠政策和权限等由国务院直接批复,在辖区内实行更加开放和优惠的特殊政策,并担负着各项制度改革与创新的探索工作。国家级新区大多有明确的发展定位,如滨海新区是国家综合配套改革试验区,两江新区是统筹城乡综合配套改革试验的先行区,舟山群岛新区为海洋综合开发试验区等。

特殊政策待遇以及党中央、国务院整体经济布局的考虑，在全国普遍推广开来。截至目前，我国共设立了上海浦东新区、天津滨海新区、重庆两江新区、浙江舟山群岛新区、甘肃兰州新区、广州南沙新区、陕西西咸新区、贵州贵安新区、青岛西海岸新区、大连金普新区、四川天府新区、湖南湘江新区、南京江北新区、福建福州新区、云南滇中新区、黑龙江哈尔滨新区、吉林长春新区、江西赣江新区、河北雄安新区共 19 个国家级新区。

无论是设立经济特区、开放沿海港口城市，还是推进经济技术开发区或国家级新区建设，实际上都是经济管理权限的破格下放。这也正是"新区"会受到全国各地如此"推崇"的重要原因。我国经济特区的作用与其他国家不同之处在于，其不仅仅担负着推进经济发展的重任，还兼具体制改革与试验的作用。[1]早在 1984 年中央就指出："进一步开放沿海港口城市利办好经济特区，不能指望中央拿很多钱。主要是给政策，一是给前来投资和提供先进技术的外商以优惠待遇、税收低一些、内销市场让一些、使其有利可图；二是扩大沿海港口城市的自主权，让他们有充分的活力去开展对外经济活动。"[2]在这个意义上，可以说，特区之"特"，关键就在于实行特殊的经济政策和特殊的经济管理体制，而这也恰恰体现了权力纵向配置的调整过程。

(二)设立计划单列市和副省级市

从 1983 年起，国务院相继批准了重庆、沈阳、大连、长春、哈尔滨、南京、宁波、厦门、青岛、武汉、成都、广州、深圳、西安共 14 个城市为"国家社会与经济发展计划单列市"，简称"计划单列市"。实际上，在正式文本中，并没有关于计划单列市的准确定义。大略地说，计划单列指的是在计划经济体制下，国家针对特定地区在进行生产、资源分配以及产品消费等各方面的计划

---

① 参见林尚立主编：《经济特区与中国政治发展》，重庆出版社，2005 年，第 263 页。

② 引自《中共中央、国务院关于批转〈沿海部分城市座谈会纪要〉的通知》(中发〔1984〕13 号)。参见南宁市经济体制改革委员会：《经济特区开放城市政策汇编》(上册)，广西人民出版社，1992 年，第 58 页。

时,打破原有的行政隶属关系,对其单列户头,分配、调拨计划指标。①

1993 年,国务院决定撤销省会城市的计划单列,导致计划单列市数量减少到 6 个。同年,中央机构编制委员会文件(中编〔1994〕1 号)将原 14 个计划单列市以及杭州、济南共 16 个市的政府行政级别定位副省级。1995 年,中央机构编制委员会印发《关于副省级市若干问题的意见》的通知(中编发〔1995〕5号),明确将前述 16 个市定为"副省级市"(1997 年重庆市成为直辖市后,副省级城市减少到 15 个)。

与一般地级市相比,计划单列市或副省级市最大的特点,除了政治地位和行政级别高之外,在于其所拥有的经济管理权限。例如,计划单列市政府拥有省一级的经济管理权限;不同隶属关系的企业原则上归属计划单列市管理;财政计划实行单列,市财政收入采取三级或两级分成体制,市财政收支主要由中央财政决定等等。1994 年 5 月"中编〔1994〕1 号文件"中则明确规定:副省级市中仍实行计划单列的,按照有关规定继续享受原有的管理权限;不再实行计划单列的,原来中央赋予的权限原则上暂不改变;对原来不是计划单列的,其权限需要调整变动的,由所在省和中央有关部门协商后确定。显而易见,计划单列市与副省级市的设立与调整,恰恰就反映了中央在调整纵向府际关系和权力配置上的尝试。

(三)设立特别行政区

在"一国两制"方针的指引下,香港、澳门分别于 1997 年 7 月、1999 年12 月回归,并实行不同于国内其他区域的特别行政区制度。按照《中华人民共和国宪法》和《中华人民共和国香港特别行政区基本法》《中华人民共和国澳门特别行政区基本法》的规定,特区政府享有高度的自治权,实行"港人治港""澳人治澳"。根据《中华人民共和国香港特别行政区基本法》(后文简称《香港特区基本法》)、《中华人民共和国澳门特别行政区基本法》(后文简称

---

① 参见苏艺在 2009 年"中央与地方关系法治化学术研讨会"上的参会论文《改革开放后我国计划单列市的角色转换与问题审视》。

《澳门特区基本法》)的规定，香港、澳门享有独立的行政管理权[①]、高度的立法权[②]、独立的司法权和终审权[③]、高度的财政自治权[④]以及一定的外事权[⑤]。很显然，在府际关系层面，中央政府对于特别行政区的权力下放程度是前所未有的，权力纵向配置方式带有强烈的特殊性，自然也不能作为普遍性的参考标准。但至少在类型学的意义上，这可以作为我国央地关系与纵向分权改革的经验佐证。

---

①　除国防、外交以及其他根据基本法应当由中央人民政府处理的行政事务外，特别行政区有权依照基本法的规定，自行处理有关经济、财政、金融、贸易、工商业、土地、教育、文化等方面的行政事务。

②　《香港特区基本法》第十八条规定：在香港特别行政区实行的法律为本法以及本法第八条规定的香港原有法律和香港特别行政区立法机关制定的法律。全国性法律除列于本法附件三者外，不在香港特别行政区实施。《澳门特区基本法》第十八条规定：在澳门实行的法律为本法以及本法第八条规定的澳门原有法律和澳门立法机关制定的法律。全国性法律除列于本法附件三者外，不在澳门实施。

③　《香港特区基本法》第十九条规定："香港特别行政区享有独立的司法权和终审权。"《澳门特区基本法》第十九条规定："澳门享有独立的司法权和终审权。"

④　《香港特区基本法》第一百零六条规定："香港特别行政区保持财政独立。香港特别行政区的财政收入全部用于自身需要，不上缴中央人民政府。中央人民政府不在香港特别行政区征税。"《澳门特区基本法》第一百零四条规定："澳门保持财政独立。澳门财政收入全部由澳门自行支配，不上缴中央人民政府。中央人民政府不在澳门征税。"

⑤　《香港特区基本法》第一百五十一条规定："香港特别行政区可在经济、贸易、金融、航运、通讯、旅游、文化、体育等领域以'中国香港'的名义，单独地同世界各国、各地区及有关国际组织保持和发展关系，签订和履行有关协议。"第一百五十二条规定："对以国家为单位参加的、同香港特别行政区有关的、适当领域的国际组织和国际会议，香港特别行政区政府可派遣代表作为中华人民共和国代表团的成员或以中央人民政府和上述有关国际组织或国际会议允许的身份参加，并以'中国香港'的名义发表意见。香港特别行政区可以'中国香港'的名义参加不以国家为单位参加的国际组织和国际会议。"《澳门特区基本法》第一百三十六条规定："澳门可在经济、贸易、金融、航运、通讯、旅游、文化、科技、体育等适当领域以'中国澳门'的名义，单独地同世界各国、各地区及有关国际组织保持和发展关系，签订和履行有关协议。"第一百三十七条规定："对以国家为单位参加的、同澳门有关的、适当领域的国际组织和国际会议，澳门政府可派遣代表作为中华人民共和国代表团的成员或以中央人民政府和上述有关国际组织或国际会议允许的身份参加，并以'中国澳门'的名义发表意见。澳门可以'中国澳门'的名义参加不以国家为单位参加的国际组织和国际会议。"

第二节　纵向府际权力配置与职责体系的调整

正如前文所述，新中国成立以来我国纵向府际权力配置的总体轨迹是收放循环。伴随着权力的集分改革，政党、国家、社会权力结构发生了变化，纵向府际关系得到了调整，职责体系格局也受到了深刻的影响。

一、集权分权与权力结构的变化

集权与分权是中国政治发展的重要主题，涉及政党、国家、社会之间的基本关系。与西方的"国家–社会"关系有所不同，由于中国共产党的领导核心作用，我国"国家–社会"关系具有较强的特殊性。新中国成立以后，中国共产党通过构建一套严密的组织体系与组织网络，实现了对国家和社会的有效渗透与政治吸纳。这套权力组织网络成为中国共产党领导进行社会主义建设、应对社会管理危机的重要载体。改革开放后，在分权化浪潮的推动下，政党对这套组织网络进行了结构性的调整，但是，其在这一体系中的核心地位依旧不可撼动——中国共产党正是通过这套体系来领导国家与社会的。这一特殊性反映到政府运行中，表现为关于政府职责体系的考察必须放到政党、国家、社会的基本场域中来。

（一）集权与以政党为核心的吸纳体系

1949 年 9 月 30 日，在中国人民政治协商会议第一届全体会议上，毛泽东同志起草的《中国人民大团结万岁》中说到："全国同胞们，我们应当进一步组织起来。我们应当将全中国绝大多数人组织在政治、军事、经济、文化及其他各种组织里，克服旧中国散漫无组织的状态……"①"再组织化"的论调为新中国成立以来的社会主义建设事业定下了基调。从马克思主义的基本理论和我国的革命实践看，这种"再组织化"大致是沿着首先夺取政权、然后利用政权力量改造生产关系、最终形成有效的组织体系这一路径进行的。这种逻辑导致的直接结果就是——革命后"再组织化"的主导力量不是经济、而是政治。换言之，新中国成立以后的再组织化主要是伴随着社会主义制度的确立和社会主义的改造而逐步完成的，具体地说，就是主要围绕着政治上的阶级斗争和经济上的所有制改造而展开的。②但是，必须注意的是，无论是前者还是后者，都是在中国共产党的直接领导下进行的；也正因如此，任何新成立的或经旧组织改造而来的组织，都必然直接或间接地围绕在中国共产党这个核心周围。顺理成章地，伴随着再组织化的过程，中国共产党也就形成了自己的组织网络，对国家和社会形成了强大的控制，催生出一种政党、国家、社会"三位一体"的权力结构。

(二)分权与以政党为核心的组织体系对国家、社会的限制

改革开放以前，政党、国家、社会"三位一体"的权力结构禁锢了地方的自主性，阻碍了经济要素的流动，也限制了社会发展的活力，型塑了一种刻板甚至停滞的社会历史环境。改革开放以后，邓小平同志敏锐地发现了这一

---

① 《建国以来毛泽东文稿》(第 1 册)，中央文献出版社，1992 年，第 11~12 页。

② 林尚立教授认为，政治上的阶级斗争主要是打碎旧的社会结构和社会组织；而经济上的所有制改造，主要是确立新的社会结构和新的社会组织。就前者而言，在中国革命过程中，阶级斗争的主要形式就是通过革命推翻旧的阶级统治，确立以无产阶级为核心的人民政权。由于这种阶级斗争贯穿中国政治革命始终，所以，尽管大规模的社会组织化是在解放后才开始的，但是其源头在解放前的根据地建设中就已形成，主要体现为农村社会阶级结构和社会组织方式的变化，其中社会阶级结构的变化是整个社会组织方式变化的前提。就后者而言，所有制改革的核心取向就是利用社会主义的公有制代替任何形式的私有制。在社会主义制度下，组织化的社会生产是公有制确立的前提。这样对于那些已经是组织化生产的企业来说，所有制改造就是使企业的产权由私人产权变成国家产权，而对于那些个人生产者来说，所有制改造的重要任务，就是使分散的个体生产者组织起来，发展合作经济。参见林尚立：《集权与分权：党、国家与社会权力关系及其变化》，《革命后社会的政治与现代化》，上海辞书出版社，2002 年，第 155 页。

影响社会主义建设的关键问题,并旗帜鲜明地提出,一方面要将人的思想解放与民主建设联系起来,把民主视为解放思想的重要条件之一,另一方面要把人的思想解放与人的利益联系起来,把保障和实现人的利益作为发挥其主观能动性的基础,同时在思想解放、民主建设和利益保障的基础上,有计划地建设社会主义政治文明、经济文明和物质文明。①在抽象的意义上,无论是思想解放、民主建设、利益保障或政治进步,实际上都体现着对传统集权的负反馈,蕴含着对分权的呼唤。

　　结合现实情况,中央审慎地考虑改革路径问题,并最终确立以经济改革为切入口、渐进式地推动政治体制改革的方案。"现在我国的经济管理体制权力过于集中,应该有计划地大胆下放,否则不利于充分发挥国家、地方、企业和劳动者个人四个方面的积极性,也不利于实行现代化的经济管理和提高劳动生产率。应该让地方和企业、生产队有更多的经营管理的自主权。"②此后,我国开启了一系列以经济权限下放为主要内容的改革。前文中论述的多元化分权的三种方式,实际上就是"经济分权与政治集权"(或者说是"政治集权下的经济分权")的三种表现形式。

　　但与此同时必须注意,我国经济分权改革是在不根本触及原有权力结构的基础上进行的。③也可以说,改革本质上表现为对原有权力结构的适应性调整。自然,在权力组织网络体系没有发生根本变化的前提下,经济分权和政治分权所形成的党与国家、党与社会以及国家与社会权力关系的变化,都只能在权力组织网络所确立的范围内进行。④这也就是为何,当分权改革

---

①　参见《邓小平文选》(第二卷),人民出版社,1994年,第144~147页。

②　同上,第145~146页。

③　党的十三大报告中曾尝试对这种权力结构进行一些调整,如"政府各部门现有的党组各自向批准它成立的党委负责,不利于政府工作的统一和效能,要逐步撤销""现在由上级行政部门党组织垂直领导的企事业单位的党组织,要逐步改由所在地方党委领导"。但是从后期的改革成效看,并未取得根本突破。

④　参见林尚立:《集权与分权:党、国家与社会权力关系及其变化》,《革命后社会的政治与现代化》,上海辞书出版社,2002年,第188页。

进行到一定程度的时候,就必然会面临政党与国家、政党与社会这类关系的制度性掣肘。

当然,改革并非一朝一夕,关于"何种结构模式是最恰适的"的争论也需要实践的进一步检验。结合既有内外部条件来看,有必要将政府纵向职责体系置于政党、国家、社会"三位一体"的场域中进行系统考察。

(三)在政党、国家、社会"三位一体"的场域中考察政府职能转变与政府纵向职责体系构建

从1986年中共中央"关于第七个五年计划的报告"中首次正式提出"政府机构管理经济的职能转变"算起,我国关于政府职能转变的理论研究与实践探索已经近三十多年了。虽然相关研究和探索已经取得了显著的成效,但不可否认的是,关于政府职能转变的研究尚滞后于行政实践的需求。特别是在对21世纪以来学界相关文献的系统梳理后发现,有相当一部分理论成果,实质上并未触及政府职能转变的深刻内涵。极端一点说,"政府职能转变"仅仅成为带有宣传口号性质的术语。无论是在行政改革还是在理论研究中,似乎不谈"政府职能转变"就"外行""跟不上潮流"了,但是,关于职能转变究竟如何落实到位、职能转变的普遍性与特殊性等重大理论问题,还有待更加深入的探索。当然,政府职能转变研究陷入尴尬存在着诸多原因,其中,较少将政府职能转变置于政党、国家、社会"三位一体"的场域中进行考察,可能是关键因素之一。

政府职能转变从来都不是一个单一的问题,而是影响着政治、经济、文化、社会、生态等诸多体制改革的重要变量。在我国这样一个单一制国家,加之中国共产党不但占据"执政"地位、而且占据"领导"地位的特殊背景,将政府职能转变置于政党、国家、社会"三位一体"的场域中进行考察,不仅有理论上的必要性,更有实践上的紧迫性。政府职能的转变从微观层面看影响的是政府履职和行政绩效,但从更为宏观的视角看,则会影响整个社会的权力体系和权力结构。这一点应当作为考察政府职能转变的重要理论前提。具体

地说,可以从以下两个方面来加以论述:

首先,中国共产党在社会组织网络中居于核心地位,政党对国家、社会的渗透与吸纳是体系运行的关键要素。也就是说,考察政府职能转变必然离不开政党的作用。考察政府职能转变不能仅仅局限于政府内部或者政府与国家、社会之间的关系,而是要在突出政党领导的前提下,重点考察党政关系对政府职能转变的影响。在现有体制中,中央集权有可能蜕变为党的中央集权这一事实注定了在考察政府各项职能,特别是纵向政府各项职能的时候,必须将政党的组织网络体系考虑进来。

其次,正因为政党的吸聚作用,地方分权带来的"松绑"效应可能在一定程度上被抵消。改革开放以来,我国进行了一系列分权改革,并强有力地推动了经济的快速发展和政治民主的进步。但是,这种分权改革本质上是"放权"改革,权力的"集"与"分"是在体系内以一种非制度化的方式进行的。如果只在单一体系当中,这种非制度化改革的影响或许还会小一些;但在有多种组织网络运行的体系中,如果不能对这些系统进行有效协调,反而可能催生诸多制度层面的掣肘。

未来在进一步研究和分析如何转变政府职能、健全政府职责体系的过程中,必须将这两者考虑进去,从而为理论上的突破和实践上的演进提供动力。

二、集权分权与政府的有效履责

权力在纵向上如何分配是政府体系运行的基础,权力集分改革往往能够有效推动政府职责体系的变化。但是必须指出的是,权力集分改革和政府有效履责之间并无必然的逻辑关系,甚至可能带来一些反效果。

历史地看,新中国成立以来,我国先后进行了多次放权改革,但大抵逃不过"一放就乱、一收就死"的循环。即便是以改革开放以来的情况看,收放循环虽然表现地没有之前那么明显,但仍然存在收放循环的"蛛丝马迹"。这一过程本身就意味着改革未能达到预期目标,未能实现政府的有效履责。在这个意义上,权力的收放并不意味着政府职责的厘清,甚至在这一过程中导致政府履责陷入困境的情况也并不鲜见。例如上级政府把更适合下级政府行使的事权下放给相应层级的政府,但是对应的财力支持却并没有跟上,结果导致下级政府在同等财力下承担了更多事务,从而减弱了其行动的能力与动力,反而降低了行政效能、削弱了履责效果。为了便于理解,此处以我国安全生产监督管理体制改革为例进行佐证。新中国成立以来,我国安全生产监督管理体制几经变化,大致经历了四个阶段。

(一)第一个阶段是劳动部门综合管理时期(新中国成立以后到1998年之前)

在这一时期,我国安全生产(劳动保护)管理体制的基本模式是:劳动部门综合管理全国职业安全卫生、矿山安全卫生、锅炉压力容器安全和全国安全生产工作,负责制定政策、法规和技术标准,行使国家监察的职权。劳动部设置劳动保护局(或劳动保护司、职业安全卫生局)、矿山安全卫生监察局、锅炉压力容器安全监察局等内设机构;行业主管部门负责本行业和领域的安全生产工作,如煤炭工业部设置安全司,具体承担本部门和本行业的安全生产工作。

(二)第二个阶段是国家经济贸易委员会综合管理时期(1998年至2000年)

这一时期,国务院9个工业部改组为国家经济贸易委员会管理的国家局。国家经贸委会负责指导全国安全生产、协调处理重大安全事故,综合管理全国安全生产工作。1998年,根据九届全国人大一次会议批准的国务院机构改革方案和《国务院关于机构设置的通知》(国发〔1998〕5号),国务院办公厅印发了《国家经济贸易委员会职能配置、内设机构和人员编制规定》(国办发〔1998〕121号)、《劳动和社会保障部职能配置、内设机构和人员编制规定》

（国办发〔1998〕50 号）等"三定"规定，对原劳动部和各工业部门承担的安全生产监管职能进行了调整。1999 年，国务院办公厅印发《煤矿安全监察管理体制改革实施方案》（国办发〔1999〕104 号），实行中央垂直管理的煤矿安全监察体制；设立国家煤炭安全监察局，与国家煤炭工业局"一个机构、两块牌子"。2000 年 3 月，根据中央编办《关于国家煤炭工业局内设机构调整的批复》（中编办字〔2000〕20 号），在国家煤炭工业局有关内设机构加挂国家煤矿安全监察局安全监察司、安全技术装备保障司、政策法规司的牌子。

（三）第三个阶段是安全监管机构独立设置时期（2001 年至 2018 年）

这一时期又可以进一步划分成三个阶段。首先是 2001 年至 2003 年，单设国家安全生产监督管理局（国家煤矿安全监察局），由国家经贸委管理。2000 年，根据《国务院办公厅关于印发国家经贸委管理的国家局机构改革和国家经贸委机关内设机构调整方案的通知》（国办发〔2000〕81 号）和《国务院办公厅关于印发国家安全生产监督管理局（国家煤矿安全监察局）职能配置内设机构和人员编制规定的通知》（国办发〔2001〕1 号）的规定，撤销国家煤炭工业局，设立国家安全生产监督管理局，与国家煤矿安全监察局"一个机构、两块牌子"。

其次是 2003 年至 2005 年初，成立国务院直属机构（副部级）国家安全生产监督管理局（国家煤矿安全监察局）。2003 年 3 月，根据十届全国人大一次会议通过的国务院机构改革方案和《国务院关于机构设置的通知》（国发〔2003〕8 号），国家安全生产监督管理局（国家煤矿安全监察局）调整为国务院直属机构（副部级）。2004 年 11 月，为进一步加强煤矿安全生产工作，按照"权责一致"和"充分发挥各方面积极性"的原则，国务院办公厅印发了《关于完善煤矿安全监察体制的意见》（国办发〔2004〕79 号），明确煤矿安全国家监察、地方监管职责，建立健全煤矿安全监察、监管协调工作机制，加强对地方煤矿安全监管工作的检查指导，完善煤矿安全监察体系、建立监察执法责任追究制度。

最后是 2005 年初至 2018 年,成立国务院直属机构(正部级)国家安全生产监督管理总局。2005 年 2 月,国务院印发《关于国家安全生产监督管理局(国家煤矿安全监察局)机构调整的通知》(国发〔2004〕4 号),国家安全生产监督管理局调整为国家安全生产监督管理总局(规格为正部级),国家煤矿安全监察局单设(规格为副部级),作为总局管理的国家局。2008 年 7 月,根据第十一届全国人民代表大会第一次会议审批批准的《国务院机构改革方案》和《国务院关于机构设置的通知》(国发〔2008〕11 号)、《国务院关于部委管理的国家局设置的通知》(国发〔2008〕12 号),国务院办公厅印发《国家安全生产监督管理总局主要内设机构和人员编制规定》(国办发〔2008〕91 号)、《国家煤矿安全监察局主要职责、内设机构和人员编制规定的通知》(国办发〔2008〕101 号)。2010 年 10 月,中央编办《关于职业卫生监管部门职责分工的通知》(中央编办发〔2010〕104 号),规定国务院有关部门在职业卫生监管方面的职责分工,其中将组织拟定部分国家职业卫生标准、职业卫生"三同时"审查及监督检查、职业卫生技术服务资质管理等职责由卫生部划归安全监管总局。

(四)第四个阶段是应急管理部综合管理时期(2018 年以来)

2018 年《深化党和国家机构改革方案》撤销了"国家安全生产监督管理总局",将相关职能和国务院办公厅的应急管理职责、公安部的消防管理职责、民政部的救灾职责等进行整合,组建了应急管理部。国家煤矿安全监察局作为单列国家局保留,改由应急管理部管理。

结合安全生产监督管理体制的历史沿革看,管理权限和管理内容进行过多次的调整与组合。但是即便经历了如此巨大的调整,安全生产监管体制不顺、监督管理不到位、职责履行不到位的现象仍然相对显著。虽然这些问题的出现,不能完全归咎于权力配置方面的原因,但至少在最低限度的意义上可以证明,权力的重新配置并不必然意味着职责体系的完善和政府履责的加强。

　　早在 1999 年,我国就设立了国家煤炭安全监察局,并实行中央垂直管理的体制。当时,煤炭行业在国民经济中占据着重要地位,同时由于地方可能存在的权力寻租与 GDP 导向,以及煤炭行业事故频发、煤炭百万吨死亡率居高不下①的现实情况,加强中央对地方的宏观调控极有必要。实行中央垂直管理正是在这一背景下实现中央集权的重要措施。应当说,实行垂直管理以来,煤炭行业安全管理取得了明显改善,连续十多年实现事故总量、重特大事故和主要相对指标大幅度下降,安全生产整体水平也显著提升。②但由此反推, 是否可以得出,"实行选择性集权以后, 中央和地方的职责就清晰了"这一结论呢? 结合实际来看,这或许也是存疑的。根据调研收集的资料看,以省级煤矿安全监察局为例,实际工作开展中面临着重大难题,机构职能面临不少困境,例如在实际工作中与省安监局的职能重叠非常严重,对地方政府监察容易流于形式,面临着事实上的双重领导③等。正如 H 省煤矿安全监察局的 G 曾无奈地表示:"我们省煤监的工作面临着很大的困难, 总起来说就是三句话——国家局靠不上、地方政府靠不住、煤炭企业靠不得。"④

　　来自实践界的声音为考察集权分权与政府有效履责提供了某种可能的视角。从根源上看,之所以会出现"国家局靠不上、地方政府靠不住"的尴尬局面,很大程度上源自改革并未对政府纵向职责进行有效梳理:煤炭安全监管领域实行垂直管理, 但是国家局和地方局之间究竟应当各自履行什么职责,应当进一步厘清,否则就容易出现"国家局靠不上"的窘境;作为垂直管理的煤炭安全监管部门,因为要接受同级安委会的领导,必然就涉及与属地政府的协同合作问题,如果不能形成有效的沟通协调机制,自然也容易导致

①　2000 年,全国煤炭百万吨死亡率高达 5.71。这一数据是西方发达国家的几十甚至几百倍。

②　2013 年全国共发生各类安全事故 30.9 万起、死亡 6.9 万人,其中重特大事故 49 起、死亡 865 人。2014 年 1—7 月,全国共发生各类事故 17.6 万起,死亡 3.16 万人,其中重特大事故 22 起,死亡 228 人。2013 年全国煤炭百万吨死亡率降至 0.288。这些数据较前些年已经大大改观了。

③　除了接受上级部门的领导外,实际上还接受同级安委会的领导。

④　访谈资料(2014-09-25)。

"地方政府靠不住"。这些系列问题都集中地暴露出一个根本性的矛盾，即权力纵向配置与政府有效履责之间如何协调。这一点需要学界和政界给予更多关注。

第三节　合理确权是构建职责体系的核心原则

正如前文所述，我国长期以来政府职能转变不到位、纵向职责体系不健全的原因，很大一部分在于纵向权力配置的非制度化。在集权与分权（或收权与放权）的原则指导下，纵向权力的频繁变动实际上不足为奇，也就自然会导致职责、机构的变化。未来，有必要将合理确权作为指导纵向权力配置、构建职责体系的核心原则，首先考察哪些权力究竟应当划分给哪个层级的政府，然后借助法律法规将这一结构制度化，从而实现纵向权力配置的规范化，并在此基础上，推动政府职能的切实转变和纵向职责体系的有效构建，进而推进国家治理现代化。

一、合理确权的本质是制度性分权

正如前文所述，长期以来我国政府职能转变改革不到位的关键性原因之一，就在于纵向府际权力配置的非制度化。相应地，在未来的改革中，着力点应当置于如何实现权力配置的制度化上。作为一种理论探索，合理确权的本质恰恰就在于实现制度性分权，致力于形成清晰、明确的权力配置格局。

新中国成立以来集权分权的改革历程，往往是中央在研判形势的基础上，通过文件的形式将一部分权力下放给地方政府；经过一段时间的运行后，如果运行不畅或者遭遇困境，例如导致"诸侯经济"或中央调控能力减弱，中央又通过文件的形式收回原先下放的权力。在这一改革过程中，中央和地方的实际角色发生了巨大的变化，导致原有的旧体制框架无法反映或容纳中央与地方之间关系的实际运作。与此同时，在"权力下放"导向下发展出的央地关系，由于得不到制度的有力支撑，充满着不规范、不稳定的因子。在这个意义上，央地关系运作实践的非制度化，既给新的制度因素的成长提供了一定的空间，也成为央地关系运行陷入困境的重要诱因，甚至是导致集分循环的内在原因。这一逻辑带来的思考在于：如何才能最大程度地减少系统的随意性和不稳定性？或者更抽象地说，如何实现分权的制度化？

很显然，制度化分权因其"制度化"的限定而与一般的"权力下放"主张不同。[①]按照吴国光教授的解释，制度化分权大致包含以下含义：制度化分权主张要改造现有的政治结构与法律体系以实现中央和地方的分权，具体地说就是：借助政治结构的调整和法律体系的嬗变，一方面保护和鼓励地方已经形成的促进社会经济发展的动力和功能，另一方面保证和加强中央的某些权力。这样，在中央和地方各具权力基础和权力范围的情况下，形成新的、相对稳定和确定的"有集有分、集分恰适"的制度体系。[②]这种试图将分权制度化的努力，其内核恰恰与合理确权相同。在这个意义上，也可以说，合理确权的本质就是制度性分权。

简而言之，合理确权是对原有的非制度性、随意性较强的分权模式的理论反思。在这一原则指导下的改革过程，逻辑上可以大致划分为相互衔接的两个阶段：首先是明确中央和地方应当具有何种权力，合理划定权力范围的基础上，加强和保障各自的权力；然后借助政治结构的相应改变和法律体系的相应调整承认并确定央地关系格局，给予地方的自主性以合法地位，并巩固中央的地位与权威。这种改革至少在理论上是可行的，在实践层面也存在一定的可操作性。

---

① 参见吴国光、郑永年：《论中央—地方关系：中国制度转型中的一个轴心问题》，牛津大学出版社，1995 年，第 15 页。

② 参见吴国光：《论制度化分权》，《二十一世纪评论》，1996 年第 6 期。

二、合理确权意味着府际关系协调模式的变化

在人类几千年的文明史中，中央和地方关系始终是多层级国家广泛关注的核心问题。特别对于我国这样一个包含五个层级、异常复杂的体系，中央和地方关系更是考察政治体制改革与行政体制改革、推动政府职能转变和国家治理现代化中绝对绕不开的问题，从根本上关系着国家统一、社会稳定与治理绩效。

自从新中国成立以来，"集权-分权"的视角就成为分析中央和地方关系的主流范式。一直以来，虽然对于诸如"集权好"还是"分权好"，"集权多好"还是"分权多好"等问题存在争议，但集分视角下央地关系改革的基本原则大体上是充分发挥集权、分权的制度优势，尽量避免集权、分权的劣势，并通过权力集分的不断调整来实现权力结构的优化与平衡。这一点也已经成为学界的基本共识。[1]然而，结合新中国成立以来的发展历程看，在这一思维指导下的改革大抵逃不脱集分循环的怪圈。这一现实值得引起深刻的反思。

通过历史比较和理论梳理可以发现，很多关于改革的混乱认识实际上源自历史和理论的双重困境、依靠主观想象来判断改革形势以及冷战思维和斗争哲学导致的对立思维的流行。[2]具体到央地关系调整之中，直观表现为集权与分权的二元对立，以及改革思维陷入非此即彼的逻辑误区之中。

事实上，在政治学的基础理论中，同样是分权，行政性分权可能导致行政部门和地方政府的集权，而市场化分权则需要有权威的中央集权来支持、推动。[3]进一步说，无论是集权、还是分权，都不能从绝对的数量意义上来理

---

① 参见张成福、边晓慧：《超越集权与分权，走向府际协作治理》，《公共管理与政策评论》，2013年第4期。

②③ 参见杨光斌：《走出"集权—分权"的二元对立误区——论十八届三中全会〈决定〉中的集权与分权问题》，《中国特色社会主义研究》，2014年第1期。

解。换言之,集权并非越多越好,也并非越少越好;同理,分权并非越多越好,也并非越少越好。问题的关键在于,应当弄清楚哪些权力应该集、哪些权力应该分。理想的状态是该集的权要集到位、该分的权要分到位。只有这样,才能切实有效地推动央地关系变革、推动各项体制机制改革以及经济发展与社会进步。

确权原则无疑是跳出集权分权窠臼的一种有效的、大胆的尝试。确权不再拘泥于诸如"集权好"还是"分权好","集权多好"还是"分权多好"等问题的争论,而将讨论的重点放到哪些权力应该集、哪些权力应该分的层面上,并努力实现"应集尽集、应分尽分"的理想状态。当然,这是一种理想状态中的追求,甚至可以说,"应集尽集、应分尽分"仅仅存在于理论层面。在社会环境不断变动、体制运行不断出现"偏离"①的现实情境中,不可能在实践中完满地实现"应集尽集、应分尽分"。但是,无论如何,这种跳出"集权–分权"、实现"合理确权"的思维模式,能够为府际关系的有效调整和各项体制机制改革的有效推进提供参考。

三、合理确权意味着权力划分方式的转化

确权不仅是跳出集权分权思维模式的变化, 还意味着权力划分方式的转化。传统意义上,我国采取的是"放权"——这里的"放"字,本身就内含着从上而下、从高到低的意义。这种划分方式虽然是必要的和有效的,但却内生着某种不稳定性,一方面,上级政府虽然已经把权力"放"下去了,但仍然觉得权力是"自己的",例如行政审批权下放中出现的虚假下放、半下放等现象;另一方面,下级政府承接的是上级"放"下来的权力,自然可能担心是否

---

①　这里借用了朱光磊教授在《当代中国政府过程》一书中对"偏离"的解释。所谓"偏离",意味着实际状态与理想状态之间,必然存在的差别。参见朱光磊:《当代中国政府过程》,天津人民出版社,2008 年,第 12~13 页。

会被"收回"，导致权力行使过程走向"畏畏缩缩"或"过度行使"的极端。因此，改变"权力下放"的划分方式，对于推进体制改革和经济社会发展可能会起到重要作用。合理确权恰恰提供了一种可能路径。

传统意义上，"放权"是我国政治话语体系中的主流表达方式。这一术语的泛滥，一方面源于我国政治文化的熏陶，另一方面也源于我国现实政治环境的影响。在传统儒家政治文化的洗礼和熏陶下，中央政府往往具有强烈的"父爱主义"导向。在这一导向下，中央总是担心地方（以及社会、市场）无法自主、有效地行使权力，从而会"理直气壮"地代行。与此同时，新中国成立的历史经验以及成立初期为了快速完成社会主义改造和工业化建设的历史目的，塑造了中央政府集权的政治格局；彼时，借助政党组织和政府组织体系的运行，中央有效地控制并渗透进地方，从而能够在短期内围绕特定项目、调动大量资源、实现特定目标。这也就是所谓的"集中力量办大事"。

然而现代社会是一个多元共治的场域。权力在多元主体间的分散是历史的必然，也是推进国家治理体系和治理能力现代化的重要保障。植根于传统政治文化与现实政治环境，我国多元主体间的分权往往以"权力下放"的形式表现出来。但是，这一术语本身，就包含着自上而下、由高到低的意味。在现实的政治实践中，这种权力划分方式，往往蕴含着体系的不稳定，由此而出现"集分循环""一放就乱、一收就死"等怪状也就不足为奇了。

顺理成章地，既然问题的症结在于"集"和"分"本身，那么单纯地借助集或分必然无法有效地调节矛盾。为了应对这一问题，有必要跳出或集或分的思维模式，寻找一种新的权力划分方式。合理确权无疑就是一种可能的尝试。合理确权不再强调自上而下的"放"，避开逻辑上的高低位差，而从应然性的层面出发，考察哪些权力应当归属于哪个层级，并借助制度化的方式固定下来，借此塑造恰适的政府纵向职责体系。

在这个意义上，合理确权意味着从中央到地方的各级政府具有明确的权限和责任。在实践中，上级政府除了保持必要的监督之外，不对下级政府进行过多的干预;同时借助制度化力量维持权力纵向配置格局,督促各级政府各司其职、各履其责,从而构建一种从中央到地方、划分明确、运转顺畅的政府纵向职责体系。通俗地讲,该是哪一级政府的职责,就落实到哪一级政府,上级政府不要"指手画脚";上级政府应当加强监督,督促其履行好自己的"事责",同时,对于本应当履行某项职责却未履行该项职责的政府,应当受到相应的惩罚。

总而言之,长期以来,我国都将集权、分权作为分析政府间纵向关系和政府体系运行的主线。这一逻辑虽然是必要的,也起到了至关重要的作用,但面临新时期、新情况,如果继续沿用简单的二元思维模式,或许无助于政府间纵向关系的进一步调试。因此,有必要突破二元局限,选择一种新的逻辑路径。合理确权恰恰可能承担着这样的角色。

合理确权的本质是制度性分权,意味着府际关系协调模式的变化和权力划分方式的转化。未来,应当着力明确从中央到地方各层级政府的权限和责任,以政治结构的相应改变和法律体系的相应调整为支撑,督促各级政府有效履责,塑造协调、高效的政府纵向职责体系。

第五章

从失衡到均衡：
政府纵向职责体系的内源要素

政府职能是一个历史的范畴。在不同的历史时期，政府的职责内容及其履责方式都会存在差异、甚至是较大的差异。这一变化反应到财政领域，直观地表现为政府支出结构的变化。反过来说，政府支出结构的变化同样也透视出不同历史时期政府职能的履行状态。因此，梳理改革开放以来财税体制改革的历史脉络，考察政府支出结构变迁的总体规律与基本特征，并论证财政支出结构优化与政府职能转变的逻辑关联，有助于剖析政府纵向职责体系的运行机制、推进政府纵向职责体系的构建和国家治理的现代化。

第一节　改革开放以来财税体制改革的历史变迁

如果对改革开放以来历届中央委员会全体会议的议题做一个简单的对比分析，可以发现一个大致的规律：一中全会主要涉及领导层的选举问题；[1]

---

[1]　例如选举中央政治局委员、选举中央政治局常务委员会委员、选举中央委员会总书记；通过中央书记处成员；决定中央军事委员会组成人员；批准中央纪律检查委员会第一次全体会议选举产生的书记、副书记和常务委员会委员人选等。

二中全会在全国两会换届前召开，一般讨论两会换届以及国务院机构改革问题；三中全会则重点涉及经济体制改革以及"三农"问题（参见表 5-1）。

表 5-1　改革开放以来历次三中全会一览

会议名称	时间	决议或报告	重要表述
中国共产党第十一届中央委员会第三次全体会议	1978 年 12 月 18 日至 22 日	《解放思想，实事求是，团结一致向前看》*	把党和国家的工作重心转移到经济建设上来，实行改革开放
中国共产党第十二届中央委员会第三次全体会议	1984 年 10 月 20 日	《中共中央关于经济体制改革的决定》	增强企业的活力，特别是增强全民所有制的大、中型企业的活力，是经济体制改革的中心环节。要使企业真正成为相对独立的经济实体 随着利改税的普遍推行和企业多种形式经济责任制的普遍建立，按劳分配的社会主义原则将得到进一步的贯彻落实
中国共产党第十三届中央委员会第三次全体会议	1988 年 9 月 26 日至 30 日	《关于价格、工资改革的初步方案》	价格、工资改革实际上是改革的全面深化
中国共产党第十四届中央委员会第三次全体会议	1993 年 11 月 11 日至 14 日	《中共中央关于建立社会主义市场经济体制若干问题的决定》	一是把现行地方财政包干制改为在合理划分中央与地方事权基础上的分税制，建立中央税收和地方税收体系。二是按照统一税法、公平税负、简化税制和合理分权的原则，改革和完善税收制度。三是改进和规范复式预算制度
中国共产党第十五届中央委员会第三次全体会议	1998 年 10 月 12 日至 14 日	《中共中央关于农业和农村工作若干重大问题的决定》	以农村集体和农户投入为基础，逐步增加财政对农业的投资，引导信贷资金和社会资金更多地投向农业。中央和地方都要大幅度增加投入 国家要加大财政转移支付力度

续表

会议名称	时间	决议或报告	重要表述
			度,调整加工业布局,优先安排基础设施重点建设项目,支持中西部地区经济发展
中国共产党第十六届中央委员会第三次全体会议	2003年10月11日至14日	《中共中央关于完善社会主义市场经济体制若干问题的决定》	分步实施税收制度改革。按照简税制、宽税基、低税率、严征管的原则,稳步推进税收改革。健全公共财政体制,明确各级政府的财政支出责任。改革预算编制制度。建立预算绩效评价体系
中国共产党第十七届中央委员会第三次全体会议	2008年10月9日至12日	《中共中央关于推进农村改革发展若干重大问题的决定》	健全农业投入保障制度,调整财政支出、固定资产投资、信贷投放结构,保证各级财政对农业投入增长幅度高于经常性收入增长幅度
中国共产党第十八届中央委员会第三次全体会议	2013年11月9日至12日	《中共中央关于全面深化改革若干重大问题的决定》	财政是国家治理的基础和重要支柱,科学的财税体制是优化资源配置、维护市场统一、促进社会公平、实现国家长治久安的制度保障。必须完善立法、明确事权、改革税制、稳定税负、透明预算、提高效率,建立现代财政制度,发挥中央和地方两个积极性
中国共产党第十九届中央委员会第三次全体会议	2018年2月26日至28日	《中央关于深化党和国家机构改革的决定》**	以加强党的全面领导为统领,以国家治理体系和治理能力现代化为导向,以推进党和国家机构职能优化协同高效为着力点……积极构建系统完备、科学规范、运行高效的党和国家机构职能体系

　*《解放思想,实事求是,团结一致向前看》是邓小平同志在1978年12月13日的中共中央工作会议闭幕会上的讲话;这次讲话实际上成为中共十一届三中全会的主题报告。

　2018年中共十九届三中全会的召开时间、主题与前几届三中全会差异较大。

　资料来源:笔者根据改革开放以来历届三中全会相关资料整理而成。

从过程理论的角度看,中国的政府过程可以划分为意见的表达、意见的综合、决策以及决策的执行等步骤。在这一动态过程中,意见的综合正是在中国共产党的领导下"把各个方面所表达的政治意见汇集起来,在各种相关政治力量的交互作用下形成一定的政策选择的过程"①。具体到这里,则可以大略地说,作为"意见综合"的三中全会,将各方关于经济体制改革或"三农"问题等的意见综合起来,为进入政府决策做了相应准备。通俗地说就是,三中全会为来年的财政改革定下了"调子"。在三中全会之后,政府会有计划地推出一系列财政改革措施。而这一系列改革,往往会直接反映到政府财政收支的总量与结构上。因此,以历届三中全会为主线来串联和梳理改革开放以来政府支出结构的变迁,大致可以以"十年"为一个考察周期;在不同的周期内,财政体制改革的重点和政府职能的重心均有所不同,相应地,财政支出结构也会发生显著变化。

一、1984 年利改税:政企关系

(一)利改税的主要内容

中共十一届三中全会以后关于税制改革,特别是国营企业税制改革的问题引起了广泛关注。经过一系列酝酿与准备,国内开启了关于税制改革的调研与试点工作。此次试点大体上包括两个阶段:第一阶段是从 1979 年起,在湖北省光化县、广西壮族自治区柳州市、上海市和四川省的部分国营企业中,开展对国营企业征收所得税的试点,即利改税的试点;第二阶段是从 1980 年第四季度开始扩大利改税试点范围。

1980 年 9 月,国务院同意并转发国家经济委员会报送的《关于扩大企业自主权试点工作情况和今后工作意见的报告》中提出:要积极进行"企业独

---

① 朱光磊:《当代中国政府过程》,天津人民出版社,2002 年,第 113 页。

立核算，国家征税，自负盈亏"的试点。1980 年 11 月，财政部印发了《关于1980 年在少数工业企业进行利改税试点的意见》，从而掀开了利改税改革的帷幕。1981 年 8 月初，财政部向国务院报送了《关于改革工商税制的设想》并得到国务院批准。这一试点改革取得了较好的成效，[1]也为后续进一步推广打下了基础。

1982 年 11 月 30 日，第五届全国人民代表大会第五次会议通过的《关于第六个五年计划的报告》中明确提出：要积极稳妥地加快经济体制改革的进程，并就计划、价格、税收等重大改革项目做出全面部署，将对国营企业逐步推行"以税代利"和改进国家与企业的关系作为工作的重点。[2] 1983 年 4 月，国务院批准了财政部《关于国营企业利改税试行办法》，决定开始实行利改税的第一步，即实行税利并存的制度。从改革效果看，实行第一步利改税之后，企业所得利润和国家的财政收入均大幅度增加了。[3]

1984 年 8 月 10 日，财政部向国务院报送了《关于在国营企业推行利改

① 根据对湖北省光化县、广西壮族自治区柳州市、上海市和四川省 143 户"利改税"试点企业的统计，1980 年同 1979 年相比，销售收入增长了 9.3%，利润增长了 23.7%，上缴财政收入增长了15.9%，企业留利增长了 59.2%；1981 年与 1980 年相比，销售收入增长了 12.4%，利润增长了 9.7%，上缴财政收入增长了 5.4%，企业留利增长了 11.9%。参见刘佐：《国营企业"利改税"及其历史意义》，《税务研究》，2004 年第 10 期。

② 《关于第六个五年计划的报告》中对"利改税"的基本路径进行了规划："对国营大中型企业，要分两步走。第一步，实行税利并存，即在企业实现的利润中，先征收一定比例的所得税和地方税，对税后利润采取多种形式在国家和企业之间合理分配。这一步在六五计划期间就开始实施。第二步，在价格体系基本趋于合理的基础上，再根据盈利多少征收累进所得税。对小型国营企业，准备在今后三年内分批分期推行由集体或职工个人承包，租赁等多种经营方式，实行国家征税、资金付费、自负盈亏的制度。同时，要根据经济发展的需要，适当调整部分产品的工商税率，开征一些必要的新税种，进一步发挥税收集聚资金和调节生产、流通和分配的作用。"

③ 截至 1983 年底，全国实行"利改税"的国营工业、交通、商业企业共有 107145 户，占盈利国营企业的 92.7%。这些企业 1983 年共实现利润 633 亿元，比 1982 年增长了 11.1%。在增长的利润中，国家所得超过 60%，企业所得超过 30%。上述实行"利改税"的工业、交通、商业企业共留利 121 亿元，比 1982 年增长了 28.2%，大大地超过了工业产值、实现税利和上缴税利的增长幅度；企业留利占税利总额的比例由过去的 15.7% 提高到 17.9%。这一系列数据都无可辩驳地证明了"利改税"第一步改革的成功，并为下一步改革提供了经验。参见刘佐：《国营企业"利改税"及其历史意义》，《税务研究》，2004 年第 10 期。

税第二步改革的报告》和《国营企业第二步利改税试行办法》；1984 年 9 月
18 日，国务院批转了财政部报送的这两个报告，规定从 1984 年 10 月 1 日起
实行第二步利改税，并通过对原有税种、税率的结构性调整，使国营企业从
"税利并存"过渡到完全的"以税代利"时代。

（二）利改税的核心问题是政府与企业的关系

简单地说，利改税的主要内容就是将所得税引入国营企业利润分配之中，
把国营企业向国家上交利润改为缴纳税金，税后利润全部留归企业。换言
之，利改税改革的核心问题，也是核心难题，就在于处理政府与企业的关系。

随着中共十一届三中全会作出"把党和国家的工作重心转移到经济建
设上来"的战略决策，如何充分解放生产力、推动社会主义现代化建设，成为
党和国家亟待解决的问题。在对历史情况和现实状况进行研判的基础上，党
中央认识到权力过于集中、企业被"统得过死"、行政权力过度干涉企业运行
是经济管理体制的重大缺陷。①正是在这一"基本面"判断的基础之上，让企
业拥有更多的经营自主权、充分调动企业发展积极性成为改革破局的重要
措施。

在传统计划经济体制下，利润上缴是政府进行资源配置的重要方式之
一。所谓利润上缴，是指经营国有资产的企业，按照一定比例或合同规定上
缴给国家的一部分税后利润。在发展初期，这一方式确实为财力的集聚和
"集中力量办大事"提供了有力的支撑。但是，经过一段时间的发展之后，特

---

① 1978 年 12 月 22 日通过的《中国共产党第十一届中央委员会第三次全体会议公报》中明确
提出："现在我国经济管理体制的一个严重缺点是权力过于集中，应该有领导地大胆下放，让地方和
工农业企业在国家统一计划的指导下有更多的经营管理自主权；应该着手大力精简各级经济行政机
构，把它们的大部分职权转交给企业性的专业公司或联合公司；应该坚决实行按经济规律办事，重视
价值规律的作用，注意把思想政治工作和经济手段结合起来，充分调动干部和劳动者的生产积极性；
应该在党的一元化领导之下，认真解决党政企不分、以党代政、以政代企的现象，实行分级分工分人
负责，加强管理机构和管理人员的权限和责任，减少会议公文，提高工作效率，认真实行考核、奖惩、
升降等制度。采取这些措施，才能充分发挥中央部门、地方、企业和劳动者个人四个方面的主动性、积
极性、创造性，使社会主义经济的各个部门各个环节普遍地蓬蓬勃勃地发展起来。"

别是受到"1956—1966"以及"1966—1978"两次权力收放循环的影响,利润上缴制度运行中出现了一系列问题,尤其体现在企业发展积极性受挫、地方与企业形成联盟虚化利润等。为了解决这些问题,利改税方案应运而生。利改税实施之后的效果也足以证明这一决策的正确性,不仅地方企业的主动性、积极性受到了极大鼓舞,生产力也得到了极大解放。

与此同时,利改税还体现出政府资源配置模式的变革,是政府在商品经济(市场经济)条件下尝试对资源进行有效配置的重要方式。在计划经济体制中,政府部门制定的"计划"是指导国民经济发展的"晴雨表";但经过一段时间的发展之后,单纯依靠计划已经无法适应市场变化的需求了,甚至一定程度上成为限制市场发展的掣肘。因应着历史和现实需求,将所得税引入国营企业利润分配领域,就是突破"计划"钳制、充分解放生产力和有效进行资源配置的战略举措。

在更深层次的意义上,通过国营企业利改税和工商税制的全面改革,国家与企业的分配关系发生了极大改变,政府与企业的关系得到了极大调适,同时,税收收入占财政收入和国内生产总值的比重大幅度上升,税收的财政职能和经济杠杆效用也得到了较好的发挥,[1]从而有力地支持和推动了社会主义现代化建设。

二、1994 年分税制:央地关系

(一)"分税制"的主要内容

利改税之后,我国税制结构得到了极大完善,企业的主动性、积极性得到了显著提升,政府的财政收入也得到了明显增加。但是在政企关系得到一定程度调试的同时,另一个问题——中央和地方关系问题,开始越发尖锐起来。

---

① 参见刘佐:《国营企业"利改税"及其历史意义》,《税务研究》,2004 年第 10 期。

　　在分税制之前,我国实行的"分灶吃饭"、财政"大包干"等改革打破了传统的"统收统支""吃大锅饭"的局面,其优点毋庸置疑,但其弊端也同样显著,集中表现在"体制几乎年年变动""中央和地方几乎年年谈判"。财政体制的不稳定激化了中央与地方之间的矛盾——一方面"地方保护主义"和"诸侯割据"开始显现,另一方面"财政收入占 GDP 的比重"和"中央财政收入占整个财政收入的比重"两项指标迅速下降[①],从而严重削弱了中央的宏观调控能力。当时,中央甚至到了不得不向地方"借款"的地步。[②]另外,整体上看,从 1978 年到 1994 年这段时间,我国宏观税负[③]呈现出持续走低的态势,在 1994 年仅为 12.2%,而同一时期该数据在发达国家的平均水平为 32.2%,在发展中国家平均也有 22.8%。[④]

　　正是在这一历史背景下,1993 年中共十四届三中全会第一次明确提出要"积极推进财税体制改革""逐步提高财政收入在国民生产总值中的比重,

---

　　① 　财政收入占 GDP 比重从 1978 年的 31%下降到 1992 年的 14%;中央财政收入占全国财政收入的比重也不断下降。1992 年,全国财政收入为 3500 亿元左右,其中中央收入 1000 亿元,地方收入 2500 亿元;但是中央财政支出为 2000 亿元,财政赤字 1000 亿元。1993 年上半年的一些指标显示,国家财政特别是中央财政已经十分紧张,如整个财政收入一季度比 1992 年同期下降 2.2%,按可比口径也仅仅持平;工商税收 1400 亿元,比上年同期增长 12%,去掉出口退税 10%,仅比上年同期增长 1.4%。而 1993 年一季度的国民生产总值增长 15.1%,上半年达到 14%,比 1992 年 GDP 增长 12.8%高出不少。税收增幅小,开支却大幅增长,资金不到位的情况多方出现,如粮食收购财政亏损性补贴资金不到位、重点建设资金不到位、重点生产企业和重点出口企业缺乏流动资金等。参见吕冰洋:《改革事权和支出责任划分》,《中国社会科学报》,2014 年 5 月 28 日。

　　② 　例如,在 1991 年的全国财政会议上,中央财政已经到了无法安排第二年预算的程度。时任财政部部长的王丙乾同志出于无奈,要求各省做"贡献",从 1000 万到 1 亿元不等,财政会变成了"募捐"会。一些地方财政厅厅长却对王丙乾说:"跟我要钱,我可没有!"一些富裕省份的财政厅厅长甚至与财政部部长当面"反目"。从 20 世纪 80 年代末到 90 年代初,共发生过两次中央财政向地方财政"借钱"的事,每次总数大约都是二三十亿元。这里名义上为"借",但实际上是"取"。

　　③ 　宏观税收负担是从整个社会或国民经济的角度来衡量税收负担水平,具体是指一个国家所有的纳税人或按不同标准划分的具有总体性质的纳税人所承担的税收负担的总和。在现实生活中,宏观税收负担直观地体现为政府到底征了多少税。宏观税收负担水平的高低,反映了社会资源在公共部门和私人部门之间的配置状况。在其他因素既定的情况下,宏观税收负担重,意味着政府在资源配置方面的功能相对要强一些,反之则相对要弱一些。参见王玮编:《税收学原理》,清华大学出版社,2010 年,第 84~92 页。

　　④ 　参见马海涛:《分税制改革 20 周年:动因、成就及新问题》,《中国财政》,2014 年第 15 期。

合理确定中央财政收入和地方财政收入的比例"。①随后的 1994 年，一场具有深远历史影响的改革——分税制改革，在中国拉开了帷幕。

分税制是将国家的全部税种在中央和地方之间进行划分，借以确定中央财政和地方财政收入范围的一种财政管理体制；同时，配套开展了一系列工商税制改革，初步实现了税制的规范、简化与统一。可以认为，1994 年分税制改革标志着我国财政体制从行政性分权走向经济性分权，大大强化了中央政府的宏观调控能力，充分调动了地方政府财政改革的积极性，同时推动了全国统一市场的有效形成，并为市场经济体制打下牢固的基石。②

从内容上看，分税制的关键在于依据中央政府和地方政府的事权确定其相应的财权，通过税种的划分形成中央和地方的收入体系。根据《国务院关于实行分税制财政管理体制的决定》（国发〔1993〕85 号）的文件精神，分税制至少应当包括分权、分税和分管三个方面。③简单地说，分税制的核心就是通过税种划分塑造央地财力格局，特别是充实中央政府的财力，强化中央调控和均衡地方发展的能力。在这个意义上，分税制改革的着力点就落在中央与地方关系的重塑与协调上。

（二）分税制的核心问题是中央与地方的关系

在理论层面，分税制改革借助税制调整试图重塑中央和地方关系；从实

---

①　中国共产党第十四届中央委员会第三次全体会议通过的《中共中央关于建立社会主义市场经济体制若干问题的决定》中称："近期改革的重点……是把现行地方财政包干制改为在合理划分中央与地方事权基础上的分税制，建立中央税收和地方税收体系。维护国家权益和实施宏观调控所必需的税种列为中央税；同经济发展直接相关的主要税种列为共享税；充实地方税税种，增加地方税收入。通过发展经济，提高效益，扩大财源，逐步提高财政收入在国民生产总值中的比重，合理确定中央财政收入和地方财政收入的比例。实行中央财政对地方的返还和转移支付的制度，以调节分配结构和地区结构，特别是扶持经济不发达地区的发展和老工业基地的改造。"

②　参见马海涛：《分税制改革 20 周年：动因、成就及新问题》，《中国财政》，2014 年第 15 期。

③　《国务院关于实行分税制财政管理体制的决定》（国发〔1993〕85 号）中关于"分税制改革的原则和主要内容"的表述是："按照中央与地方政府的事权划分，合理确定各级财政的支出范围；根据事权与财权相结合原则，将各种税统一划分为中央税、地方税和中央地方共享税，并建立中央税收和地方税收体系，分设中央与地方两套税务机构分别征管；科学核定地方收支数额，逐步实行比较规范的中央财政对地方的税收返还和转移支付制度；建立和健全分级预算制度，硬化各级预算约束。"

践效果看,这一改革也确实起到了相应的作用。分税制改革充分调动了中央和地方的积极性,较好地处理了中央与地方之间、国家与企业之间的分配关系,建立了财政收入、特别是中央财政收入稳步增长的机制。与此同时,分税制还设计了既考虑税种属性、又兼顾中央财力集中与地方职能履行的结构,初步形成了具有中国特色的政府间财政体系框架。改革以后,财政"两个比重"不断下滑的趋势得到了有效遏制,中央依赖地方"救济"、向地方"借款"的尴尬局面得到了有效改变, 中央政府的宏观调控和维持地区间公平的作用得到了强化。①此外,分税制改革还充分调动了地方各级政府财政改革的积极性,初步建立起适应我国国情的现代预算管理制度。简而言之,分税制改革初步理顺了政府间的责、权、利关系,在各个财政主体之间初步建立了各司其职、各负其责、各得其利的约束协调机制,促进了地方财政观念向现代财政观念的切实转变。

随着分税制改革,我国政府间转移支付体系不断完善,转移支付的均等化功能也逐渐增强,尤其是改变了改革前中央与地方"讨价还价"的财政体制模式,增强了财政体制的系统性、合理性,也减少了中央对地方补助确定过程的随意性。分税制改革在明确中央财政与地方财政的支出范围与财政收入格局和核定地方收支数额的基础上, 实行了比较规范的中央财政对地方的税收返还和转移支付制度,从而协调了经济发展水平悬殊的多元区域。通俗地讲,中央政府通过完善、健全转移支付制度,实现了纵向府际间和横向府际间的财力转移,在一定程度上减少了地区之间的财力差距、平衡了地区之间的发展。

---

① 财政部统计数据显示, 中央财政收入占全国财政收入的比重从 1993 年的 22.02%, 经过 1994 年急剧上升到 55.7%之后,基本稳定在 50%上下(2018 年为 46.6%);全国财政收入占 GDP 的比重从 1994 年的 10.83%逐步稳定到 20%上下(2018 年为 20.37%)。

三、2004 年税制改革:政市关系

(一)税制改革的主要内容

2003 年党的十六届三中全会做出了完善社会主义市场经济体制的决定,明确提出要按照"简税制、宽税基、低税率、严征管"的原则,分步实施税收制度改革、稳步推进税收改革,塑造更加公平、科学、法制的财政体系。该轮税制改革从 2004 年起陆续启动,其范围涉及农业税、所得税、增值税、消费税等社会经济生活的多个方面。

在农业税方面,自 2006 年起废除农业税,从根本上改变了国家与农民之间的传统分配格局;在企业所得税方面,《中华人民共和国企业所得税法》和《中华人民共和国企业所得税实施条例》于 2008 年 1 月 1 日起实施,结束了内资、外资执行两套企业所得税法的历史,塑造了更加有利于各类企业公平竞争的制度环境;在增值税方面,自 2004 年 7 月 1 日起,在东北地区八大行业①实行"生产型增值税"向"消费型增值税"转型的试点改革,三年后中部 6 个省份 26 个老工业城市的八大行业也纳入了试点范围;在消费税方面,2006 年 4 月对消费税的税目和税率进行了分税制以来最大规模的调整,2007 年对进境物品进口税的税率及税目也进行过相应调整;在出口退税方面,从 2004 年 1 月 1 日起,对出口货物增值税退税率进行了结构性调整,实行中央与地方共同负担的出口退税机制,同时 2006 年 9 月调整了部分出口商品增值税退税率、增补加工贸易禁止类商品名录,2007 年 7 月又对出口退

---

① 即装备制造业、石油化工业、冶金业、船舶制造业、汽车制造业、高新技术产业、军品工业和农产品加工业。

税政策进行了调整;此外,在个人所得税、资源税方面也进行了重大调整。[①]

(二)税制改革的核心问题是政府与市场的关系

从内容上看,2004 年税制改革是在社会主义市场经济发展取得相当成就的基础上推动的,其目的也在于协调政府与市场的关系,塑造更为公平、更为自由的市场经济环境。从所涉及的税种看,此次税制改革点多、面广,基本上囊括了经济生产生活的方方面面。其中,对市场资源配置与政市关系调整影响最大的首推增值税改革。在这里,以从生产型增值税向消费型增值税转型为例,简要地描述这一过程对政府与市场的关系以及资源配置方式变革的巨大影响。

2004 年之前,我国征收的是生产型增值税(GNP Type Value-added Tax),即以经济活动主体一定时期内商品与劳务的销售收入额,减去所耗用的外购商品和劳务支出的数额作为税基,并对之进行课税。[②]如下所示:

$$生产型增值税的增值额 = 销售收入 - 外购商品和劳务支出$$

$$= 工资 + 利息 + 租金 + 利润 + 折旧$$

$$= 消费 + 净投资 + 折旧$$

之所以征收生产型消费税,与 20 世纪 90 年代我国的经济形势和经济运行模式密切关联。自 1978 年后,我国财政收入占国内生产总值的比重不断下降,同期中央财政收入占全国财政收入的比重也不断下降。这样,中央财力吃紧,赤字快速增长,导致中央的宏观调控能力受到极大限制。在这一

---

①　例如,2005 年调整了部分应税品目资源税税额标准,调高了河南、山东、福建、云南等 15 个省(区、市)煤炭资源税税额标准;在全国范围内普遍调高了油气田企业原油、天然气资源税税额标准;陆续提高了锰矿石、钼矿石、铁矿石、有色金属等应税品目资源税税额标准。同时,开展了修订资源税暂行条例的工作。又如,国务院于 2006 年 4 月颁布实施了《中华人民共和国烟叶税暂行条例》,成功实现了对烟叶农业特产税的替代;2007 年 1 月 1 日实行《中华人民共和国车船税暂行条例》;2006 年和 2007 年国务院又先后修订了《中华人民共和国城镇土地使用税暂行条例》和《中华人民共和国耕地占用税暂行条例》等。

②　参见王玮编:《税收学原理》,清华大学出版社,2010 年,第 192 页。

情形下,如果选择征收消费型增值税,必然导致政府财政收入总水平受到影响。[①]因此,为了缓解财政上的燃眉之急,国家选择征收生产型消费税。但是,进入21世纪以后,情况发生了剧烈变化,生产型增值税的弊端开始日渐显现出来。

作为一种人为扩大税基以保证财政收入和抑制投资的做法,如果长期征收生产型增值税,必然会妨碍市场的健康成长和经济的持续增长。据统计,在2003年以前,国有投资增长速度达到30%至40%,而私人企业投资却体现为零增长、甚至是负增长。[②]一方面,政府投资的不断增长,反过来需要扩大财政收入来支撑;另一方面,民间投资不断"被挤出",反过来自然导致政府投资的扩大。在这样的"恶性循环"中,从微观层面看,增值税占据了中国税收总收入的近40%,造成国家税收过分依赖单一税种的局面;从宏观角度看,这导致了市场发育的不完善,使得政府与市场的关系陷入窘境。

为了应对这一局面,维持市场的良性发育和政市关系的有效协调,在2004年的税制改革中,尝试以消费型增值税来替换生产型增值税。所谓消费型增值税(Consumption Type Value-added Tax)是以经济活动主体一定时期内商品和劳务的销售收入,减去其耗用的外购商品和劳务支出,再减去本期所购入的资本品后的余额作为税基,并对之进行课税。[③]如下所示:

消费型增值税的增值额 = 销售收入 - 外购商品和劳务支出 - 当地购
入的资本品价值

= 消费

实行消费型增值税,有助于调适政府与市场的关系,并塑造更为公平、合理的市场经济环境。从经济方面看,实行消费型增值税有利于鼓励民间投

---

① 参见李晓莉、杨建平:《对生产型增值税到消费型增值税转型的认识》,《重庆工商大学学报(社会科学版)》,2005年第1期。

② 参见段迎春:《东北实行消费型增值税中应注意的问题与对策》,《东北师大学报(哲学社会科学版)》,2004年第4期。

③ 参见王玮编:《税收学原理》,清华大学出版社,2010年,第193页。

资、促进产业结构的调整与转型；从财政方面看，实行消费型增值税虽然在短期内会导致税基减少，但长远看却有利于消除重复征税、提高市场运行的公平性，从而增加财政收入总量；从管理方面看，实行消费型增值税可以使非抵扣项目大大减少，税收管理成本会有效降低、税收征管效率将得到极大提升。[1]在这些影响的综合作用下，从生产型增值税向消费型增值税的转变，有助于改变政府与市场之间的利益格局，协调政府与市场之间的关系，并且不断完善市场体制运行、推动社会主义市场经济建设。

四、2014 年全面深化改革：国家治理现代化

结合全面深化改革和推进全面正确履行政府职能的历史背景看，财税体制改革将是相当一段时间党和国家工作的"重头戏"，也是深化政府体制改革、深入推进政府职能转变和国家治理现代化的关键一环。2013 年中共十八届三中全会上通过的《中共中央关于全面深化改革若干重大问题的决定》（本小节论述中简称《决定》）是新时期治国理政的总方略，是推进社会主义政治、经济、文化、社会、生态文明建设的总部署。其中，特别以"深化财税体制改革"为专题对未来一段时间的财税工作进行了战略布局。2014 年 3 月 5 日，国务院总理李克强在第十二届全国人民代表大会第二次会议上所做的《政府工作报告》中，也将"财税体制改革"界定为"重头戏"。2014 年 6 月 30 日，中共中央政治局审议通过了《深化财税体制改革总体方案》等方案，提出"2020 年基本建立现代财政制度"。对应这一战略目标，中央出台了《基本公共服务领域中央与地方共同财政事权和支出责任划分改革方案》等，各省份也陆续出台了省与市县财政事权和支出责任划分改革方案。这一系列工作都统一于推进国家治理体系和治理能力现代化的历史过程中。

---

① 参见陈海秋：《现阶段增值税转型改革的问题与对策》，《西部论坛》，2009 年第 1 期。

尤为值得关注的是，在这一轮财税体制改革中，财政的定位得到了进一步的明确与加强。《决定》中称："财政是国家治理的基础和重要支柱"。这在以往的官方文本中从未出现过。同时，财政的内涵也被大大拓展了。按照传统教科书的说法，财税功能大体体现为资源配置、收入分配、稳定经济等方面；但在《决定》中，科学的财税体制被视为优化资源配置、维护市场统一、促进社会公平、实现国家长治久安的制度性保障。这一突破意味着，财税体制已经不仅仅局限于经济领域，而是拓展到政治、文化、社会等诸多领域之中。同时，正如前文所梳理的那样，一般情况下，三中全会多讨论经济领域的改革问题，而此次提出的说法是"全方位的改革"，并且第一次设定了全面深化改革的总目标——"发展和完善中国特色社会主义制度，推进国家治理体系和治理能力的现代化"。结合这两点来看，"财税"的重要性有了更加明确的定位和更高的提升；更进一步说，以财税体制改革来深化全方位改革、推进社会主义制度建设和国家治理现代化，将是未来一段时间治国理政的关键内容。

第二节　政府支出结构变迁的总体规律与基本特征

财政支出结构指的是作为财政支出的各个不同部分的组合状态及其数量配比的总和。从更深层次看，政府支出结构实际上是财政职能状态和政策执行的体现，或者说是政府履责的体现。[①]结合改革开放以来财政支出结构的变迁来看，一方面，财政支出总额呈现上升的态势，并呈现出经济建设支出逐渐减少而公共支出逐渐增加的变化；另一方面，财政支出结构的职能不

---

① 参见何振一、阎坤：《中国财政支出结构改革》，社会科学文献出版社，2000年，第10页。

均衡和府际不均衡表现地也较为显著。相应地,这一系列变化也透视出政府履责的重大变化。

一、政府财政支出结构变迁的总体态势

改革开放以来我国政府财政支出结构变迁整体上可以归纳出两大趋势:

第一,财政支出绝对规模逐年上升。统计数据显示,在 1978 年,我国财政支出为 1122.09 亿元,到 2018 年这一数据增长到 220906.1 亿元,四十年间增长了近 200 倍(参见图 5-1)。伴随着我国行政管理复杂性的不断增加和公共事务内容的不断增多,财政支出总额呈现这一变化是必然的。

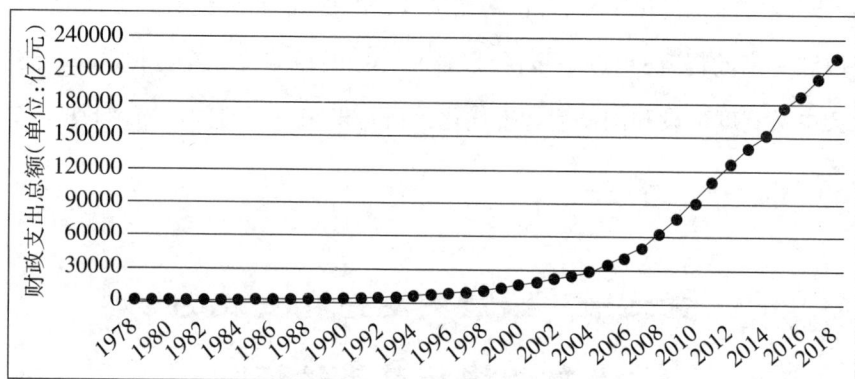

图 5-1 改革开放以来历年我国财政支出总额

资料来源:《中国统计年鉴》。

第二,经济建设支出逐渐减少、公共支出逐渐增加。改革开放以来,伴随着职能转变工作的不断深化,财政支出结构也表现出相应的变化,即国家财政直接从事经济建设方面的比重逐渐降低,从事公共服务供给方面的比重逐渐提升。这一变化可以细化为三个阶段进行分析。

(一)第一个阶段是 1984 年到 1993 年

随着经济体制逐渐由高度集中的计划经济转向有计划的商品经济,财政支出由以经济建设为中心的"大包大揽"式逐步过渡到向全面支持各项改

革和公共服务方面倾斜。在这一阶段,经济建设支出占据着财政支出的"半壁江山"。虽然比例有所降低,但绝对值仍然不小。一直要到 1993 年,这一数字才首次跌破 40%(见图 5-2)。同时,为了提高财政资金的使用效率,逐渐开始探索改进基本建设投资方式,例如从 1985 年全面实行将基建拨款改为银行贷款等。①此外,通过发行国债、引导全社会投资等措施,不断扩大了投资资金的来源。

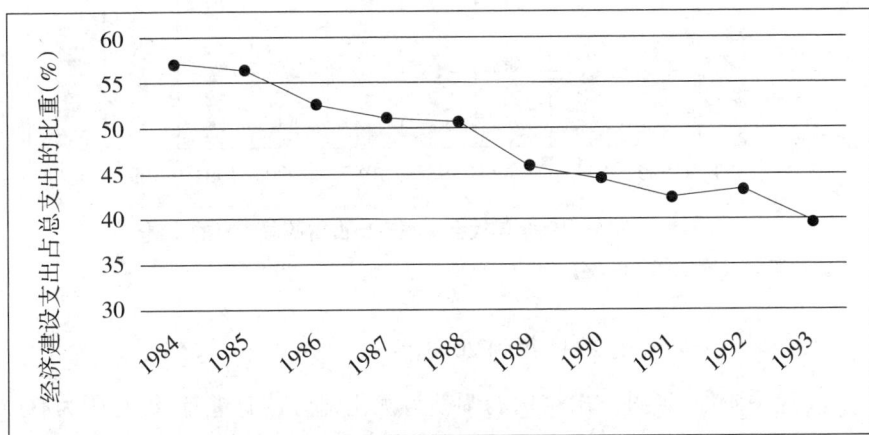

图 5-2　1984—1993 年经济建设支出占财政总支出的比重

资料来源:《中国统计年鉴》。

与此同时,在保证经济建设支出规模的同时,国家逐步加大了公共服务和公共产品供给方面的支出,社会文教支出比例从 1984 年的 19.52%上升到 1993 年的 25.38%(参见图 5-3),从而强化了养老、医疗卫生、就业等领域的综合改革。

---

① 在这一时期,通过"拨改贷"方式实施的投资每年大约占预算内基本建设投资的三分之一左右。

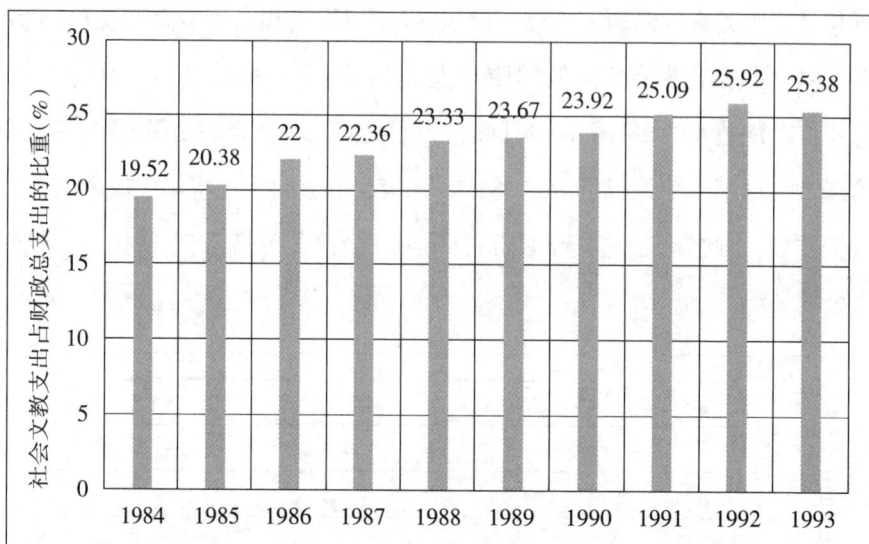

图5-3　1984—1993年社会文教支出占财政总支出的比重

资料来源:《中国统计年鉴》。

（二）第二个阶段是1994年到2003年

在这一阶段,通过支出结构的调整与优化,坚持"有进有退、有所为有所不为"的财政原则,逐步减少对一般竞争性和经营性领域的直接投资,同时重点加大支农、文教卫生、抚恤和社会福利救济等方面的支出。例如,在农业支出这一项上,支出总额从532.98亿元增长到1754.45亿元,年平均增长率达到14.2%;其中,支农支出总额从399.70亿元增长到1134.86亿元,年平均增长率达到12.3%;农业基本建设支出从107亿元增长到527.36亿元,年平均增长率达到19.4%;农业科技三项费用支出从3亿元增长到12.43亿元,年平均增长率达到17.1%;农村救济费从23.28亿元增长到79.8亿元,年平均增长率达到14.7%(见表5-2)。

表 5-2　1994—2003 年国家财政用于农业的支出（单位：亿元）

年份	支农支出	农业基本建设支出	农业科技三项支出	农村救济	合计
1994	399.70	107.00	3.00	23.28	532.98
1995	430.22	110.00	3.00	31.71	574.93
1996	510.07	141.51	4.94	43.91	700.43
1997	560.77	159.78	5.48	40.36	766.39
1998	626.02	460.70	9.14	58.90	1154.76
1999	677.46	357.00	9.13	42.17	1085.76
2000	766.89	414.46	9.78	40.41	1231.54
2001	917.96	480.81	10.28	47.68	1456.73
2002	1102.70	423.80	9.88	44.38	1580.76
2003	1134.86	527.36	12.43	79.80	1754.45

资料来源：《中国财政年鉴》。

特别值得注意的是，这一阶段我国正式确立了"公共财政"理念。1998 年底召开的全国财政工作会议就曾提出要"优化支出结构、初步建立公共财政框架"的目标；1999 年，财政部明确将"拟定和执行政府采购政策"作为建立公共财政框架的基本内容；[①] 2000 年 1 月，江泽民同志在省部级领导干部财税专题研讨班上的讲话中强调："衡量财税工作做得好不好的根本标准，就是要看是否有利于我国社会主义市场经济的发展和社会主义制度的巩固，是否有利于维护好、实现好和发展好广大人民群众的根本利益，是否有利于维护国家统一和安全、促进民族团结和社会稳定"[②]；中共十五届五中全会审议通过的《中共中央关于制定国民经济和社会发展第十个五年计划的建议》旗帜鲜明地将建立公共财政初步框架作为"十五"时期财政改革的重要目标；在 2003 年 10 月召开的中共十六届三中全会上通过的《中共中央关于完善社会主义市场经济体制若干问题的决定》中也将"健全公共财政体制"

[①]　参见中国社会科学院财政与贸易经济研究所：《科学发展观：引领中国财政政策新思路》，中国财政经济出版社，2004 年，第 341~343 页。

[②]　参见江泽民同志在省部级领导干部财税专题研讨班上的讲话稿"关于财政税收工作问题"。参见中华人民共和国中央人民政府网站相关内容（http://www.gov.cn/gongbao/content/2000/content_60118.htm）。

作为"推进财政管理体制改革"的重要内容。这一系列文件明确了公共财政的历史地位和重要作用。

(三)第三个阶段是 2004 年至今

在这一阶段,财政支出结构进一步得到了优化,在民生、社会保障、环境保护、城乡社区事务领域的支出数额大幅度增加,财政支出的公共性、公平性日益得到凸显。到 2018 年,在一般公共服务领域,财政支出达到 18606.61 亿元,较之 2007[①] 年增长了 1.2 倍;在教育领域,财政支出达到 32222.35 亿元, 较之 2007 年增长了 3.5 倍; 在社会保障和就业领域, 财政支出达到 27084.07 亿元,较之 2007 年增长了 4 倍;在医疗卫生领域,财政支出达到 15699.74 亿元,较之 2007 年增长了近 7 倍;在环境保护领域,财政支出达到 6352.75 亿元,较之 2007 年增长了 5.4 倍;在城乡社区事务领域,财政支出达到 22700.1 亿元,较之 2007 年增长了近 6 倍。

二、政府财政支出结构的职能不均衡

政府财政支出的职能结构, 主要指以政府履行的职能为标准对支出结构进行考察。从这一角度出发,我国政府财政支出结构的不均衡主要表现在对民生财政目标的偏离上。虽然近些年来我国大力提升民生领域的财政支出, 但如果考察这一支出占财政总支出的比重以及与西方国家财政支出结构进行比较可以发现,当前我国财政支出结构离"公共财政"的要求还有一定的距离。

图 5-4 可以看出,从 1984 年到 2006 年,经济建设费用占财政总支出的比重呈现出不断下降的态势,降幅达到 30 个百分点,体现了财政体制优化和财政支出结构调整的重大突破。但即便如此,到 2006 年,这一比重占到

---

① 国家统计局发布的统计口径在 2007 年作出了调整,前后存在较大的差异。为了保证统计口径的一致,这里没有选用 2004 年的数据,而是选用了 2007 年的数据。

26.56%,换言之,仍然有超过四分之一的国家财政投入在经济建设领域。

同时,在社会文教支出方面,从 1978 年到 2006 年,支出比重虽然从 19.52%上升到了 26.83%,但是上升幅度不太显著,特别是 1991 年之后,支出比重就大致稳定了。此外,行政管理费用支出比重同样呈现上升趋势,特别是 2001 年以后就大致占到了当年支出总额的五分之一。

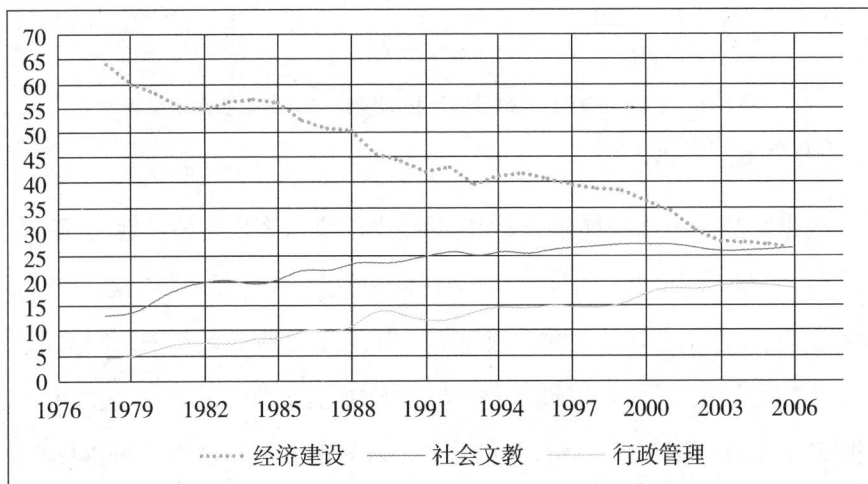

图 5-4 1984—2006 年财政支出按职能结构分类比重变化趋势
资料来源:《中国统计年鉴》。

2007 年财政统计口径的变化使得财政管理更为精细化,财政支出结构也变得更易探究。尤其是 2010 年以后,教育、社会保障和就业、医疗卫生、环境保护、城乡社区事务等项目的支出绝对数额有了大幅增加,但从支出比重上看,除一般公共事务支出比重降幅明显、医疗卫生和城乡社区事务支出比重增幅较大外,其他项目支出比重变化相对较小(见图 5-5)。

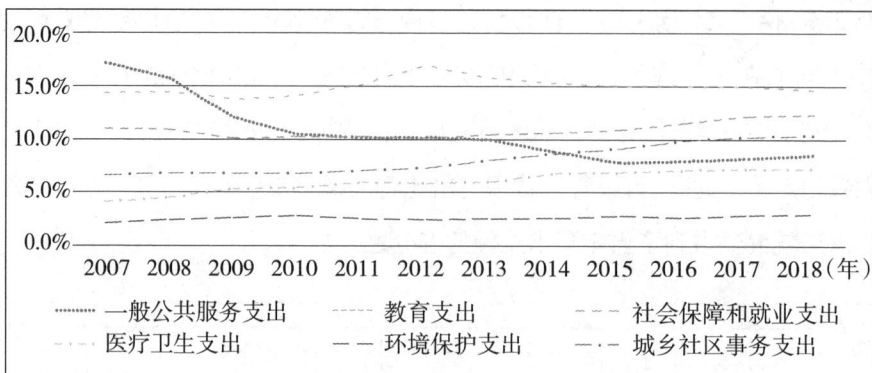

图 5-5   2007—2018 年财政支出按职能结构分类比重变化趋势
资料来源:《中国统计年鉴》。

　　根据财政支出结构优化的要求,财政支出应当体现出公益性、公平性、公共性,应当不断增加科教文卫、社会保障和就业、住房保障、环境保护等方面的支出,压缩不合理的行政管理经费支出,并且实现不同区域之间基本公共服务的均等化。[①]如果按照这个标准,再结合前文的分析来看,应当说,我国财政支出结构正在向保障民生的公共财政转变,但较之真正的公共财政仍有一定的差距,财政支出职能结构优化依旧存在相应的空间。

三、政府财政支出结构的府际不均衡

　　政府财政支出结构不均衡不仅体现在职能层面,还体现在府际层面,直观表现为地区间支出差异显著。以 2017 年为例,一般公共服务支出占地区财政总支出比重最大的区域为西藏,同年占比最小的是上海,两者相差 10 个百分点;教育支出占比最大的区域为山东,同年占比最小的也是上海,前者接近后者 2 倍;社会保障和就业支出占比最大的区域为辽宁,同年占比最小的是福建,前者是后者的 3 倍多;城乡社区支出占比最大的区域是天津,同

---

　　① 参见王银梅、张亚琼:《完善预算管理制度优化我国财政支出结构》,《宏观经济研究》,2014年第 6 期。

年占比最小的是贵州，前者是后者的 6 倍多（参见表 5-3）。

结合简单的数据比较就可以直观地发现，我国财政支出结构横向府际间不均衡表现地相当显著。当然，必须指出的是，由于各地区自然历史条件和发展阶段的差异，在一定程度上和一定范围内出现不均衡是正常的。但是，如果这种不均衡过于显著，确实需要引起警惕。

此外，为了尽量消除规模因素的影响，这里还以当年各地区常住人口为基数计算了人均财政支出。结果显示，2017 年人均财政支出最高的地区是西藏，为 4.99 万元，同年数值最低的地区是河南，为 0.86 万元，前者是后者的 5.8 倍（参见表 5-3）。未来，应当尤其关注这一现象可能带来的地区矛盾、乃至对社会经济稳定运行的影响。

表 5-3　2017 年全国各地区财政支出结构比重

地　区	一般公共服务支出（%）	教育支出（%）	社会保障和就业支出（%）	医疗卫生与计划生育支出（%）	节能环保支出（%）	城乡社区支出（%）	人均支出（万元）
北　京	7.23	14.13	11.65	6.27	6.72	15.15	3.14
天　津	6.37	13.24	14.00	5.55	3.36	26.88	2.11
河　北	9.54	19.23	14.71	9.11	5.32	6.86	0.88
山　西	8.36	16.52	17.21	8.55	3.43	7.50	1.01
内蒙古	7.71	12.40	15.54	7.14	3.17	7.51	1.79
辽　宁	7.91	13.28	27.47	6.90	2.18	8.40	1.12
吉　林	7.90	13.64	14.78	7.49	3.09	10.59	1.37
黑龙江	6.01	12.35	20.01	6.40	4.16	9.84	1.22
上　海	4.25	11.58	14.06	5.46	2.98	20.29	3.12
江　苏	9.63	18.64	9.82	7.43	2.75	14.13	1.32
浙　江	10.16	18.99	10.65	7.76	2.53	12.09	1.33
安　徽	7.31	16.36	13.90	9.64	3.20	16.34	0.99
福　建	8.13	17.98	8.42	8.98	2.58	15.54	1.20
江　西	9.34	18.40	12.99	9.64	2.81	10.10	1.11
山　东	9.26	20.41	12.23	8.96	2.56	11.62	0.93
河　南	10.35	18.17	14.12	10.18	2.94	13.67	0.86

地 区	一般公共服务支出(%)	教育支出(%)	社会保障和就业支出(%)	医疗卫生与计划生育支出(%)	节能环保支出(%)	城乡社区支出(%)	人均支出(万元)
湖 北	10.13	16.19	16.06	9.04	2.05	10.20	1.15
湖 南	10.87	16.24	14.82	8.53	2.52	10.43	1.00
广 东	9.01	17.13	9.47	8.70	2.88	14.50	1.35
广 西	9.28	18.75	13.83	10.44	1.73	10.79	1.00
海 南	8.46	15.30	12.68	8.82	2.47	8.30	1.56
重 庆	7.02	14.44	16.21	8.16	3.57	18.81	1.41
四 川	9.12	15.98	17.27	9.56	2.27	8.34	1.05
贵 州	10.08	19.55	10.81	9.46	2.72	4.31	1.29
云 南	10.67	17.47	13.13	9.57	3.14	8.14	1.19
西 藏	14.48	13.51	9.27	5.58	2.77	9.87	4.99
陕 西	8.63	17.14	14.86	8.65	3.36	9.88	1.26
甘 肃	9.30	17.17	14.17	8.75	3.09	5.05	1.26
青 海	8.09	12.25	13.69	8.18	3.98	8.95	2.56
宁 夏	6.28	12.43	11.82	7.14	4.20	13.62	2.01
新 疆	9.35	15.58	11.34	5.75	1.18	7.10	1.90

数据来源:笔者根据《中国统计年鉴》(2018)数据整理而来。

第三节 以财政支出结构优化协调纵向职责体系

借助对改革开放以来政府支出结构变迁的历史梳理和对其内在规律的逻辑阐释可以发现,作为重要的内源性要素,财政支出结构的变化能够反映政府职能转变的基本态势和政府职能履行的状况。下一步,应当将重点放到财政支出结构的优化上,一方面着力打造公共财政,另一方面着力推进基本公共服务均等化建设,从而实现政府职能转变、职责体系建设和国家治理现代化的有机统一。

一、财政支出结构优化与政府职能转变

(一)政府职能转变背景下的财政支出结构

财政支出结构既表现为各类财政项目支出的数量和总和关系，也承载着财政职能以及职能转变的状况。因此，关于财政支出结构及其优化的理解,不能简单地从数量配比的角度考虑,而应放到财政体制运行和政府职能转变的大背景中进行考量。①

首先,财政支出结构是质与量的统一。任何事物都是质与量的统一,事物的质以一定的量为存在条件,而任何量又要受到质的约束。换言之,质的规定性反映了支出结构的基本特征，而量的规定性则决定着支出结构各个要素间的比例关系。财政支出的过程就是财政职能的实现过程,也就是政府履行其职责的过程。政府职能决定着财政支出结构:有什么样的职能状况,就有什么样的支出结构;与此同时,财政支出结构也会反作用于政府职能履行,映射出某个时期的政策倾向和政策变化。

其次,财政支出结构是稳定性与变动性的统一。一定的支出结构总是在一定的社会历史条件下形成;反过来说,在某一社会历史条件中形成的支出结构又不可能是一成不变的,而是会伴随着时间和环境的变化而不断变动。同时,政府职能的稳定性与变化性同样会反映到支出结构上。在某一个特定的历史阶段,政府履行的职能大致是稳定的;但是,内外部生态环境的变化又注定政府在履责的过程中要适时地调整其重点与力度。在这个意义上可以说,财政支出结构必然是稳定性与变动性的统一。

最后,政府支出结构是社会资源配置的有机组成部分。政府支出结构并不是孤立存在的。作为社会资源配置的有机组成部分,政府支出结构的优化

---

① 参见何振一、阎坤:《中国财政支出结构改革》,社会科学文献出版社,2000 年,第1~23 页。

程度会直接影响社会资源配置的优化程度和总体效率。在社会主义现代化建设的场域中,资源配置主要借助市场和政府两大主体来完成;只有实现二者之间的协调,才能有效完成社会资源的优化配置。政府履行职能的过程,实际上就是政府对社会资源进行配置的过程,并直接反映在财政支出的总量增减和结构变动上。因此,必须在社会资源整体配置与协调的背景中考察政府支出的结构及其优化问题。

(二)财政支出结构优化与政府职能转变是一体两面的关系

正如前文所示,作为财政职能状态和政府政策的一种映射,财政支出结构的变动客观上反映了政府履责状况的变化。在这个意义上,可以将财政支出结构优化与政府职能转变视为同一个问题的两个面向。

财政效果是财政资源配置活动与所取得的社会实际效益之间的比较关系,包括"财政配置总量与市场配置总量之间的比较""财政资源的各项用途与社会共同需要结构之间的比较""财政资源耗费与满足社会共同需要程度的比较"三个方面。这三个方面反映在财政支出上,直接体现为财政支出宏观规模适度、财政资源支拨的合比例性和支出耗用的有效性。[①]三者统一的过程就是财政支出结构优化的过程,也就是有效实现政府职能转变的过程。

首先,财政支出宏观规模适度意味着要对财政支出的范围进行合理界定。关于这一问题,实际上学界已经形成共识,即以市场失灵为边界,政府支出作用于私人市场无法供给或无法充分供给的领域。财政支出并不是对私人市场活动的简单替代。同理,政府职能转变的前提是要界定政府职能的范围,明确政府、市场、社会的边界,从而充分发挥各自主体的效用、实现资源配置方式的互补。只有在这一基础上,政府职能的转变才有明确的指向。

其次,财政资源支拨的合比例性意味着要合理安排各项职能的供给力度。在一定时期内,财政资源总是有限的,因此不同职能的供给必然面临着

---

① 参见何振一、阎坤:《中国财政支出结构改革》,社会科学文献出版社,2000年,第10页。

次序先后、总量大小的问题。一般地讲,必须优先保证各方面的基本需求,然后突出重点地着意于建设和发展最薄弱、最亟须的环节。因此,必须从宏观着眼,着力考察各项支出的优先程度和需要程度,并在此基础上对财政资源进行合理、有效地分配。同样地,政府履行职能的过程,也存在着优先次序和"厚此薄彼"的问题。在不同的历史时期,政府履职的重点必然是不同的;即便在同一时期,不同层级政府的履职重点同样有所区别。换言之,财政资源支拨的合比例性不仅是财政供给力度变化的原则,还起到指引政府职能履行和职能转变方向的作用。

最后,财政支出耗用的有效性意味着一定量的财政资源耗费要发挥出最大化的效用,尽可能多地满足社会公共需要。财政活动能否全面地满足社会需求,不仅取决于财政支出的数量,还取决于财政支出的质量——通俗地讲,就是"每一分钱花在刀刃上"。这就要求财政支出应当在既经济节约又便捷高效的原则下实现预期目标。在行政实践中,通过制度的有效供给来保证财政支出的科学化、规范化和法制化至关重要。因此,完善财政管理制度和财政运行机制是当务之急,而这也会成为推进和巩固政府职能转变的重要支撑。

二、财政支出结构的职能性优化:公共财政

正如前文所述,财政支出结构的不均衡涵盖职能和府际两个层面。顺理成章地,财政支出结构的优化自然也就体现在职能性优化和府际性优化两个方面。

职能性优化意味着要对支出项目进行优先度排序,并依照排序调整支出数额。原则地讲,应当尽量减少直接投资性以及竞争性领域的支出,更多地关注事关公共服务供给的民生领域,从而提高公民社会生活水平。在这个意义上可以认为,财政支出结构职能性优化的关键在于打造公共财政。

　　早在 1988 年,我国就提出要树立公共财政的理念;2000 年 10 月通过的《中共中央关于制定国民经济和社会发展第十个五年计划的建议》将建立公共财政初步框架作为"十五"时期财政改革的重要目标;到了 2003 年的中共十六届三中全会上,"健全公共财政体制"的目标就更为明确了。所谓公共财政,指的是以政府为主体为满足公共需求而参与国民收入分配所形成的一种分配关系。①简单地说,公共财政意味着财政支出的根本目的在于满足公共需求、维护市场经济的有效运行,财政支出的安排也应当优先满足公共服务供给以及民生需求满足的项目。进一步讲,公共财政还意味着要以人民权利平等、政治权力制衡为前提的公共选择作为决策机制,并以公开性、透明度、完整性、事前确定、严格执行的预算作为基本管理制度。②

　　公共财政理念的提出和完善实际上也是一个漫长的变迁过程。③作为财政支出结构职能性优化之目标的公共财政,至少应当包含两个方面的含义:

　　首先,公共财政意味着财政支出要进一步向民生项目倾斜。大略地讲,我国的财政支出经历了从"生产建设型财政"到"公共财政"的转变。在生产建设型财政阶段,大量财政支出被投入到经济建设领域。但是,伴随着社会经济的进一步发展, 一方面财政支出在资源配置中发挥的作用逐渐受到限制, 另一方面过度运用行政手段进行资源配置的弊端也日益凸显出来,此外,公民对公共服务和公共产品的要求也日渐提升。在这样的背景下,国家对财政支出结构进行了相应的调整,在科教文卫、社会保障、环境保护等民生领域的支出数额有了较大提升。但结合国际比较来看,下一步我国财政支出结构还有待进一步调整,在支出项目和管理制度上也有待进一步优化。

　　历史地看,财政支出结构的优化调整过程映射了转变政府职能的过程。

---

　　① 参见巫建国主编:《公共财政学》,经济科学出版社,2009 年,第 9 页。
　　② 参见贾康:《对公共财政的基本认识》,《税务研究》,2008 年第 2 期。
　　③ 高培勇教授曾经系统梳理过"公共财政"的概念界说以及这一概念的演变脉络,对于厘清"公共财政"具有重要的参考意义。参见高培勇:《公共财政:概念界说与演变脉络——兼论中国财政改革 30 年的基本轨迹》,《经济研究》,2008 年第 12 期。

在生产建设型财政阶段,政府深度介入了社会经济生活,履行着大量本应由市场来履行的职能,相应地,政府与市场、政府与企业的关系成为这一阶段的"主旋律"。伴随着财政支出结构从生产建设型向公共财政转型,政府的履职内容与方式也发生了变化,政府对市场和企业的管理从直接走向了间接、从具体走向了抽象、从微观走向了宏观,政府职能的重点也转移到了为公民提供优质的公共服务上来。

当然,需要注意的是,财政支出应当向民生领域倾斜,但并不意味着越多越好;同理,应当减少经济建设、行政管理支出,但并不意味着越少越好。例如,服务型政府并非意味着要"服务"不要"管理";又如,必要的行政管理经费支出是维持政府体系运转的重要要素,如果过度缩减反而可能影响政府体系的正常运转和政府职能的有效发挥。

其次,公共财政还意味着蕴含在财政制度运行中的"公共性"的行政理念。特别是在政府职责的履行过程中,公共性更应当成为首要的和关键的伦理价值。公共财政中的公共性,不但意味着财政支出要向公共项目、民生项目倾斜,而且还表明,在政府履行财政职能和调整财政支出结构的过程中,必须秉持着公共性的理念,以公民利益和社会整体利益为优先。

进言之,作为一种价值原则,公共性应当内含于整个行政体系的运作过程之中。在行政运行中,部门利益或地区利益是不可能完全被消解的,关键在于要最大程度地规避部门利益或地区利益对整体公共利益的侵害。公共性承担着有效边界的角色,应当在这一原则的指引下,调整政府财政支出结构、健全公共财政体系,同时推动政府职能的有效转变和行政体制改革的切实深化。

三、财政支出结构的府际性优化:基本公共服务均等化

财政支出结构的府际不均衡直观表现在地区间支出差异显著上,因而

财政支出结构的府际性优化着力于合理应对支出差异显著的问题，最终的落脚点则在于为公民提供均等化的基本公共服务上。关于基本公共服务均等化的概念，至少可以从两个方面进行解读：在过程的意义上，指的是政府为了实现社会公平与公正，以及确保不同地区、某特定地区居民均等地享用与公民基本权利有关的公共服务项目，完善公共财政体制以及为实现此目的而进行政策倾斜等的活动与过程；在结果的意义上，指的是不同地区及特定地区居民已经有机会、有能力享有与公民基本权利相关的公共服务项目，因经济发展与财富不平衡而无机会支付或支付不起基本公共服务使用费的情形基本得到消除。①实际上，无论是从过程的角度考察，还是从结果的角度考察，基本公共服务均等化与政府支出结构的调整在内在逻辑上是契合的，简单说就是，支出结构优化的过程就是推进基本公共服务均等化的过程，而支出结构优化的结果就是基本公共服务均等化的实现。

事实上，近年来虽然政府不断加大基本公共服务领域的财政投入，非均等化的状况得到了相当程度的改善，但现实仍然不容乐观。例如，有学者运用 2001 年至 2010 年中国省级面板数据进行分析发现，尽管十年间基本公共服务支出的增速很快，但其占一般预算支出的比例变化并不显著，②各省之间基本公共服务均等化的差异也没有明显缩小。③

结合前文来看，在"基本公共服务均等化"这一目标指引下的政府支出结构调整与优化应当遵循以下几项原则：

首先，财政负担和财政能力相对应原则。在实践中，经常出现中央和省级政府职责下移、基层政府负担过重的问题。例如，2012 年 8 月在湖南省衡

---

① 参见郭小聪、刘述良：《中国基本公共服务均等化：困境与出路》，《中山大学学报（社会科学版）》，2010 年第 5 期。

② 参见李文军、唐兴霖：《地方政府公共服务均等化研究——来自中国省级面版数据的分析》，《中州学刊》，2012 年第 4 期。

③ 参见安体富、任强：《中国省际基本公共服务均等化水平的变化趋势：2000 年至 2010 年》，《财政监督》，2012 年第 10 期。

阳市 K 镇的调研发现,该镇负债就达到近千万。①这也无怪乎会出现"中央财政浩浩荡荡,省级财政稳稳当当,地市财政摇摇晃晃,县级财政哭爹喊娘,乡镇财政集体逃荒"的说法,以及"乡镇财政是讨饭财政"的戏称。因此,应当在财政负担与财政能力大致对应的基础上,明确中央和地方以及地方各层级政府之间的社会公共事务治理范围以及支出责任,有效解决基层负担过重、支出责任与财政能力严重失衡的问题。

其次,基本公共物品优先保障原则。在政府支出结构调整和政府履职过程中,必须以基本公共物品的供给为优先。大致地讲,判断一项公共服务是否属于基本公共服务的关键就在于其属于基本消费需求且居民消费无差异,例如义务教育、基本医疗、公共卫生、社会保障、食品药品安全、社会治安等。②在安排财政支出项目时,必须优先满足这些事关民生的基本公共物品供给。

最后,规范转移支付原则。政府转移支付是一个国家的中央政府和地方政府在既定的职责、支出责任和税收划分框架下进行的财政资金的无偿转移。通过财政的转移支付,中央政府能够快速地向地方转移资金,同时又能够对公共财政体系进行有效的调控。在财政支出结构府际优化的意义上,转移支付一方面可以调剂地区间财政收入水平的差异从而维护地区间公平,另一方面则可以作为地方政府履行职责和提供优质公共服务的有效支撑,从而切实地推进基本公共服务均等化,推动政府职责体系的进一步健全,推进国家治理体系和治理能力的现代化。

---

① 参见访谈资料(2012-08-10)。

② 参见刘尚希、杨元杰、张洵:《基本公共服务均等化与公共财政制度》,《经济研究参考》,2008年第40期。

第六章

从"单一"到"多元"：
政府纵向职责体系的运行过程

政府纵向职责体系的有效运行离不开政府职责的合理确定。作为关键性的制度安排，如果不能首先厘清政府职责，必然会导致责任推诿、争权夺利等一系列现象。然而，厘清政府职责的工作不能单纯从政府自身出发，而应当立足于多元主体不断"碰撞"与"协调"的场域。换言之，"政府职责"不应当被简单地理解为"政府的职责"，而应当被视为在治理网络结构中经由多元主体博弈而明确的职责关系。在这一基础上，考察多元主体之间的互动关系、作用机理、网络治理结构就很有必要了。

第一节　纵向职责体系
构建需要处理好的五对关系

政府纵向职责体系是一个包含多元主体在内的系统。过去那种以政府为中心的逻辑在实践中会导致诸如政府与政府关系失衡、政府与市场关系失和、政府与企业关系失序、政府与社会关系失调、政府与公民关系失常等一系列问题。因此，在法治和现代市场经济的背景下，必须立足于网络治理，考察多元主体之间的关系，借由责任的重理、重构、重释、重建和重塑，构建既符合法治精神、又顺应现代市场经济的政府纵向职责体系。

一、政府与政府：责任重构

政府与政府的关系①主要包括三个方面：中央政府与地方政府的关系；地方各级政府之间的关系；同级政府之间的关系。这些关系共同构成了政府职责体系的重要元素。

（一）中央政府与地方政府的关系

对我国这样一个幅员广阔、异质性强又异常复杂的政治体而言，中央政府与地方政府的关系最具根本性、全局性和战略性。中央政府与地方政府关系的协调与否，直接影响着其他类型政府间关系的运作绩效。

长期以来，我国习惯于运用偏政治哲学的思维——集分平衡，来考察中央和地方政府关系问题。作为一种价值原则，集分平衡无疑是比较恰当的。无论是从历史文化还是政治制度抑或现实管理需要的角度来看，必要的集权都是毋庸置疑的；但是，结合国内各地区异质性极强的特征以及市场化改革和全球民主化发展的影响，实行分权既是维持政治体系正常运行的需要，也是推动地方发展、激发地方积极性的必要。但是，关键在于，作为原则的集分平衡无法回答的问题是：集权究竟应当集到什么程度？分权究竟应该分到什么程度？均衡点在什么位置？为了应对这一问题，有必要跳出集权与分权的争论，将重点聚焦到职责层面上，考察中央政府和地方政府各自究竟应该承担什么责任。理论上讲，由于现实环境和工作任务的差异，中央政府与地方政府的职责应当有所区别、各有侧重。这样，梳理、厘清二者的差异，就能够为政府间关系调整和职责体系构建提供基础性支持。

---

①　实际上就是"府际关系"的概念。这里为了前后论述的一致性，选择使用"政府与政府的关系"的说法。

（二）地方各级政府之间的关系

传统意义上，学界通常习惯于从中央和地方这个更为宏观的视角来考察中国政府体系，而对于省和省以下政府之间的关系往往关注较少。然而，无论是从人口还是从土地上讲，中国的"省"大略地等同于欧洲的某些"国家"，加之不同省份之间强烈的异质性，使得省和省以下政府间关系问题变得极具挑战性。近年来，关于这一问题的研究逐渐增多，但结合中国政府理论的发展需要和政府运行的实践需求看，研究还有待进一步深化、细化和具体化。

当前地方政府纵向间关系"不顺"的主要表现包括：地方层级过多，导致行政管理链条过长；下级政府的权力主要源于上级政府的行政性分权或授权，导致下级政府责任对象的隐性转移；①各层级政府间负责着类似的"事儿"，出现一系列"上级压下级、下级哄上级""责任推诿"现象等。理论和现实的需要对地方各级政府间关系的考察提出了新的要求。从责任重构的角度入手或许是一个可行的路径。通俗地讲就是，厘清地方各层级政府之间的职责划分，避免责任重叠与混淆，从而为调整纵向府际关系提供制度性支持。实际上，学界近年经常讨论的各级政府公共服务供给职责划分问题，就是这一思路的直接体现。

（三）同级政府之间的关系

同级政府之间的关系指的是在无隶属关系的状况下，同级政府在职责、权力、利益等方面的竞争与合作。在一定意义上，每一个地方政府都可以被视为一个独立的行政体，具有其各自的政治、经济、社会利益诉求。顺理成章地，地方政府为自身利益而展开各种竞争与合作是常态。但值得警惕的是，在"政治锦标赛"和"职责同构"的影响下，地方政府间的竞争甚至恶性竞争

---

① 参见陈国权、李院林：《政府职责的确定：一种责任关系的视角》，《经济社会体制比较》，2008年第3期。

往往比合作更具可能性。①在法制和社会主义市场经济体制逐步完善的当代中国,政府仅仅是多元治理主体之一。无论是出于提升治理效果还是优化社会环境的考虑,同级政府之间的协调与合作应当成为主流。在这一过程中,梳理清楚各自职责是避免恶性竞争和促进有效合作的关键。

二、政府与市场:责任重理

恰适的政市关系是实现资源有效配置和国家快速发展的要件。中共十八届三中全会的决议中再一次旗帜鲜明地强调 "发展是解决所有问题的关键",并提出要"使市场在资源配置当中起决定性的作用和更好地发挥政府的作用"的论断,更加凸显了高层对于政府与市场关系的关注。结合域外诸多经济体的现实经验来看, 处理好政府与市场的关系是实现有效转型和稳定发展的关键。通俗地说,应当在经济发展与转型过程中塑造"有为政府"与"有效市场":一方面,重视政府在助推经济发展中的作用,特别是在稳定经济运行环境和提供制度支持上;另一方面,借助一个有效的市场塑造充分竞争,催生准确的价格信号,促使市场主体按照要素禀赋所决定的比较优势进行技术、产业方面的选择,从而最大化地提高利用效率、提升竞争力。这一经验对于我国处理政府与市场的关系具有重要的参考价值。

改革开放以来,我国进行了一系列行政体制改革和经济体制改革。在某种程度上,这些改革恰恰就是围绕着"正确认识和处理政府与市场的关系"这一核心问题展开的。

早在新中国成立初期, 为了快速实现社会主义改造和建立基本产业体系,加之苏联模式的影响,我国实行计划经济体制,在生产、分配以及消费等

---

① 此处论述并不意味着否定竞争的积极作用。实际上,在政府体系中,竞争是不可避免的,一定程度的竞争反而能够提高地方政府发展的积极性、推动同级政府关系的协调。这里更强调同级政府之间的合作以及其职责的重新梳理。

方面,均由政府进行事先计划。在这一时期,政府在资源配置中发挥着决定性作用,市场的自主性受到严重压制,甚至可以说没有成长空间。当然,在当时的历史环境下计划经济体制的功绩自然是不容抹杀的,尤其体现在经济发展水平低下、建设资金严重短缺、综合国力有限的条件下,通过行政指令的方式在短时间内将有限的资源集中到重点项目建设从而奠定了国民经济发展的基础。但是政府在资源配置中的决定性作用往往容易导致"统得过死",市场主体和地方的发展积极性相应也严重受挫,无法适应现代社会的竞争环境。简而言之,"原有经济体制有它的历史由来,起过重要的积极作用,但是随着条件的变化,越来越不适应现代化建设的要求"[①]。

1978 年以后,党中央逐渐认识到,单纯依靠政府来进行资源配置已然不可行了,充分发挥市场在资源配置中的作用成为新时期推动社会主义建设的关键。沿着这一逻辑,我国先后经历了从计划经济到有计划的商品经济再到社会主义市场经济的蜕变。单单从术语的变化上,就可以轻而易举地发现"市场"这一主体地位的提升。伴随着这一变化,市场在资源配置中的作用逐渐得到加强,市场主体的积极性和资源配置的效率也得到了极大提高。特别是在 2013 年党的十八届三中全会明确提出:"经济体制改革是全面深化改革的重点,核心问题是处理好政府和市场的关系,使市场在资源配置中起决定性作用和更好发挥政府作用"。这一论断既是对经济体制改革成功经验的系统总结,也是对未来如何处理政府与市场关系的战略部署。

结合新时期的实际情况来看,正确处理政府与市场的关系应当从两个方面来着手:一方面,要突出市场在资源配置中的关键作用。结合文本分析可以发现,市场在资源配置中的作用是逐渐增强的,例如党的十四大提出"我国经济体制改革的目标是建立社会主义市场经济体制……要使市场在

---

① 江泽民:《加快改革开放和现代化建设步伐 夺取有中国特色社会主义事业的更大胜利——在中国共产党第十四次全国代表大会上的报告》,《人民日报》,1992 年 10 月 21 日。

社会主义国家宏观调控下对资源配置起基础性作用"；党的十六大提出"在更大程度上发挥市场在资源配置中的基础性作用"，同时删去了"在国家宏观调控下"的定语；党的十七大提出"从制度上更好发挥市场在资源配置中的基础性作用"；党的十八大进一步提出"更大程度更广范围发挥市场在资源配置中的基础性作用"。从这些论述不难看出，市场主体的作用愈发凸显。但是，在肯定市场在资源配置中发挥越来越重要作用的同时，不可忽视的是，一些行政部门不断扩张权力、行政审批过多过长、对微观经济的直接干预过多等现象，仍然在很大程度上持续抑制着市场的成长，并导致一系列信号失真、资源错配以及效率降低等问题。①

另一方面，在强调市场在资源配置中的决定性作用的同时，必须强调要更好地发挥政府的作用。市场机制存在着天然的缺陷，容易导致垄断、外部性等问题，并可能导致公共物品供给的不完全以及区域发展的不协调等。这一系列问题都需要政府加以矫正和限制。正如刘国光教授所言："要用市场调节的优良功能去抑制'国家调节失灵'，同时用国家调节的优良功能来纠正'市场调节失灵'。"②

总而言之，正确处理好政府与市场的关系，实际上就是对政府与市场各自的职责进行重新梳理，划清政府与市场职责的边界。通俗地说，就是"该是谁的职责就是谁的职责，其他主体不要瞎掺和"——是市场的归市场、是政府的归政府。经济活动应该更多地由市场来负责，而公共物品供给、社会管理以及市场失灵矫治等领域则由政府来负责。唯有如此，才能协调好政府与市场的关系，充分发挥二者各自的强大作用。

---

① 参见若英：《如何正确理解政府和市场的关系？》，《红旗文稿》，2013 年第 23 期。
② 刘国光、程恩富：《全面准确理解市场与政府的关系》，《毛泽东邓小平理论研究》，2014 年第 2 期。

三、政府与企业：责任重释

国有企业改革和政企关系调整是贯穿中国经济体制改革的重要课题。政府与企业的关系，简而言之，就是指在某一个经济体中政府及其部门与不同所有制性质的企业之间的关系。在中国的语境中讨论政企关系，大多指的是政府与国有企业之间的关系。

由于历史的原因，在新中国成立以后的较长一段时间内，企业所有制关系比较单一，即基本上是由国有企业和集体企业组成的公有制企业。从1949年到1978年这段时间，虽然我国对国有企业管理体制进行了不断地调整，以期适应经济社会发展的需要，但是，由于这种调整和探索是在计划经济体制的框架下进行的，因而无法突破"计划"这一传统体制的根源矛盾，政企关系调整的核心也无非是企业管理权限在中央和地方之间的收收放放。①

从1978年到1984年这段时间，我国主要以"放权让利"为核心进行政企关系调整。改革开放以后，我国政企关系的变革是以给企业下放权力为突破口的。党的十一届三中全会指出："我国经济管理体制的一个严重缺点，就是权力过于集中，政企不分、以党代政、以政代企的现象突出。"在这一判断的基础上，中央进一步提出应当在坚持中央领导的前提下大胆放权，让地方和企业享有更多的自主权。随后，我国推行了一系列放权让利改革，并将重点放到将企业在政府之间进行隶属关系分配的传统格局、扩大企业的经营自主权和利润留成比例上。经过这一阶段的发展，我国对非公有制经济的认识逐渐成熟起来。非公有制经济不再被视为"洪水猛兽"，而被视为社会主义

---

① 参见第四章第一节相关内容。

经济体系中的必要组成部分。①

从 1984 年到 1992 年这段时间,我国主要聚焦"承包经营责任制"进行政企关系调整。放权让利改革固然对企业产生了巨大的激励作用,但在实践中却出现了不少"权力截留"——中央下放给企业的权力被地方政府及主管部门所掌握,和"资金截留"——企业通过各种不正当的手段截留国家收入的现象。为了避免这些问题,我国逐渐开始推广承包经营责任制。这一制度的核心内容就是企业在给国家缴纳固定利润的前提下,超额部分归经营者或者按比例分配。该制度以契约的形式明确了国家(政府)与企业的责任,既确保了国家财政收入,又使企业成为相对独立的经济实体,自主经营、自负盈亏。②

从 1992 年到 2002 年这段时间,我国主要是以现代企业制度的建立为核心进行政企关系调整。1992 年社会主义市场经济目标的确立,使得国有企业改革走到了"十字路口":如果不解决企业制度的创新问题,不积极探索新的企业制度,企业经营机制就不可能产生根本性转变。1993 年党的十四届三中全会在国有企业改革的思路上取得了重大突破,旗帜鲜明地提出要将建立现代企业制度作为我国国有企业改革的目标,并决定对国有资产实行"国

---

① 1984 年党的十二届三中全会通过的《中共中央关于经济体制改革的决定》中指出:"我国现在的个体经济是和社会主义公有制相联系的……对于发展社会生产、方便人民生活、扩大劳动就业具有不可代替的作用,是社会主义经济必要的有益的补充。""坚持多种经济形式和经营方式的共同发展,是我们长期的方针,是社会主义前进的需要。""利用外资,吸引外商来我国举办合资经营企业、合作经营企业和独资企业,也是对我国社会主义经济必要的有益的补充。"

② 1987 年党的十三大报告中指出:"实行所有权与经营权分离,把经营权真正交给企业,理顺企业所有者、经营者和生产者的关系,切实保护企业的合法权益,使企业真正做到自主经营,自负盈亏,是建立有计划商品经济体制的内在要求。这决不会改变企业的全民所有制性质,只会使企业更加生气蓬勃,使公有制经济的优越性得到充分发挥。""无论实行哪种经营责任制,都要运用法律手段,以契约形式确定国家与企业之间、企业所有者与企业经营者之间的责权利关系;都要通过竞争产生合格的经营者,以企业经营成果包括资产增殖作为奖罚经营者的主要依据,促进大批精明强干、勇于开拓的企业家在市场竞争的风浪中涌现出来;都要实行厂长(经理)负责制,完善企业内部各种经济责任制,整顿劳动纪律,严格科学管理;都要注意发挥职工的积极性和创造性,使经营者的管理权威和职工群众的主人翁地位相统一,形成经营者和生产者相互依靠密切合作的新型关系。"

家统一所有、政府分级监管、企业自主经营"的体制。这标志着我国对政企关系的认识达到了新的高度,也标志着我国国有企业改革进入了一个新的阶段。

2002年以后,我国国有企业改革取得了新的突破,政企关系调整也进入了一个新的时期。这一阶段,在产权关系方面,为了适应建立现代企业制度的要求,将现有的企业改造成了股份有限公司和有限责任公司;在管理方式方面,探索对国有企业的委托代理关系,期望从制度层面实现政企分开。沿着这一思路,2003年,中央和省级政府的国有资产管理机构(国资委)相继挂牌成立。国资委主要承担国有企业的改革重组以及国有资产保值增值等任务。国资委的成立,从制度层面实现了政府管理职能与国有资产出资人职能之间的分离,解决了出资人缺位导致的国有企业"九龙治水"却无人负责的问题。①

结合历史梳理来看,我国政府与企业关系的调整大致经历了从放权让利到政企分开、从企业内部改革到外部环境改造,最终到政府职能转变与市场机制塑造的过程。②沿着这样的路径,我国政企关系逐渐适应了现代社会和市场经济的发展,并形成了独具特色的关系模式。但是,即便如此,当前的政企关系仍然存在不少矛盾。

结合当前现实问题和未来发展趋势看,下一步政企关系调整尤为需要注意的问题在于要进一步厘清对"政企不分"和"政企分开"的认识。在传统意义上,学界和政界习惯于用"政企不分"来描述政府与企业关系问题的核心,并针对性提出"政企分开"。但是,"政企不分"与"政企分开"是否是对应的概念,本身可能就是存疑的。抽象地讲,将"政企分开"作为改革的原则是可行的,也确实成为了指导我国以往改革的主导性思路;但在具体的操作层

---

① 参见罗国亮:《改革开放三十年政企关系改革与启示》,《岭南学刊》,2008年第5期。
② 参见冯华、任少飞:《有效政府与有效市场:改革历程中的政企关系回顾与前瞻》,《山东社会科学》,2007年第7期。

面上，政府与企业是不可能完全分开的。"政府的公共管理职能一旦离开经济支撑，必将导致一事无成；现代社会的公益事业和公共物品很大程度上要依靠市场竞争优胜者提供的经济剩余，因此政府天然地具有与企业密切联系的冲动。"①在这个意义上，如果过多地强调"政企分开"，往往容易形成一种"不要政府"的错觉，进而可能影响改革实践。进一步说，政府与企业关系调整应当跳出关于政企分开的争论，而将重点放到责任的重释上，明确政府与企业各自的职责，在市场规则和法律制度的框架中进行相对平等的互动，使其各司其职、各履其责，从而形成适应行政体制改革与经济体制改革的政企关系。

四、政府与社会：责任重建

政府与社会的关系是任何一个国家在现代化进程中必须面对的基本问题。理论上看，政府脱胎于社会，植根于社会，并服务于社会。然而结合中国的改革历史和当前的实际情况看，在相当程度上出现了政府源于社会、却高于社会，政府植根于社会、却凌驾于社会，政府服务于社会、却管制社会的异化。这一现实注定政府与社会的关系成为政府纵向职责体系调整绕不开的一个问题。

改革开放以前，我国治理方式表现为政府统筹一切社会事宜，社会成员必须依附于一定的社会组织才能获得必需的生产生活资料。在这一时期，政府"大包大揽"，社会的自主性受到严重压制。不仅如此，社会组织还承担了不少本应该由政府组织承担的职责，在某种程度上成为了政治权力的辅助机构。这样的管理模式直接导致政府背负着沉重的财政压力，阻碍了社会活力的激发，同时也不利于整个国家政治经济文化生活的发展。

———————————

① 杨宇立：《转型期政企关系演进与社会和谐：背景与前景分析》，《南京社会科学》，2007 年第 7 期。

改革开放以后,伴随着经济体制的调整和社会管理体制的放松,许多社会组织开始如雨后春笋般出现。①这种变化是渐进式的,包括对农村管理和农业经营的放松管制、家庭联产承包责任制的实行和"撤社建乡"、原来的准行政组织"生产大队"被撤销、城市人事制度逐渐开始松动、单位也逐渐从党政机关的附属物转变为拥有一定发展自主权的社会主体等一系列环节。伴随着这一变迁,政府对社会的调控方式逐渐走向规范化、法制化和隐性化,开始由直接控制、微观管理和行政干预转向间接控制、宏观管理和多种手段并用。

我国政府与社会关系的变迁为当前政社关系调整提供了历史注解。在全面正确履行政府职能和推进国家治理现代化的背景下,塑造一个协调恰适的政社关系尤为重要,考察政府与社会职能的边界也就成为了一个非常棘手的问题。

事实上,古今中外,学者们关于政府与社会职能边界的讨论从未停止。无论是古典自由主义,还是福利主义抑或干预主义,政府的职能范围和作用方式以及政府与社会的关系一直处于动态调整当中。然而,由于实践中模糊性、复杂性和差异性的客观存在,政府与社会的职责边界非常微妙,理论与实践之间始终存在一定的距离。因此,要厘定政府与社会的职责边界,有必要切实地将理论联系实际,在问题导向的指引下反思理论与实践的偏差,从而为调整政府与社会关系提供基础与框架。

值得注意的是,由于受到西方理论的影响以及我国行政实践面临的现实问题,在很长一段时间内,我国将"小政府、大社会"视为政府体制改革和社会体制改革的指导性原则。但是,正如李普曼所说:"最好的政府是管制最少的政府,这完全正确;但同样正确的是,最好的政府也是提供服务最多的

---

① 20世纪80年代初期,中国第一批自下而上的农村技术服务型民间组织开始出现,如1980年四川省郫县成立的养蜂协会,广东省恩平县牛江镇成立的杂优稻研究会等。从1984年起,随着改革步伐的加快,城市民间组织的数量空前增长,民间组织发展出现一波新的高潮。

政府。"①世界银行 1997 年发展报告中也明确提出："如果没有有效的政府，经济的、社会的和可持续的发展是不可能的。"②换言之，关于限制政府作用范围的思考是必要的，但并不意味着政府越小越好，尤其是结合当前我国所处的历史阶段和区划差异显著的现实来看，应当有意识地规避"大政府""小政府"之争，转而强调在中国的条件下塑造一个"强政府"③——既有较高的治理能力，又能够有效地约束自身的活动，从而具有较为巩固的合法性基础的政府。④

总而言之，应当将塑造"强政府-强社会"格局作为推进政府体制改革和社会体制改革乃至国家治理现代化的指导性思路，充分发挥好"社会自我运行机制与政府公共职能的互补作用"⑤；而塑造这一格局的过程，首要的事情就是要划分清楚政府与社会的职责边界，从而为推动政社关系调整提供可以依托的框架。

当然，在实践中，能够严格划清政府与社会职责边界的领域并不多，大多数处于模糊地带。针对这部分职责，应当把握职责履行的不同层次和职责履行的不同方式。⑥例如，在经济职能领域，政府与社会的边界主要在于履行职责的层次不同：政府主要负责宏观领域的职责，社会主要负责中观、微观领域的职责。在社会职能领域，政府与社会的边界主要在于履行职责的方式不同：社会直接面向服务对象，提供具体的管理或服务；政府则通过对社会培育、规范和监管来间接地履行职责。此外，还应当创新探索新型管理方式，例如伴随着简政放权和社会组织直接登记制度改革的推进，"宽进严管"逐

① Charles Forcey, *The Crossroads of Liberalism*, Oxford University Press, 1972, p.139.

② 世界银行：《1997 年发展报告：变革中的政府》，中国财政经济出版社，1997 年，第 73 页。

③ 也有"有效政府""有为政府"的说法。

④ 参见朱光磊、薛立强：《服务型政府建设的六大关键问题》，《南开学报（哲学社会科学版）》，2008 年第 1 期。

⑤ 参见张康之：《限制政府规模的理念》，《行政论坛》，2004 年第 4 期。

⑥ 参见徐宇珊：《政府与社会的职能边界及其在实践中的困惑》，《中国行政管理》，2010 年第 4 期。

步成为政府部门对社会组织实施监管的核心逻辑，而黑名单制度也自然地成为了政府强化事中事后监管的关键抓手。①

五、政府与公民：责任重塑

自从政府诞生以来，政府与公民的关系就成为政治学界长盛不衰的主题。大略地划分，在传统社会中，政府与公民是一种统治主体与客体的关系，表现出单向统御的特征。②步入工业社会以后，管理行政逐渐取代了统治行政。为了维护社会秩序、缓和社会矛盾，管理型政府高举"价值中立"的旗帜，奉行以官僚制为基础、以效率至上为原则的管理主义。但在这一时期，政府与公民之间的关系仍然是单向度的，是一种以政府本位和权力本位为核心特征的单向管理形式。伴随着历史的演进，政府与公民的关系也发生了巨大的变迁，双向互动和协同治理成为新时期的核心原则之一。在这一时期，西方国家借助公民中心的公共服务、道德基础运动、反腐败行动、透明与公开、扩大公民参与、绩效改进等一系列措施推动了政府与公民关系的调整，重塑了政府与公民之间的信任关系。③

新中国成立以来，我国政府与公民的关系也经历了显著的转向，大致以改革开放为时间节点。从新中国成立到改革开放之前这段时间，我国在结合历史传统与社会实际并借鉴苏联模式的基础上塑造了具有中国特色的社会结构与管理体制，建构了一种威权主义式政府：政府是万能的；政府的权力和权威来自理性的授予；政府的主要职责是对社会进行全面控制；政府是唯

---

① 参见吕同舟：《政府职能转变背景下社会组织"黑名单"制度的建构》，《上海师范大学学报》，2018 年第 4 期。

② 参见高振杨：《政府与公民关系的历史逻辑》，《南京工业大学学报（社会科学版）》，2008 年第 1 期。

③ 参见张成福、孟庆存：《重建政府与公民的信任关系——西方国家的经验》，《国家行政学院学报》，2003 年第 3 期。

一的权力中心；公民必须服从政府的管制。①在这种理念下，形成了一个高度"单位化"的社会，即政府依靠对单位的控制来全面掌控社会和个人——极端一点甚至可以说，作为个体的公民被强制性制度变迁所"消解"，转而以政府"附属物"的形式而存在，从而受到全面的政治性掌控。在这一制度环境下，政府与公民的关系呈现出一种强政治、非正常、不均衡的状态。

改革开放以后，我国各个领域都发生了翻天覆地的变化。源自市场化改革导致的社会分化和利益结构的变迁，推动了原有的社会政治权力关系和利益关系的不断调整，为民主体制的萌芽和成长提供了坚实的经济社会基础。经历改革开放的洗礼之后，政府与公民之间原有的关系格局发生了显著变化，至少体现在以下几个方面：

首先，公民主体意识开始觉醒，对政府与公民的关系也更为敏感。改革开放带来的重大变化之一，就是利益意识的觉醒和社会利益的个体化——这意味着政府必须面对大量个体公民的利益诉求，而不能像传统体制中依靠"单位""人民公社"等神经末梢来吸纳社会。其次，现代民主价值理念的渗透为公民提供了新的评价尺度。伴随着改革开放的深化，民主和权利的观念深入人心，公民不再盲目认同父爱泛滥的政府管理模式，转而寻求参与和监督政府管理与运行的日常活动，对政务公开和政府透明也有了更高的要求。此外，法制的不断完善与进步也为政府行为的规范提供了制度性框架，"依法行政"已然成为政府管理活动中必须遵循的重要原则。②

结合政府职责体系健全和国家治理现代化的历史背景看，当前政府与公民关系的调整应当把握的"红线"是——政府的根本职责是为公民提供优质的公共服务。英国著名学者约翰·洛克曾经明确提出："政府重大和主要的

---

①　参见吴锦良：《政府改革与第三部门的发展》，中国社会科学出版社，2001年，第23页。

②　例如，自从1990年《行政诉讼法》颁布实施以来，人民法院共审理了将近180万件一审行政案件，其中被告平均败诉率约为20%。参见江必新：《完善行政诉讼制度的若干思考》，《中国法学》，2013年第1期。

目的在于保护公民的合法财产"①；新自由主义的代表人物弗里德利希·冯·哈耶克也阐述过类似的观点："需要重申的是，在法治之下，私人公民及其财产并不是政府行政的对象，也不是政府为了实现其目的而应加以运用的手段。"②这些论述都殊途同归地论证了同一个观点，即公民不是政府的行政对象，而是政府的服务对象。因此，在处理政府与公民关系的时候，政府必须秉持保护和保证一切公民权利的原则。这一原则在实践中直接体现为政府的根本职责在于为公民提供优质的公共服务，具体地看，至少应当包括保护性公共产品和建设性公共产品两类，③前者包括制定并执行法律法规、维护公共安全和社会公平、保证公民的利益不受侵害等，后者则指向那些能够直接增进公民利益的公共产品。

　　总而言之，政府与公民的关系是贯穿政府体制改革的主线之一，政民关系是政府体制改革和民主政治建设的重要外在表现。改革开放以来，我国政府与公民关系调整取得了重大进步，政民之间协调共治迈进了一大步。但是，结合政府纵向职责体系构建和国家治理现代化的历史任务看，当前我国政府与公民的关系还有待进一步优化。未来，政府应当重塑自身的公共责任，履行为公民提供优质公共服务的根本职责，保护、保证公民的一切权利，从而推动政府与公民关系的不断优化。

---

① ［英］约翰·洛克：《政府论》（下），叶启芳、瞿菊农译，商务印书馆，1981 年，第 77~78 页。
② ［英］弗里德利希·冯·哈耶克：《自由秩序原理》（上），邓正来译，生活·读书·新知三联书店，2003 年，第 271 页。
③ 参见米俊绒：《论现代政府与公民关系的嬗变及其匡正》，《中国行政管理》，2008 年第 5 期。

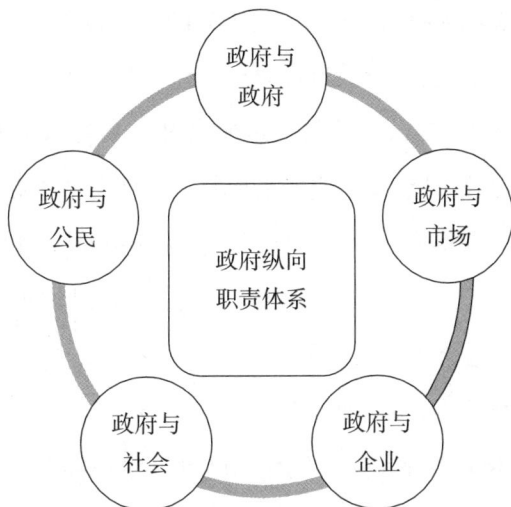

图 6-1 政府纵向职责体系构建需要处理好的五对关系
资料来源：作者自制。

第二节 行政问责是维持体系良性运行的制度力量

政府纵向职责体系所涉及的问题，从来就不局限于政府内部的职责划分和履责过程，而是一个涉及政府与市场、政府与企业、政府与社会、政府与公民等多元关系的综合体系。这一属性从本质上注定关于政府纵向职责体系的研究，不仅要着眼于政府自身的运作，还应当着眼于多元主体的有效互动。作为一种制度性力量的行政问责，恰恰提供了一种可能的工具。

一、作为一种制度性力量的行政问责

行政问责是为了保障行政机关及其工作人员行使好公共权力、维护好公共利益，由行政机关内部和外部的诸多主体对行政机关及其工作人员所

进行的监督和审查。从功能上看,行政问责是行政管理中的一种监督控制机制,目的是为了实现社会与行政自身对行政效率和行政效果的价值期待。[①]作为一种重要的制衡方式,行政问责是加强内部管理、维持体系运行、实现组织目标的有效手段。"组织问责的形成是源于两个基本原因,其一在于没有问责的组织难以取得成功,其二在于问责为了解组织的实际情况提供了有效的途径。"[②]对于其他社会主体来说,行政问责也是这些主体了解政府部门运作情况与运作效果的有效手段。

从系统论的角度看,关于某个系统的剖析,应当从整体与部分、整体与外部环境之间的相互联系、相互作用、相互制约的关系中,综合、精确地予以考察。[③]正如前文所述,政府纵向职责体系也是一个涉及诸多主体的系统,因而也可以运用系统论的分析方式。在这一场域中,多元主体的职责范围并未互斥,甚至在很多方面表现为重合甚至冲突,进而会导致资源的不必要耗散。因此,如何减少这种不必要的耗散,从而将有限的资源效用最大化地发挥出来,就成为系统必须面临的关键问题。具体到政府纵向职责体系中,结合我国当前实际情况以及国内外比较来看,如果能够将不同主体的职责边界有效划定、明确下来,应当就能够较为合理地界定不同主体作用的领域及其主次地位,从而减少系统内部的资源耗散,进而塑造高效、协调的行政体系。

作为政府纵向职责体系这一系统中的一种内在的作用力,行政问责恰恰是作用于行政机关及其工作履责过程的重要力量,有助于减少扯皮推诿与资源的内部耗散,也有助于政府职责边界的划定。具体体现为三个方面:

---

① 参见宋涛:《行政问责概念及内涵辨析》,《深圳大学学报(人文社会科学版)》,2005 年第 2 期。

② Dwight D. Frink, Richard J.Klimoski, Advancing Accountability Theory and Practice Introduction to the Human Resource Management Review Special Edition, *Human Resource Management Review*, No.14, 2004, pp.1–17.

③ 参见韩明谟:《社会系统协调论——关于社会发展机理的研究》,天津人民出版社,2002 年,第 64 页。

首先,行政问责蕴含着责任理念。实施问责制必然要求政府树立对公民负责、公共利益至高无上的理念,从而强化各级政府及公务人员的责任意识。当这种理念内化为公务人员的行为原则时,就会塑造出良好的行政品德,并渗透到其履责的过程中去。其次,行政问责的规范是依法治国原则的具体化,也是实现责任政府的重要步骤。行政问责规范表现为对行政机关及其公务人员应当承担什么责任以及承担责任不当可能导致法律后果的具体规定,为行政机关及其公务人员履责提供了制度性框架。最后,行政问责机制也是建立责任政府的重要保障。行政问责把对行政行为的监督、约束辐射到行政权力行使与政府责任履行的全过程中,使决策者、执行者切实成为责任的承担主体,从而塑造了事前、事中、事后全方位、立体式的监督约束模式。[①]

从形式上看,行政问责至少可以归纳为正式问责和非正式问责两类。前者的效用自不必赘言。对于后者,以工作会议为形式建立的非正式问责机制同样能够发挥关键性作用,因为这种机制集成了促进行为、使用非正式奖惩、非正式监测和部门竞争等因素,可以"以柔克刚",弥补正式问责机制对激发政策执行动力和意愿的局限性。[②]

总起来说,在国家治理现代化的背景下,通过理念、规范和机制的三者合一,行政问责成为了政府纵向职责体系内部的作用力和不同主体之间的交互力,推动着政府职责的有效划定和多元主体关系的有效协调,从而成为系统内在的、重要的制度性力量。

---

① 参见周亚越:《行政问责制研究》,中国检察出版社,2006年,第44~48页。

② 参见阎波、吴建南:《非正式问责、组织学习与政策执行:J市政府职能转变综合改革的案例研究》,《中国行政管理》,2018年第2期。

二、行政问责有助于合理划定政府职责边界

自从政府诞生以来,关于"政府应该在何种程度上受到限制"的追问,就成为中西方理论界共同关注的命题。如果对这一问题进行转化,实际上就是"政府职责的限度何在",换言之,也就是政府与市场(社会)的边界究竟在何方。作为制度性力量的行政问责,恰恰能够为政府职责边界的有效划定提供支持。通俗地说,这一问题可以细化为哪些属于政府应该履行的职责、哪些属于政府不应该承担的职责,以及政府应该履行的职责是否履行到位了、政府是否承担了不该承担的职责等。而这一系列追问,都可以在行政问责的过程中得以体现。

首先,从定义来看,行政问责的客体是行政机关及其公务人员,其所指向的是行政机关及其公务人员在履行公职过程中的行政行为,而这恰恰就是政府履职行为的人格化表现。行政问责通过对其公职行为的监督和制约,来督促公职人员正确、恰当地行使公权力、履行其职责、维护好公共利益;同时,对于行政机关及其公务人员违反法律法规和相关规章制度的行为加以追究与惩罚,从负面激励的角度推动其职责的有效履行。借助这样的过程,行政问责就有助于厘清"政府应当履行的职责是否恰当地履行了"这一问题,相应地,"政府该做的事儿有没有做好"的问题也就比较清楚了。

其次,除了"政府该做的事儿有没有做好"这一含义之外,行政问责还包含另一层意思,即"政府是否做了不该做的事儿"。行政权力自身带有的执行性特征激化了权力的自我扩张①,导致权力的行使者往往易于突破自身的合理界限,甚至侵犯公民、社会、法人以及其他组织的合法权益。事实上,"行政

---

① 参见季涛:《行政权的扩张与控制——行政法核心理念的新阐释》,《中国法学》,1997年第2期。

权的行使与其公益目的相偏离的现象是无法完全避免的"①。行政权力扩张的外在表现是政府职能的无序扩大,通俗地讲,就是政府干了不该干的事儿。政府职能的无序扩大极有可能挤压市场、社会等多元主体的生存空间,形成一个政府吸纳并控制社会的局面, 例如我国从新中国成立初期到改革开放之前的一段时间就处于这种状态。行政问责在实践中表现为对行政机关及其工作人员履责的制度约束,实际上就是对政府职责无序扩大的有效限制,从而有助于推动政府职责边界的合理划定和政府履责行为的有效规范。

三、行政问责有助于提高多元主体参与能力

在行政问责的实践中, 多元主体参与政府管理和进行自我管理的能力得到了锻炼与提高。客观地讲,当前我国多元主体参与政府管理和进行自我管理的能力还不太强。当然,政府的父爱主义泛滥和经济发展的不均衡是其重要诱因。但结合全面深化改革的现实需求来看,提高多元主体参与能力应当是行政管理体制改革和社会管理体制创新的重要内容。

民主政治是需要实践的;即便以西方较为成熟的民主体制来看,如果没有长期的实践与调适,主体同样无法适应这种环境。反观我国,正是因为多元主体参与政府管理和进行自我管理的能力还比较弱,才更有必要进行实践,并在实践中推动政府发展和政治发展。

行政问责的制度设计恰恰为多元主体提高参政能力和自我管理能力提供了试验场。从行政问责的过程看,多元主体向政府"发难",一方面是对行政权力的有效约束,另一方面也有助于破除对"政府万能"的迷信;与此同时,在某种意义上,行政问责也为民主提供了试验场,为民主政治的进步打下了一定的基础。

---

① 罗豪才主编:《行政法学》,北京大学出版社,1996年,第5页。

　　除此之外,行政问责还是嵌入国家治理现代化中的重要一环。①国家治理现代化是对我国未来一段时间总体发展的战略部署,既包含治理主体格局的现代化,也包含政府治理能力的现代化。具体地看,一方面,治理主体格局的现代化的要件就是多元主体治理能力的现代化。行政问责的过程就是多元主体使用法定权力、维护正当权益的过程。在行政问责发展的过程中,多元主体参与治理的能力将得到重大提升。另一方面,政府治理现代化往往与行政机关及其公务人员正确、恰当地运用行政权力、维护公共利益、履行法定职责密不可分。而行政问责恰恰可以监督行政机关及其工作人员正确地行使其权力、履行其职责,并对其不恰当行为进行有效规约,从而提高政府行政效能、推动政府治理能力的现代化。

第三节　网络治理与政府纵向职责体系的有效调整

　　作为一种治理模式,网络治理蕴含着多元主体、资源互赖等内在逻辑,恰恰契合了我国转型期的历史背景以及社会矛盾突出、利益结构分化等现实,并可以为推进政府职责体系健全和国家治理现代化提供重要支撑。

一、治理主体层面:以广泛参与塑造主体格局

　　从全球范围内看,在相当长一段时间内,科层制协调都是各国行政体系和社会管理运作的主要方式。但是,伴随着时代的进步,当今世界出现了如下种种特征:相互依存之日益紧密、日益扩展而又迅速变化;组织内部和组

---

　　①　参见徐继敏:《国家治理体系现代化与行政法的回应》,《法学论坛》,2014 年第 2 期。

织之间、部门内部和部门之间、以及国家内部和国家之间的互动日益频繁,但又总是为时短暂地跨越原有的各种边界。①这一系列特征注定科层制协调方式开始遭受挑战,因此,有必要寻找一种新的、更有效的方式。

网络治理模式认为,政府并非治理的唯一主体,非政府组织、私人部门甚至个人都可以成为治理主体,共同承担起公共治理的责任。换言之,要将有效解决问题相关的所有主体均纳入到治理网络中,塑造多元主体格局用以提高治理绩效。这种理念反映到政府纵向职责体系中,意味着要跳出传统的以政府为单一主体的思路,将涉及政府纵向职责体系运行的诸多主体都容纳进来,从多元主体互动的角度深入地剖析与考察职责体系。从另一个角度看,在现代社会中,伴随着人们价值观的多元化与社会利益的日趋分化,具有不同知识结构的个体对同一个客观现象的主观认识也越来越不一致。②这一情况导致政府在履行职责的过程中面临的情况越来越复杂。因此,为了实现有效治理,自然就有必要将具有不同利益和不同立场、观点的主体吸纳进政府过程。

事实上,多元主体格局的塑造与政府纵向职责体系的运行二者是双向互动的关系,即多元主体格局的形成和有效运转可以支持政府正确、恰当地履行职责、优化治理绩效,而政府纵向职责体系的运行过程中往往实现对多元主体的吸纳。具体地看,一方面,在现代社会,作为个体的"人"的自主性和能动性得到了极大提升,主体参与行政管理和进行自我管理的动力和能力也得到了显著提高。在这种历史背景下,传统那种仅仅将个体视为管理对象的模式已经无法适应现代社会的发展需要了。与此同时,社会管理也远远不局限于政府的单向度运作,而是越发成为一种关涉诸多社会主体的公共事务。另一方面,政府履行职责的过程,实际上就是政府与市场、社会乃至个人的交互。换言之,这一过程就是多元主体培育和提高其参与社会管理能力的试验场。

---

① 参见俞可平:《治理与善治》,社会科学文献出版社,2000年,第60页。
② 参见刘少华、朱致敬:《作为一种治理新模式的政策网络》,《理论探索》,2010年第4期。

因此,借助主体格局塑造和职责体系运行的双向互动,既能够强化多元主体参与公共事务管理的能力,同时也能促进政府高效履责、优化治理绩效。

二、治理机制层面:以主体信任打造互补战略

曼纽尔·卡斯特斯(Manuel Castells)曾经说过:"网络社会以全球经济的力量,彻底地摇动了以固定空间领域为基础的国家或其他任何组织形式。以往我们习惯思考社会的知识范畴,在信息化的社会中已经变得过时了。"[①]网络社会的扁平化、去中心化带来了运作机制和运作逻辑的变化。具体到网络治理当中,这就意味着,网络模式能否有效运转,往往依赖于其自身的一套独特的治理机制,其中核心部分之一就是主体间互信。简而言之,在治理网络中,并不存在持久的、具有绝对支配力量的核心行动者,因而集体选择、集体行动的关键,就在于多元主体之间建构起的相互信任关系。这种互动机制可以为网络运作提供合法性,[②]能够缓和正式管理控制与非正式联盟绩效之间的关系,[③]进而促进形成多边合作、有效降低合作成本、并提高产出。也就是,在治理网络中,信任是网络成员之间进行稳定合作的前提和基础。[④]正是在信任这一内在要素的作用下,多元主体间的互动合作才能够成为现实。反过来说,主体间信任的存在与延伸,也能够形成多元互补的战略局面,推动政府治理绩效的提升。

---

①　Manuel Castells, *The Rise of the Network Society: Economy, Society and Culture*, Blackwell Publishers Ltd, 1996. 转引自蔡晶晶、李德国:《政策网络中的政府治理》,《理论探讨》,2005 年第 4 期。

②　See Sherrie E. Human, Keith G. Provan, Legitimacy Building in the Evolution of Small-Firm Multilateral Networks: A Comparative Study of Success and Demise, *Administrative Science Quarterly*, No. 2, 2000, pp.327–365.

③　See Aimin Yan, Barbara Gary, Bargaining Power, Management Control, and Performance in United States-China Joint Ventures: A Comparative Case Study, *Academy of Management Journal*, No.3, 1994, pp.1478–1517.

④　参见刘波、王少军、王华光:《地方政府网络治理稳定性影响因素研究》,《公共管理学报》,2011 年第 1 期。

　　具体到政府纵向职责体系之中，主体间的相互信任同样是重要的战略要素。正如前文所述，对政府纵向职责体系的考察，不能局限在行政机关及其工作人员内部，而应当对政府履责过程中所涉及的所有主体及相关过程进行统合性分析。相应地，多元主体间的相互信任自然会对政府纵向职责体系的一系列过程产生重大影响，直观表现在以下三个方面：

　　其一，主体间信任有助于政府职能的切实转变。在未来较长一段时间内，职能转变依旧是我国政府必须面对的关键问题。政府职能转变，并不是简单的政府"退出"的问题，也不是简单地压缩政府职能空间的问题。政府职能转变的前提和基础应当是厘清在哪些领域政府力量需要加强、在哪些领域政府力量需要削弱甚至退出；而要弄清楚这些问题，缺乏主体间的相互信任是绝不可行的。换言之，只有在主体间信任这一要素的作用下，多元主体才能够在一个共同的场域中思考和分析问题，弄清楚各自应该负责什么，从而形成互补的战略局面。尤其是在突发事件应急管理中，主体间信任更是危机应对的关键。①

　　其二，主体间信任是政府纵向职责体系有效运行的"润滑剂"。在政府纵向职责体系的运行中，多元主体之间的信任关系是一种功效显著的"润滑剂"。在主体间信任的基础上应对复杂的现实问题，远比采取预测手段、运用权威或者通过讨价还价更为经济、便利。②这一点在实践中也得到了印证。借助主体间信任这一"润滑剂"的作用，往往能够有效地协调主体之间的利益矛盾，减少集体行动的障碍，从而推动政府的有效履责和社会的有效治理。

　　其三，主体间信任是推进国家治理体系和国家治理能力现代化的重要动力。在推进国家治理现代化的过程中，多元主体格局的塑造及其内在的合

---

　　①　参见杜旭宇等：《突发事件应急管理中的社会资本：作用及其机理分析》，《探索》，2010 年第 6 期。

　　②　See Walter W. Powell, Neither Market nor Hierarchy: Network Forms of Organzation, *Research in Organizational Behavior*, No.12, 1990, pp.295–336.

作互动必然是极为关键的构件;反过来说,只有形成了多元主体协调合作的局面,才能为持续推进国家治理现代化提供有力的支撑。在这个意义上,主体信任与国家治理现代化之间就实现了有效连接。依托主体间信任为纽带,可以型塑自我发展与自我更新的高效机制,从而推动各项资源的顺畅流动,进而为推进国家治理现代化提供结构性动力。

三、治理结构层面:以资源互赖划定规则架构

在网络治理模式中,政府、利益集团、私人部门等行动者围绕着某些公共问题,为了达成共同的目标,通过对话、协商、谈判等方式形成互动关系,从而建立起资源共享、互利互惠的治理结构。这种治理结构并不是正式的科层制结构,而是在多元主体之间形成的实际或潜伏的平等互利、资源共享、相互依赖的非线性网状结构。与此同时,由于多元主体所关注的核心问题以及利益表达方式与能力的差异,治理结构也就相应地呈现出多种形式,其中主体之间的资源交换与互惠互利关系,即所谓的"资源互赖(Resource Inter-dependence)"关系,构成了多元主体之间结构性关系的内核。

资源互赖关系,意味着"致力集体行动的组织必须依靠其他组织;为求达到目的,各个组织必须交换资源、谈判共同的目标;交换的结果不仅取决于各个参与者的资源,而且也取决于游戏规则以及进行交换的环境"①。换言之,在资源互赖的运作逻辑下,多元主体之间形成一种互利合作、平等共存的伙伴关系, 而非市场制中的单纯合同契约关系或基于正式权威的科层制结构(参见表6-1)。

当然,资源互赖的前提就是主体自身拥有一定的"资源"。在利益协调学

---

① [英]格里·斯托克:《作为理论的治理:五个论点》,《国际社会科学杂志》,1999年第1期。需要注意的是,斯托克实际上是在界定"权力依赖"这一概念时适用这一论述的,但抽象地讲,资源也可以被视为权力的一种特殊形式。在此未做细致区分。

派代表人物罗兹看来,资源是一个宏观的概念,包含着权威、资金、合法性、信息、组织五种类型。①在这个意义上,不同主体自然各具资源。例如,在上级政府与下级政府之间,上级政府需要下级政府的政治支持,下级政府需要上级政府的政策、资金支持;这样,"政策、资金支持"便成为上级政府的"资源","政治支持"便成为下级政府的"资源"。在政府与公民之间,政府需要得到公民的信任,公民需要政府来提供优质的公共服务;这样,"公共服务"便成为政府的"资源","信任"便成为公民的"资源"。在政府与市场之间,政府拥有为市场划定交易规则的权威,同时又需要市场发挥资源配置优势以提高治理绩效;这样,"划定规则的权威"便成为政府的"资源","资源配置优势"便成为市场的"资源"。唯有在这一基础上,讨论资源互赖才有确切的意义。

表 6-1　科层结构、网络结构与市场结构的比较

比较内容	特征		
	科层制	市场制	网络制
目的	中央执行者的利益优先	合作者的利益优先	提供交易场所
垂直一体化	高、生产投入所有权高度集中化	可变(静态网络中等,动态网络较低),所有权单元分散化	无,生产投入所有权分散化
信用	低	中等偏高	低
冲突解决	详尽的合约;行政命令	关系的、周期性的合约,共同协商,互让互惠	市场规范;法庭,法律体系
边界	固定、刚性,典型的静态连接或联合	柔性,可渗透,相对,潜在连接;强和弱,常常动态连接或联合	离散的、完全细微的;远距离、近距离、一次性连接或联合
联系	不间断;通过渠道(垂直);一点到多点或多点到一点	当需要时:直接;多点到多点	短期存在;直接;多点到多点
任务基础	功能导向	项目导向	一致性(一个当事人从开始到结束)

---

①　See David Marsh,R.A.W. Rhodes,Policy Networks in British Politics:A Critique of Existing Approaches,*Policy Networks in British Government*,Oxford University Press,1992,pp.11-20.

续表

比较 内容	特征		
	科层制	市场制	网络制
激励	低；预先确定过程步骤和产出，主要取决于固定工资	较高，业绩导向；利益来自于多重交易	高度强调销售额或市场
决策 轨迹	自上而下，远距离	共同参与或协商，接近行动地点	即时，完全自主
信息 收集	静态环境中的较低搜索度；通过专业化机构	分布式信息收集；中等搜索度	通过价格传递信息；价格向量极其重要，需要寻求价格
控制/ 权威/ 影响 模式	地位或规则为基础；命令/服从关系	专业技能或声誉基础，重说服；通过形成连接影响控制	通过价格机制形成共识

资料来源：李维安：《网络组织：组织发展新趋势》，经济科学出版社，2003年，第45~46页。

　　当然，必须强调的是，结合我国社会发展现实来看，主体之间的资源互赖虽然确实存在，但这种互赖关系却并非是完全对等的。实际上，互赖关系的不对称性不但是当前我国多元主体格局的现实特征，而且也将在未来相当长一段时间内持续存在。在这种不对称关系中，满足依赖程度较低一方的要求，就成为了保证依赖程度较高一方的生存与发展的必须条件。[1]大体而言，下级政府对上级政府的依赖程度远高于后者对前者的依赖，政府以外的主体对政府的依赖程度远高于后者对前者的依赖。[2]这一事实是考察政府纵向职责体系的重要前提。

　　简而言之，在政府纵向职责体系的运行中，资源互赖已然成为重要的规则和逻辑。在这个意义上，政府履行职责的过程也可以被视为多元主体进行

---

[1] 参见胡杨成、蔡宁：《资源依赖视角下的非营利组织市场导向动因探析》，《社会科学家》，2008年第3期。

[2] 例如，杨爱平教授曾经在研究社区居委会的行动逻辑时涉及街道办事处与居委会之间的不对称性互赖。有兴趣可以参见杨爱平、余雁鸿：《选择性应付：社区居委会行动逻辑的组织分析——以G市L社区为例》，《社会学研究》，2012年第4期。

资源交换的过程。进一步说,为了实现资源的有效交换,必须改变政府履责过程中的运作规则,尤其是那种简单的自上而下、行政命令式的方式已然行不通了。目前来看,虽然资源互赖仍然具有很强的非对称性,但无论如何,资源互赖可能导致的政府纵向职责体系运作规则的改变是值得特别关注的。实际上,这种改变也能够从当前的行政实践中得到一定程度的验证。

第七章

嵌套型异构：
政府纵向职责体系建构的可能模式

结合我国当前政府纵向职责体系的现实状态和改革面临的紧迫性来看，应当明确两个基本判断，即"职责同构不可行""职责异构不可取"。原则地讲，理想的政府职责体系应当是介于"职责同构"和"职责异构"之间的某种状态，此处将这种状态描述为"嵌套型异构"，进而尝试提出构建政府纵向职责体系的具体措施。

第一节　构建政府纵向职责体系的总体原则

一、介于"职责同构"与"职责异构"之间

我国当前政府改革的一个基本事实是：如果不能有效地改变同构式的纵向职责体系，必然会持续阻滞政府各项改革、阻碍政府职能的进一步转变、降低行政效能甚至政府公信力。但是，关于对"职责同构"的改革是否就是走向"职责异构"这一点，同样也是存疑的。事实上，结合我国政治发展和政府发展的实际来看，职责异构模式同样不可取。未来，应当在"职责同构"与"职责异构"之间尝试探索一种可能的模式。

（一）职责同构模式不可行

结合历史与现实来看，新中国成立以来，我国政府体系表现出的"职责同构"特征，成为政府职责履行、部门机构设置和府际关系实践所依托的结构性要素。在这个意义上，我国推行的一系列行政体制改革和经济体制改革都绕不开"职责同构"这个关键点。

职责同构的形成与发展具有深刻的制度性根源，至少表现在两个方面：其一，自从 1982 年以后，《中华人民共和国宪法》和《中华人民共和国地方各级人民代表大会和地方各级人民政府组织法》中关于政府纵向间职责配置、机构设置方面的规定并未发生根本性变化。结合对相关法律文本的分析可以发现，从中央、省、市、县直至乡镇，在立法权限、政府职责和机构设置方面存在着高度的趋同性。特别在例举地方各级政府职责时，最后一条往往都注明"办理上级国家行政机关（人民政府）交办的其他事项"。这一系列规定将政府所有的对内职责都潜在地贯穿到了整个行政体系中①，并为职责同构的最终成型提供了制度支持。

其二，我国的政党组织体系也是同构的。作为中国政治领导的"主线"，从中央到地方各级党委以及政府职能部门、国有企业事业单位和重要人民团体中的党组织同样表现出同构性特征。这种自上而下的政党组织体系虽然有利于强化政党对全社会的吸纳与领导，但无形之中也将同构特征渗透到了行政体系中，并在相当程度上对行政体制改革产生影响。

职责同构格局的形成与巩固，客观上有便于上级政府协调下级政府、提高行政效率、维持国家与社会稳定以及推动经济腾飞的考虑，在实践中也确实起到了相应的作用。例如，在政治发展领域，职责同构为中央加强对地方

---

① 参见朱光磊、张志红：《"职责同构"批判》，《北京大学学报（哲学社会科学版）》，2005 年第 1 期。

的管理与控制、维持国家与社会的安定提供了重要保障；在经济建设领域，特别在经济建设初期，借助这一模式实现了短时期内、围绕特定项目的重大资源配置——通俗地说就是"集中力量办大事"。但是伴随着经济体制改革和行政体制改革的进一步推进，这种制度优势正在逐渐弱化甚至丧失，并在相当程度上成为阻碍改革进一步深化的结构性障碍，遭受到越来越多的批判，集中体现在以下三个方面：

首先，职责同构下的全能政府阻碍着社会结构的进一步分化与整合。[①]市场化和分权化改革导致权力流向呈现出从中央向地方转移和从政治领域向社会领域转移两种态势，进而会弱化政府对经济领域的过度干预和严格控制、强化市场在资源配置中的作用，推动社会领域的分化和社会结构的调整。[②]社会领域的相对分离，要求政府在深化职能转变的基础上，明确不同领域的职能定位，并借此有效培育社会的自治能力，进而在公共事务的实践场域中强化政府与社会的良性互动。但是，职责同构模式下各级政府不可避免地要受到部门利益或地区利益的影响，有"动力"采取种种手段以便主导资源配置、尽量延缓政府向社会分权的过程，从而客观上阻碍着社会结构的进一步分化与整合。

其次，职责同构难以满足改革精细化的需要。逻辑地讲，既然存在"政府职能转变"，那么必然存在某种更佳的政府职能"状态"——这种从现有状态向更佳状态的变化才能称其为"转变"。然而，在当前制度框架下，"何种职能状态是更佳的"这一问题无法得到精细的描述，进而导致更多地只能依靠抽象论证——这种论证无疑可以提供理论上的帮助，但当改革步入更深层次、面临攻坚问题时，自然呼唤着更加具体、细致的方案。

最后，职责同构还会在相当程度上阻碍国家治理现代化的全面推进。国

---

① 参见朱光磊、张志红：《"职责同构"批判》，《北京大学学报（哲学社会科学版）》，2005 年第 1 期。
② 参见王南湜：《从领域合一到领域分离》，山西教育出版社，1998 年，第 153~161 页。

家治理现代化是新时代坚持党的领导、切实推进社会主义建设和有效实现治国理政的战略性部署。当前,职责同构下各级政府间职权范围和权力关系的模糊化和非制度化,往往容易导致政府权力的集分反复、公信力降低以及以政绩主导的评价体系等,客观上成为阻碍国家治理现代化的障碍。反过来说,借助政府间关系的调整,推动政府自身职能的改革和经济、行政、法律等诸多制度的变迁,也是推进国家治理现代化的题中之义。

可喜的是,学界和政界都已经认识到了这一问题,并有意识地进行了适应性的调整,典型表现为1994年开始推行的分税制改革和2008年开始推行的大部门体制改革。前者试图斩断政府纵向间经济管理部门与企业之间的利益链条,从而削弱职责同构存在的物质性基础;但就现状看,特别是结合转移支付规模相对较小和相关制度不规范的现实,财力上聚和公共事务下沉反而更容易导致地方政府履责无能。后者借助部门的撤并来实现职责的重新配置,虽然取得了相当显著的成绩,但因其更多地强调层级内部调整,而未能根本地触及职责同构的"根子",甚至出现了在"条条"对口的状态下单纯调整某一层级政府的职责及部门反而增加了府际协调难度的现象。①

站在历史与现实的结合点上看,"职责同构"形象地描述了中国政府间纵向关系的总体特征,一方面成为政府职责履行、部门机构设置和府际实践所依托的结构性要素,另一方面也勾勒出政府职能转变不到位、条块矛盾突出等系列问题的重要体制性原因。恰因如此,无论是从行政体系的实践过程还是从进一步推进政府职能转变乃至国家治理现代化的切实需要来看,特别在分税制改革和大部门体制改革取得一定成绩的基础上,"打破职责同构"、调整政府间纵向关系以及职责配置成为当务之急。

(二)职责异构模式不可取

前文已经重点介绍了美国、法国和日本三国政府职责异构的制度基础、

---

① 笔者2015年2月在深圳调研时发现,该市安全监管体制改革就面临这一尴尬的局面。

运作模式及其内在逻辑。如果说职责同构不能适应体制进一步改革和国家治理进一步发展的需要,那么职责异构模式是否就是破局之道呢?

结合历史发展和现实情况来看,如果仅仅以职责异构为改革目标——即便能够改革成功——同样是无法适应我国现行的政治体系和政府制度的,也无法实现深化政府职能转变和推进国家治理现代化的改革目标。究其原因在于,无论是同构抑或异构,都不仅仅是简单的政府职责划分的问题。进一步说,从政府纵向职责体系的角度看,我国纵向各层级政府之所以能够干着类似的"事儿",是与我国的政治制度、财政制度、发展模式等直接相关的。如果脱离这一系列要素土壤,职责同构必然是无法存在的。同样地,职责异构也并非简单地意味着各层级政府干着不同的"事儿",而是植根于宪法制度、地方自治、财政控制、府际关系等一系列要素土壤。如果简单地从职责划分的角度来考察职责体系,往往只能陷入脱离现实的"乌托邦"。

简而言之,职责异构模式不适应我国行政实践的主要原因有三点:

第一,缺乏法制保障。从国外发展实践看,不同层级政府干不同"事儿"这一点是得到宪法和法律保障的。以美国为例,联邦宪法就明确限定了联邦政府和州政府应当履行的职责,从而为职责异构提供了坚实的法制保障。但在我国现行的制度框架内,特别是宪法和地方政府组织法划定的权责体系仍然是一种"上下一般粗"的结构。如果要进行改革,就必须首先从宪法和法律入手,塑造职责异构得以存在的制度基石。

第二,路径依赖的作用。新中国成立之初,为了强化经济领域的管理而塑造了职责同构模式。伴随着市场化改革的推进,经济领域的同构逐渐被消解,但是政治领域和社会领域的同构却依旧存留下来,并嵌入了社会主义现代化发展过程和国家治理现代化的进程中。路径依赖的存在,必然会固化职责同构模式,并在相当程度上阻碍职责体系改革的深化。

第三,发展模式的影响。可以说,新中国成立以来特别是改革开放以来我国在经济领域取得的重大成就,与行政力量的强力推动是密不可分的,而职责同构的存在恰恰为充分发挥行政推动力量提供了渠道与基础。

在"职责同构不可行"和"职责异构不可取"的原则下,如何构建一种新的、符合中国政府发展实际的纵向职责体系成为新时期学界和政界必须考虑的重大问题。原则地讲,这种体系应当介于"职责同构"和"职责异构"之间,但是如何实现原则与实践的勾连与相互印证,尚需进一步探索。换言之,在有限度地打破职责同构这一原则的指引下,中国政府纵向职责体系究竟应当走向何方? 或者简单地说,在抽象层面,理想的政府纵向职责体系应当呈现何种形态?

二、"嵌套型异构":一种可能的构建模式

结合中国发展实践和国外模式参考来看,嵌套型异构或许提供了一种可能的选择。嵌套型异构的形态具体表现为:其一,从职责属性上看,政府纵向职责体系可以划分为同构部分和异构部分;其二,从职责范围上看,沿着从中央到地方的层级结构,职责范围呈现逐渐缩小的态势,低层级的职责范围嵌套于高层级的职责范围之内;其三,从结构类型上看,不同于传统意义上的"上下对口、左右对齐",嵌套型异构的职责结构类型比较复杂、涵盖种类较多,具体包括"中央专属职责""中央—省"同构、"中央—省—市"同构、"中央—省—县"同构、"中央—省—市—乡(镇)"同构、"中央—省—县—乡(镇)"同构以及"中央—省—市—县—乡(镇)"同构七种。这样,每一"串儿"单独看起来是同构的,但放到整个政府纵向职责体系中来考察则又表现出异构的特征(参见图7-1)。

中央	中央	中央	中央	中央	中央	中央专属

省	省	省	省	省	省

市	市	市

县		县	县

乡镇		乡镇	乡镇

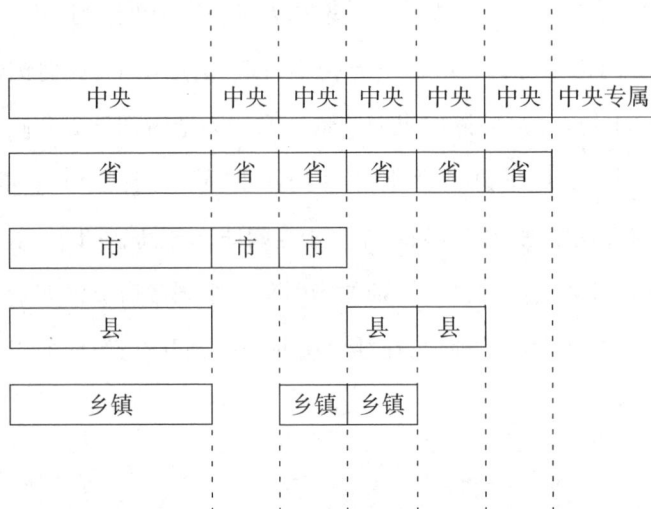

图 7-1　"嵌套型异构"模式示意图

资料来源:作者自制。

　　具体地看,在结构层面,嵌套型异构可以被视为同构和异构的结合体。按照一定的标准将政府职责划分为需要所有层级政府共同承担的部分和仅需某几个层级政府承担的部分。对于前者,保持着当前从中央到地方各层级政府在纵向间职责、机构设置上较高的一致性;对于后者,则要明确该项职责应该由哪几层政府承担:如果由中央专属承担,则职责、权力、财政资源要匹配到位;如果由中央与地方若干层级政府合作承担,各层级政府作为履责主体的地位应当是明确的,履责内容应当是清晰的,所需财力也应当得到制度保障。相应地,本质上为了履行职责而设立的政府机构,自然也应当遵循"因地制宜"原则,不必在所有层级设立相同的职能部门,而应当根据业务性质的不同灵活设置。例如,减少常设性、永久性机构的设置,尊重不同层级的政府和处于不同经济社会发展程度的地区在机构设置和职能配置上的差异性等。

　　在运行层面,嵌套型异构强调按照实际需要将执行权分解到若干政府层级,而不必分解到所有层级。如果说西方国家主要是依据不同的公共事务类别在纵向各级政府间进行划分,那么我国则主要依据构成要素在政府间进行划分——换言之,几乎所有公共事务的决策权都在中央,而其执行权则落在地方上。[①]这一区别正是我国政府间纵向关系特殊性之所在。而且,可以合理地推断,在未来一段时间内,这种划分方式并不会发生根本性的变化。但是,反过来说,即使将决策权划归中央,也不意味着执行权必然要分解到纵向各个层级。通俗地说,如果某些职责适合中央政府独立承担,那就将决策权和执行权都划归中央政府,例如国防、外交等;如果某些职责适合中央、省两级政府来承担,那就将决策权划归中央政府,执行权划归省政府;如果某些职责适合中央、省和市三级政府来承担,那就将决策权划归中央政府,执行权划归省政府和市政府;以此类推。

当然,有必要强调的是,关于嵌套型异构的探讨,仅仅是逻辑层面的抽象推导。鉴于相关问题的高度复杂性和行政实践的多样变动性,未来在改革过程中,至少需要注意以下四个关键性的问题:

第一,构建政府纵向职责体系的过程不是"一蹴而就"的,而是一个渐进推进的过程。关于纵向职责的配置并非简单地由中央出台几项规划就可以改变,其中涉及纵向权力划分、财政体制改革、行政区划变动甚至部门利益与地区利益等方方面面的问题。如果不能进行统合性的改革,仅仅在"职责"上做文章是不可行的。这就注定构建政府纵向职责体系是一个长期、渐进的过程,不能采用暴风骤雨式的改革方式,而应当从多方面体制、机制协同改革入手,分步骤、分阶段地推进。

第二,政府纵向职责体系应当为可能出现的新职责预留制度空间。伴随着政治、经济、社会、文化、生态各项体制改革的推进,不少新问题开始显现,客观上需要政府承担起相应的职责。对于这部分职责而言,由于没有常例可循,往往容易出现主体不清、履责不力的情况。因此,在构建政府纵向职责体系的过程中,应当考虑为这部分职责预留制度空间。在操作过程中,可以以

---

① 参见刘尚希等:《明晰支出责任:完善财政体制的一个切入点》,《经济研究参考》,2012年第40期。

"国家辅助性(The Principle of Subsidiarity)"原则为准则,对于个人能够独立承担的事务,由个人承担,唯有个人无能为力之时才需要公共权力的介入;同时,对于下级政府能够独立承担的事务,由下级政府独立承担,唯有下级政府无法独立承担时才由上级政府提供辅助。①

第三,嵌套型异构模式虽然将职责体系大略地划分为同构部分和异构部分,但并不意味着两者的界限是清晰的。事实上,如果抽象地看,改革的总体路径应当是同构部分逐渐被"溶解""稀释"从而蜕变到异构部分,直到极限为止。也可以简单地说,理想状态下,同构部分的职责维持在"必要"的规模即可。

第四,强化制度保障,推进改革持续深化。在构建政府纵向职责体系的过程中,应当进一步强化制度建设、巩固已有成果,从而为改革的持续深化提供扎实的基础。特别是充分发挥法律权威这一点,更值得引起重视。制度保障是维护体系良性运行的关键要素之一。以往我国政府纵向职责配置和职责体系建构方面出现的不少问题,在很大程度上根源于制度保障不到位。可喜的是,高层已经开始重视这个问题,近年关于行政审批下放、推行"权力清单"等一系列改革均可以被视为改革制度化的重要内容。未来,应当进一步将强化制度保障,为改革的持续推进和深化提供坚实的基础。

三、"嵌套型异构"的内在运行逻辑

作为构建政府纵向职责体系的理想模式,嵌套型异构描述了一种介于同构和异构之间的状态。探究这一状态的内在运行逻辑,有助于强化对其内生机理的理性认识。具体地看,嵌套型异构的基本逻辑集中体现在从级别优

---

① 参见谈志林:《欧盟立宪进程中的地方自治与中国地方制度的演进》,《浙江社会科学》,2004年第4期。

先到职责优先、从刚性管控到弹性协调以及从非制度化到制度化运行三个方面。

(一)从级别优先到职责优先

在行政实践当中,地方政府既是地方国家权力机关的执行机关,也是中央和上级政府领导的下级行政机关。相应地,其权力也来源于两个途径:其一是通过地方国家权力机关得到外部授权;其二则是作为本区域的行政机关,直接或间接地通过上级行政机关从中央政府得到内部授权。结合当前权力配置的实际状况看,源自地方人大及其常委会的权力极其有限,而内部授权则是地方政府获取权力的主要途径。①

在这种情况下,行政级别天然地成为了衡量地方政府权力大小的关键,甚至是唯一的标准。恰因如此,在政府履责过程中,尤其当需要不同政府或不同部门协同时,行政级别既是协调主体间关系的重要标准,也可能成为某种制度性障碍——级别上的不对等往往容易导致上级对下级的不恰当限制,而级别上的对等则又可能导致"九龙治水"。例如,在黑龙江、山西等地调研煤炭安全监管体制改革时,不少行政官员认为当前煤炭安全监管形势不容乐观的重要原因之一,就在于煤监系统与其所监察对象的级别不对等;进一步说,他们认为推动煤炭安全监管工作的突破,关键就要让煤监部门的级别提起来。②又如,2010 年至 2013 年期间天津市滨海新区管理体制运行不顺的症结,其中之一就在于正局级的滨海新区行政区和其下辖的九个正局级功能区管委会及三个正局级城区管委会之间的协调难度非常大。在级别优先的前提下,政府间纵向关系出现"向上看齐"以及地方政府试图通过提升行政级别来谋求权力的"升级锦标赛"就不可避免。因此,要想有效地协调政

① 参见王雪丽:《中国"省直管县"体制改革研究》,天津人民出版社,2013 年,第 193~194 页。

② 参见访谈资料(2014-09-25)、访谈资料(2014-09-26)、访谈资料(2014-10-22)、访谈资料(2014-10-24)、访谈资料(2014-10-24)、访谈资料(2014-10-24)、访谈资料(2015-02-09)、访谈资料(2015-02-10)、访谈资料(2015-02-11)。

府间纵向关系,就有必要重新审视"行政级别"和"行政权力"。

作为一种理论探索,嵌套型异构试图对这一问题开出"药方",即要从"级别优先"走向"职责优先"。换言之,应当尽量淡化甚至超越行政级别与政府权力的关系,关注不同层级政府及部门应当履行的职责以及职责之间的相互嵌合,重新设计和规范政府权力配置标准,在各层级政府之间通过一系列立法活动,系统、周全地划分事权。这种"从级别优先到职责优先"的思路转换,有助于有限度地打破职责同构,塑造一种更为协调的政府间纵向关系。

可喜的是,在地方行政体制改革当中,已经出现了类似的迹象。例如,早在 2013 年,广东省佛山市顺德区发布的《深化综合改革规划纲要》中就明确提出,要按照"责、权、利"统一原则,改变区镇职能、职责和机构设置上高度统一的做法,在区和镇街两级结构中有意识地弱化行政级别,把重点放到不同层级如何更好地履行职责上——即区级政府要强化统筹调控能力、镇街要增强管理和服务经济社会功能,从而使不同层级的政府[1]在一定程度上有所侧重地履行不同职责,进而实现功能错位和优势互补,增强资源配置的效果。又如,在一些经济发达区域,快速城市化导致基层政府的规模和职能迅速扩张,原有的机构无法适应城市的发展,加上这些城市往往拥有发展较为成熟的公民社会,导致城市治理的主体开始走向多元化。在杭州,伴随着社会复合主体的成长,政府开始更多地倚重"中间平台"来履行其职责。[2]这些基层探索对于协调政府间纵向关系无疑是有利的,也值得在更大范围内进行试点乃至推广。

(二)从刚性管控到弹性协调

为了维护国家主权的完整,任何国家的全国性政府都必须对区域性政

---

① 严格意义上,街道办事处仅仅是市辖区人民政府的派出机构,而非一级政府。在这里做了模糊表述。

② 参见陈娟:《复合治理:城市公共事务治理的路径创新——以杭州"社会复合主体"实践为视角》,《中共浙江省委党校学报》,2011 年第 4 期。

府施加一定的监督与控制。但是如何施加这种影响就是一个颇具艺术性的问题了。新中国成立以来，职责同构的制度设计，以及传统文化发展变迁积淀下的"重权力归属、轻权力运作"①的政治理念，成为中央政府对地方政府施加刚性管控的体制基础和思想基础，具体表现在诸如基于中央本位主义纠结权力的集分，或上级政府以行政命令、行政监督以及干部提拔任免为主要手段等方面。其自然结果就是，地方政府在履责过程中更多地考虑的问题并非是如何为公民提供优质的公共服务、而是如何迎合上级需求、完成上级交办的各项任务。

我国长期以来习惯采用的刚性管控方式虽然高效便捷，但无疑在相当程度上限制了地方政府的自主性和活力，也可能降低整个体系的运行绩效。与此同时，客观形势的变化，使得政府间纵向关系协调方式从刚性向弹性转变具有了典型的必要性和可行性。一方面，采用刚性管控的重要目的之一是便于强有力的政治领导，从而实现全面的政治整合。但伴随着市场化改革和分权化改革的推进，过去那种全面的政治整合逐渐变得不合时宜，相反，政府的公共管理职能却变得更加突出。另一方面，伴随着改革的步伐，社会形势更加复杂，地方政府发挥自主性的空间和需求也越来越大，自然需要更强的灵活性以应对外界变化的挑战。此外，从域外典型国家经验来看，采用弹性协调方式应对政府间纵向关系也是普遍做法。②

作为一种理论探索，嵌套型异构并不拒斥上级政府对下级政府施加调控，而是强调作用方式的变化，即试图采用更具弹性的方式协调政府间纵向关系，以便更好地提升体系绩效。具体地看，可以从以下几个方面入手：其一，更多地发挥财政工具的作用，一方面给予地方以自主性，另一方面又借助财政转移支付以及财政资金监督等治理工具，实现对地方政府的有效管

---

① 参见赵聚军：《"重权力归属、轻权力运作"传统的形成及其对当代中国政府发展的影响》，《重庆社会主义学院学报》，2012 年第 2 期。

② 参见吕同舟：《国际比较视野下政府纵向职责体系研究》，《比较政治学研究》，2015 年第 2 期。

控;其二,畅通下级政府意见表达渠道,从制度设计上保障其表达自由,尤其在一些重大决策之前, 上级政府应当主动地同下级政府进行沟通协商;其三,在完善人大释法体系的同时,创新央地关系协调和仲裁机制,①应对那些由经济社会发展导致的相关法律法规相对滞后的情况, 以及在实践当中出现的事务划分或权利配置方面的冲突。

(三)从非制度化到制度化运行

正如前文所述,职责同构格局的形成和自我固化,实质上是以政府内部授权作为地方政府权力获取主要途径以及相关法律制度规定空泛的自然产物。具体地看,一方面,当前我国地方政府的权力主要来源于内部授权。这一渠道本身并无问题,但之所以在实践当中出现各种乱象,关键在于政府内部授权的随意性,尤其体现在上级政府在这一过程中占据主导地位这一点上。另一方面,现行地方组织法中对各级政府职权的规定过于笼统,不仅没有明确央地之间的职责区别,也未对省以下各级政府的职责做出细致划分。这两者的共同作用,导致"在缺乏法律明确授权的前提下,政府职权划分的性质是行政性的,而非法治性的;依据主要是政策文件而非宪法、法律;主体是行政机关自身而非独立的第三方(如立法机关)"②。这一客观事实,凸显了权力资源配置中的随意性和模糊性, 也暗示着当前政府间纵向关系中较为显著的非制度性。

实际上,当前政府间纵向关系领域出现的各类问题,很大程度上与运行过程的非制度化直接相关。基于这一判断,嵌套型异构试图超越这种非制度化,运用多种方式塑造规范化运行的格局,尤其体现在以下两个方面:其一是政府内部授权的制度化。一方面要制定一套运行规则和基本流程,规定上级政府可以通过何种方式、以何种标准和程序对下级政府进行授权,另一方

---

① 参见王浦劬:《中央与地方事权划分的国别经验及其启示:基于六个国家经验的分析》,《政治学研究》,2016 年第 5 期。

② 参见李燕英:《对我国政府职权的法学思考》,《行政与法》,2008 年第 2 期。

面要强化监督——这里的监督，既包括监督上级政府对下级政府的授权过程，也包括监督下级政府权力行使的过程，从而切实实现内部授权的规范化。其二是以维护中央政府权威和国家统一为前提，适度扩大地方人大的授权空间。这与世界范围内行政发展的趋势也是一致的。当然，这里涉及另外一个关键性的问题，即要先落实纵向政府间的政治性分权，才能保障地方人大在地方政府资源配置中的作用落到实处。但是无论从何种意义上，适度扩大地方人大授权空间都是题中之义。

第二节　构建政府纵向职责体系的具体措施

一、合理配置纵向政府职责

合理配置纵向各级政府职责的首要原则是：该是哪一级政府的职责，就要配置到哪一级；配置到哪一级政府的职责，必须由哪级政府负责到底；对于重要的事项，政府间可以有交叉，但权力和责任要分清楚。在行政实践中，很多时候某一级政府履行了其不该履行的职责、同时又未履行其应当履行的职责。这种主体与内容的错位，是导致政府职责不清、履责无能的重要原因之一。因此，未来在构建政府纵向职责体系的过程中，有必要厘清各级政府到底应该承担哪些职责，并强化制度建设以督促其切实地履行好这些职责；同时，在这一基础上将权力"确"下来，该给哪一级就给到哪一级、"该给的给到位、不该给的一点不给"。唯有如此，讨论各级政府纵向职责配置才有确切的意义，否则只能是"镜中花、水中月"。

第一，要按照公共服务的外溢性和公共服务管理信息的对称性与效率划分纵向各级政府公共服务职责。应当根据公共服务外溢程度的大小，决定由哪一层级政府来单独承担或由若干层级政府共同承担。但是值得注意的是,即便是对于那些若干层级共同负责的公共服务,也必须确定责任主次。同时,应当考察公共服务管理信息的对称性和效率。[①]如果上级政府难以掌握某项公共服务的居民偏好,管理层次过多反而会导致效率下降和成本过高,那么该项服务的职责就应该由较低层级的政府负责。

第二,要区分地方政府职责的强制性和非强制性,理顺地方政府的职责分工。[②]可以借鉴法国和日本的经验,将地方政府的职责划分为强制性职责和非强制性职责,并借助立法的形式固定下来。强制性职责是法律规定地方政府必须履行的职责,例如基础教育、社会保障、环境保护等,从而避免地方政府出于地方利益的考虑而逃避某些公共服务职责。理论上讲,强制性职责应当更多地配置到省以下政府,并且由同级人大负责监督其履责情况。非强制性职责是可以由地方政府自由处置、自愿选择的职责。对于这部分职责,由地方政府根据实际需要自行决定,但必须在法律框架制度之内运行,并不得侵犯其他地区的合法利益和中央权威。这部分职责为地方政府的自主发展提供了制度空间,促进了地方政府的良性竞争,并为理顺职责分工、减轻负担提供了可能。

第三,纵向各层级政府的职责配置结构,自上而下呈现出从宏观到微观逐层次递减的序列。总体上看,中央政府和省级政府主要履行宏观管理职责;地市级政府起到承上启下的作用,主要履行统筹、协调、监督等职责;县/区、乡/镇的基础性和微观性决定了其政府的执行性和实务性,主要承担具体的社会管理和公共服务职责。同时,在法定职责范围内,中央的决策主要依靠中央政府来执行,地方政府予以协助;该由地方决策的事情,中央政府也不要"越俎代庖"。例如,应该由中央政府承担的职责,比如国防、外交等,中

---

① 参见倪红日:《对中国政府间公共服务职责划分的研究》,《财政转移支付和政府间事权财权关系研究》,中国财政经济出版社,2007年,第93~105页。

② 参见张志红:《当代中国政府间纵向关系研究》,天津人民出版社,2005年,第370~371页。

央自行组建执行系统,部分委托给适当层次的政府代理。此外,地方有贯彻中央决策的职责,主要自行执行,并由上级政府进行监督。例如,兴办开发区的职责就适合安排给较大的市,县级政府不要参与;而诸如环卫、养老幼教、休闲娱乐等事项,则适合交由基层负责,上级政府不要过多插手。①

二、渐进调整政府机构设置

职责决定机构,机构服务于职责;职责的调整必然伴随着机构的改变。在合理配置纵向各级政府职责的基础上,有必要对政府机构设置进行调整。其总体原则是因地制宜、不强求"上下对口、左右对齐"。正如前文所述,既然不同层级的政府职责应当有所差别,那么为了履行这些职责而设立的机构自然也就不必在所有层级设立相同的职能部门、再在这些机构之间划分管理责任了,而应当根据业务性质的不同来考虑政府机构的设置。②

第一,对于中央专有事务,应该由中央垂直管理。职责同构的政府组织结构虽然为强化中央领导提供了载体,但却未必能够保证地方政府完全听命于中央。事实上,由于中央政府缺少独立的执行机构,导致大多数公共事务的处理都离不开地方政府。一旦中央和地方的利益诉求出现冲突,一系列问题就随之产生了。因此,为中央专有事项设立独立的执行机构很有必要,从性质上看这些机构属于中央在地方的派驻机构,在人事、财政、编制上与地方脱钩。这样,一方面,中央在履行专有职责时拥有自己的执行系统,自己决策、自己执行,从而可以更好地发挥中央政府的作用;另一方面,地方政府能够专心做好自己职责范围内的事务,相应地政府机构也实现了"瘦身",从而有效提高政府绩效、降低运行成本。

---

① 参见朱光磊、薛立强:《服务型政府建设的六大关键问题》,《南开学报(哲学社会科学版)》,2008 年第 1 期。

② 参见周振超:《当代中国政府"条块关系"研究》,天津人民出版社,2008 年,第 230~232 页。

第二,对于中央和地方相交叉的事务,可以延续当前上下对口的机构设置,但有必要改变"双重领导、条块结合"的旧思路,明确应当以哪一方为主,以最大程度地避免职责不清、相互推诿。简单地说就是,机构设置的对口是必要的,但如果什么都搞对口,反而会阻碍政府职责的履行,机构膨胀、人员编制等问题也就难以得到有效解决。

第三,对于地方事务,中央要鼓励地方政府"自选动作",因地制宜地调整、设置机构,不要随意干涉。例如,如果高等教育划归中央政府管理,普通教育划归地方政府管理,教育部就不必再设立普教司。①事实上,伴随着现代化建设和分权化改革的推进,在当前的行政实践中,地方"自选动作"已经越来越多了,并日渐发挥着重要作用。

三、调整公共财政支出结构

我国公共财政支出结构的调整与优化必须坚持"一要吃饭、二要建设"的原则,将财政资金逐步转移到政府有效履行职责和满足社会公共需要上来,突出公共财政的特征,真正做到"有所为、有所不为"。具体地看,可以从以下两个方面着手:

第一,以公共财政理念为导向,科学界定财政支出范围。现代意义上的公共财政与传统的国家财政或政府财政有本质的区别。现代公共财政着眼于弥补市场经济条件下的市场失灵,以提供公共服务满足社会公共需要为主要目的。因此,要调整财政支出结构,必要的前提就是以社会公共需要为准绳,合理界定政府与市场的责任范围。通俗地讲,凡是市场机制能够自行解决的事务,政府就不要通过财政手段来干预;只有市场机制解决不了或解决不好的事务,政府才有必要介入。政府应当改变"大包大揽"的旧思维模

---

① 参见喻希来:《中国地方自治论》,《战略与管理》,2002 年第 4 期。

式,逐步引入市场调节机制,真正做到"有所为、有所不为"。

第二,以改善民生为重点,进一步增加社会性支出。从世界范围内看,伴随着经济发展和国家财力的增长,社会性支出上升成为普遍性趋势。我国当前的社会性支出虽然较之以前已经有了极大突破,但与国外发达国家相比,无论是支出总额还是在支出结构中所占的比例,都有待进一步提高。未来,我国财政支出结构调整的重点应当是进一步增加用于公共服务和改善民生的财政支出,让人民共享经济发展成果,消弭社会矛盾,实现经济社会的可持续发展。

四、持续推进行政审批改革

转变政府职能是行政体制改革的核心,其实质是行政权力的重新配置。行政审批改革也就顺理成章地成为政府职能转变的集中体现和纵向职责体系构建的关键一环。[①]未来,应当把行政审批改革作为深化行政体制改革的重要突破口,彻底改变与社会发展和市场经济不相适应的行政权力配置格局,释放市场、社会的活力,塑造行政权力公开科学运行、多元主体有效参与的良性格局,进而推动国家治理体系和治理能力的现代化。

首先,必须正确认识行政审批的定位。自从 21 世纪初提出建设服务型政府目标以来,"从管理走向服务"似乎成为了一种"鼓舞人心"的口号。但是这种说法却潜在地将管理与服务二者对立起来,并试图以后者取代前者。实际上,管理与服务并非是一组相互冲突的概念。作为对企业和公民参与社会经济活动的身份条件和行为标准的限制,行政审批同样是现代社会运行的关键一环。正因如此,推进行政审批改革,不仅仅是简单的"放权"问题,也不是单纯数量意义上的"越多越好"的问题,而是要在综合考量社会发展阶段和

---

① 参见王军:《深化行政审批制度改革的理论沉思与路径选择》,《哈尔滨市委党校学报》,2013年第 5 期。

政府绩效的基础上,合理确定哪些权力"应该放"的问题。同时,即便是把该放的权力放到位了,也并不意味着政府就没有责任了,而是要将事前审批更多地转为事中、事后监管,从而为各类主体营造公平竞争的发展环境。在这个意义上,深化行政审批制度改革实际上是减少行政审批项目、下放审批事项、强化事中事后监管的有机统一。[①]

其次,必须遵循法治原则。原则上要将行政审批尽可能地纳入《行政许可法》的调整范围之内,最大限度地运用法律来规范和控制行政审批。[②]未来在继续推进行政审批改革的过程中,应当以法律为准绳,贯彻、落实行政审批权的法制化、科学化,规范行政审批事项,强化监督新增行政审批事项。

最后,在具体措施上,可以考虑从以下四个方面入手:第一,进一步清理、减少和调整行政审批项目。继续对现行行政审批项目进行清理,秉着"应减必减、应放必放"的原则,进一步取消和调整行政审批项目。对于这些"减"和"放"的项目,应当督促各级政府加强事中、事后监管,确保落实到位。第二,积极推进行政审批规范化建设。对于当前保留的审批事项,必须依法进一步简化和规范审批程序、优化审批流程、提高审批效能。第三,完善行政审批事项动态管理监督制度,强化行政审批的全过程监控。[③]第四,加强行政服务中心[④]建设,转变管理理念,改进服务方式,为多元主体提供更加优质、高效的服务。

---

① 参见王澜明:《深化行政审批制度改革应"减""放""改""管"一起做》,《中国行政管理》,2014年第1期。

② 参见魏琼:《简政放权背景下的行政审批改革》,《政治与法律》,2013年第9期。

③ 参见陈雍:《深化行政审批制度改革　推进服务型政府建设》,《行政管理改革》,2012年第8期。

④ 行政服务中心实际上是一个总的称谓,具体命名多种多样,例如行政审批服务中心、行政服务中心、市民中心、政务服务中心、政务中心、投资服务中心、政务大厅、招商服务中心等。宋林霖教授曾经从广义和狭义两个角度对行政服务中心做出界定,认为广义的行政服务中心,是指具有一站式服务形式的政府平台;狭义的行政服务中心,仅指以组织、协调和监管政府不同部门间审批权为核心功能的便民服务平台。在这里不做详细区分。参见宋林霖:《刚性原则与弹性空间——论地方政府行政服务中心的发展趋势》,《南开学报(哲学社会科学版)》,2013年第4期。

五、强化多元问责制度建设

问责制不仅是提高行政效率、增强政府执行力的有效保障,也是影响政府合法性和党的执政能力的重要因素。[①]作为一种制度性的力量,多元问责一方面有助于推进政府有效履责,另一方面又将多元主体的力量有效地融汇进政府过程之中,从而为国家治理优化提供了路径。在全面建成小康社会、全面深化改革、全面推进依法治国、全面从严治党的现实环境中,强化多元问责制度建设是推动政府职能转变、健全政府职责体系、推进国家治理现代化的关键一环。未来,应当秉持着权责统一、平等、法定、公开、正当程序等原则,切实有效地推进多元主体问责制度建设。

首先,要强化权力机关问责,把各级人大对于政府及其工作的监督进行细化和具体化,通过法律法规的形式明确问责范围和问责渠道,同时借助人大在行使权力时的独立性和权威性来提升问责效果。[②]其次,进一步深化国家监察体制改革,加强党对反腐败工作的集中统一领导,进一步完善反腐败工作的体制机制,构建党统一指挥、全面覆盖、权威高效的国家监察体系。再次,要加强社会公众问责,确立公民的问责主体地位,健全公民问责程序,健全公益诉讼制度和人民举报制度。最后,要加强新闻媒体问责,以法律形式明确新闻媒体的监督权、审稿权、报道权、调查权、批评权以及侵权责任等,为新闻媒体问责提供渠道和法律保障。

---

① 参见姜晓萍:《行政问责的体系构建与制度保障》,《政治学研究》,2007 年第 3 期。
② 参见施雪华、邓集文:《中国行政问责制的现状及完善对策》,《探索与争鸣》,2009 年第 6 期。

结　语

关于政府纵向职责体系的理论和有关构建政府纵向职责体系对策的研究，作为跨学科多领域的综合性课题，就其最终的研究目的而言，是希望突破传统的"职责同构"对政府发展的阻滞，以期推动政府职能的切实转变，推进行政体制改革的有效深化，促进有中国特色的社会主义政治发展和政府发展。

一直以来，我国纵向各级政府在职责配置、机构设置上保持着较高的一致性。追溯历史可以发现，在新中国成立之初，之所以会形成这样一种"横平竖直""方方正正"的结构，实际上"源自计划经济体制下中央一方面集中掌握社会发展资源、一方面又要求以促进地方自主发展来限制中央部门集权"①的考虑。客观地说，这一模式确实发挥了极大作用，特别体现在能够在短时间内动员大量资源集中于重点项目建设上。但是需要注意的是，植根于特定历史环境中的政府纵向职责体系，却并未与市场化、分权化改革导致的外在环境的变迁相适应。这一不协调直接可能导致政府履责不到位、行政效能降低、公信力下降乃至体制僵化等一系列问题。

结合我国政府发展的实际看，这种"浑然一体"的结构性特征，恰恰是政府职能转变迟迟未能取得突破性进展的"根子"。在这个意义上，可以认为，

① 张志红：《当代中国政府间纵向关系研究》，天津人民出版社，2005年，第269页。

当前我国政府纵向职责体系看似清晰有序、划分明确,但却建立在一种错误的逻辑甚至没有逻辑的基础上、以一种近乎自发的方式形成。这一"基本面"的认识与判断,是未来推进政府纵向职责体系构建以及各项相关体制改革的前提和基础。

当前,我国正处于构建政府纵向职责体系的攻坚阶段。在这一时期,应当将工作重点放到合理确权、合理调整财政支出结构并有效吸纳多元主体上,理顺纵向府际关系,并在这一基础上合理划分纵向职责、调整政府机构设置、推动一系列配套改革。具体地看,应当把握以下三点:

其一,合理确权。确权意味着跳出集权或分权的改革思路,弄清楚一项权限应当归属于哪一级或哪几级政府,然后以制度化的方式将这项权力划归该级或该几级政府。这是推动职责体系走向规范化和制度化的关键。进一步说,合理确权意味着依托于纵向府际职责明确、清晰的划分,以职定权,进而塑造一种制度化的纵向权力配置格局;与此同时,合理确权也有助于改变行政机关主要地"对上负责"的局面,使得各级政府在履行职责的过程中免受上级政府的不恰当干预,从而可以将组织行为定位在服务对象——"公民"那里。借助这项工作,政府职责的纵向配置在制度层面得到了保障,政府的履责效果也得到了有效提高。

其二,合理调整财政支出结构。财政支出反映着政府履责的能力,其结构的变化也反映出职能转变的趋势。新中国成立以来,特别是改革开放以来,我国财政支出结构大致沿着不断优化的路径推进,但结合当前现实发展的紧迫性和构建纵向职责体系的需要来看,进一步调整、优化财政支出结构仍然很有必要。具体地说,一方面应当持续推进职能优化,调整各项支出在总体结构中的比重,进一步强化公共服务支出,打造公共财政;另一方面应当持续推进府际优化,强调基本公共物品的优先保障,进一步规范转移支付,实现地区间的均衡发展和基本公共服务的均等化。

其三,将多元主体有效纳入政府履责过程。政府纵向职责体系的建构与运行从来不是政府单一主体的"事儿",而是关系着政府、市场、企业、社会、公民等多元主体的综合体。在政府纵向职责体系的场域中考察,当前我国政府与政府关系失衡、政府与市场关系失和、政府与企业关系失序、政府与社会关系失调、政府与公民关系失常等问题还在一定程度上存在。未来,应当将重点放到政府与政府间的责任重理、政府与市场间的责任重构、政府与企业间的责任重释、政府与社会间的责任重建、政府与公民间的责任重塑上,借助多元主体互动打造良性运行的治理网络,从而有力地保障和推动纵向职责体系的构建与运行。

此外,还有两点必须明确。首先,构建政府纵向职责体系的过程,自然不会是一蹴而就的,这既源于这项工作本身涉及异常复杂的各种要素,也源于当前我国正处于历史转型期这一事实——政治、经济、社会、文化各方面要素都在发生巨大变化,区域发展的不均衡也比较显著,从而导致职责体系所依托的外部环境异常复杂。因此,构建政府纵向职责体系应当是一个分阶段、有重点,多维度逐步推开、统合推进的过程。

其次,作为全面深化改革的总体目标,推进国家治理现代化是新时期切实推进社会主义建设和有效实现治国理政的战略部署。在这个意义上,构建政府纵向职责体系的相关工作也应当纳入到这个过程中来。未来,应当在推进国家治理现代化的统领下,将构建政府纵向职责体系、行政区划调整、社会管理体制创新、经济体制改革等多项任务进行通盘考虑和统筹推进。

总而言之,构建政府纵向职责体系应当是未来一段时间内我国面临的重大任务,这一任务的完成情况将直接影响行政体制改革乃至国家治理现代化进程。未来,应当分阶段、有重点地推进改革,逐步构建起一个恰当、顺畅、分工明确并契合中国实际的政府纵向职责体系。

参考文献

一、中文书籍

1.《马克思恩格斯选集》(第二卷),人民出版社,1972 年。

2.《马克思恩格斯选集》(第三卷),人民出版社,1995 年。

3.《斯大林选集》(下卷),人民出版社,1979 年。

4.《毛泽东选集》(第五卷),人民出版社,1977 年。

5.《毛泽东著作选读》(下册),人民出版社,1986 年。

6.《邓小平文选》(第一卷),人民出版社,1994 年。

7.《邓小平文选》(第二卷),人民出版社,1994 年。

8.《邓小平文选》(第三卷),人民出版社,1993 年。

9.《江泽民文选》(第一卷),人民出版社,2006 年。

10.《孙中山文集》,人民出版社,1982 年。

11.薄一波:《若干重大决策与事件回顾》(上),中共中央党校出版社,1991 年。

12.陈大柔:《日本地方政府管理》,科学出版社,2014 年。

13.陈共:《财政学》,中国人民大学出版社,2000 年。

14.陈明明主编:《革命后社会的政治与现代化》,上海辞书出版社,2002年。

15.陈振明:《公共管理学——一种不同于传统行政学的研究途径》,中国人民大学出版社,2003年。

16.楚树龙、荣予:《美国政府与政治》(上),清华大学出版社,2012年。

17.丁煌主编:《行政学原理》,武汉大学出版社,2007年。

18.杜创国:《政府职能转变论纲》,中央编译出版社,2008年。

19.范晔:《后汉书》,浙江古籍出版社,2000年。

20.风笑天:《社会学研究方法》,中国人民大学出版社,2001年。

21.冯静:《公共政策学》,北京大学出版社,2007年。

22.高新军:《美国地方政府治理:案例调查与制度研究》,西北大学出版社,2007年。

23.郭冬梅:《日本近代地方自治制度的形成》,商务印书馆,2008年。

24.国际货币基金组织:《政府财政统计手册》,中国金融出版社,1993年。

25.韩明谟:《社会系统协调论——关于社会发展机理的研究》,天津人民出版社,2002年。

26.何振一、阎坤:《中国财政支出结构改革》,社会科学文献出版社,2000年。

27.黄凯斌:《法国分权改革与地方治理研究》,中国社会科学出版社,2012年。

28.姜安、赵连章、刘彤主编:《政治学概论》(第二版),高等教育出版社,2013年。

29.李善阶:《应用行政学》,中国广播电视出版社,1990年。

30.李文良等:《中国政府职能转变问题报告:问题、现状、挑战、对策》,中国发展出版社,2003年。

31.李学军、刘尚希:《地方政府财政能力研究——以新疆维吾尔自治区为例》,中国财政经济出版社,2007年。

32.林尚立:《国内政府间关系》,浙江人民出版社,1998年。

33.林尚立主编:《经济特区与中国政治发展》,重庆出版社,2005年。

34.林毅夫、蔡昉、李周:《中国的奇迹:发展战略与经济改革》,上海人民出版社,1999年。

35.林玉华:《政策网络理论之研究》,台北瑞兴图书公司,2002年。

36.刘鹏辉主编:《发达国家地方政府管理制度》,时事出版社,2001年。

37.刘溶沧、李茂生:《转轨中的中国财经问题》,中国社会科学出版社,2002年。

38.鲁义:《日本地方自治制度》,吉林大学出版社,1993年。

39.罗豪才主编:《行政法学》,北京大学出版社,1996年。

40.罗荣渠:《现代化新论:世界与中国的现代化进程》,北京大学出版社,1993年。

41.马海涛主编:《财政转移支付制度》,中国时政经济出版社,2004年。

42.南宁市经济体制改革委员会:《经济特区开放城市政策汇编》(上册),广西人民出版社,1992年。

43.卢中原主编:《财政转移支付和政府间事权财权关系研究》,中国财政经济出版社,2007年。

44.潘小娟:《法国行政体制》,中国法制出版社,1997年。

45.彭和平等:《国外公共行政理论精选》,中共中央党校出版社,1997年。

46.浦兴祖:《中华人民共和国政治制度》,上海人民出版社,2005年。

47.上官莉娜:《走出治理破碎化困境:法国地方政府改革研究》,人民出版社,2012年。

48.宋德福主编:《中国政府管理与改革》,中国法制出版社,2002年。

49.孙柏瑛:《当代地方治理:面向21世纪的挑战》,中国人民大学出版社,2004年。

50.谭融:《公共部门人力资源管理》,天津大学出版社,2003年。

51.万鹏飞、白智立主编:《日本地方政府法选编》,北京大学出版社,

2009 年。

52.王惠岩主编:《政治学原理》,高教出版社,1999 年。

53.王南湜:《从领域合一到领域分离》,山西教育出版社,1998 年。

54.王绍光:《分权的底线》,中国计划出版社,1997 年。

55.王玮编:《税收学原理》,清华大学出版社,2010 年。

56.王英津:《国家统一模式研究》,九州出版社,2008 年。

57.王玉华:《中国财政支出结构调整与优化:基于公共财政的框架》,上海三联书店,2009 年。

58.巫建国主编:《公共财政学》,经济科学出版社,2009 年。

59.吴国庆:《法国政治史(1958—2012)》,社会科学文献出版社,2014 年。

60.吴锦良:《政府改革与第三部门的发展》,中国社会科学出版社,2001 年。

61.谢庆奎、王平:《中国政府体制分析》,中国广播电视出版社,1995 年。

62.谢庆奎、杨宏山:《府际关系的理论与实践》,天津教育出版社,2007 年。

63.谢庆奎主编:《当代中国政府与政治》,高等教育出版社,2010 年。

64.辛向阳:《大国诸侯:中国中央与地方关系之结》,中国社会出版社,1996 年。

65.熊伟主编:《政府间财政关系的法律调整》,法律出版社,2010 年。

66.许文惠、齐明山、张成福:《行政管理学》,人民出版社,1997 年。

67.薛立强:《授权体制:改革开放时期政府间纵向关系研究》,天津人民出版社,2010 年。

68.杨宏山:《府际关系论》,中国社会科学出版社,2005 年。

69.俞可平:《治理与善治》,社会科学文献出版社,2000 年。

70.袁方:《社会研究方法教程》,北京大学出版社,1997 年。

71.张国庆:《行政管理学概论》,北京大学出版社,2001 年。

72.张康之、李传军:《公共行政学》,北京大学出版社,2007 年。

73.张立荣:《中外行政制度比较》,商务印书馆,2002 年。

74.张千帆:《自由的魂魄所在:美国宪法与政府体制》,中国社会科学出版社,2000年。

75.张庆福主编:《宪政论丛》,法律出版社,1998年。

76.张迎涛:《中央政府部门组织法研究》,中国法制出版社,2011年。

77.张志红:《当代中国政府间纵向关系研究》,天津人民出版社,2005年。

78.赵永茂、朱光磊等:《府际关系:新兴研究议题与治理策略》,社会科学文献出版社,2012年。

79.郑永年:《中国的"行为联邦制":中央地方关系的变革与动力》,东方出版社,2013年。

80.中国社会科学院财政与贸易经济研究所:《科学发展观:引领中国财政政策新思路》,中国财政经济出版社,2004年。

81.周亚越:《行政问责制研究》,中国检察出版社,2006年。

82.周振超:《当代中国政府"条块关系"研究》,天津人民出版社,2008年。

83.朱光磊:《当代中国政府过程》,天津人民出版社,2008年。

84.朱光磊:《地方政府职能转变问题研究:基于杭州市的实践》,南开大学出版社,2012年。

85.朱光磊:《现代政府理论》,高等教育出版社,2006年。

86.朱光磊:《政治学概要》,天津人民出版社,2008年。

二、期刊

1.安体富、任强:《中国省际基本公共服务均等化水平的变化趋势:2000年至2010年》,《财政监督》,2012年第10期。

2.薄贵利:《完善公共服务:地方政府职能转变的核心和重点》,《新视野》,2004年第5期。

3.保建云:《中国市场化进程中政府职能转变对区域发展的影响效应》,

《学习与探索》,2007 年第 6 期。

4.蔡晶晶、李德国:《政策网络中的政府治理》,《理论探讨》,2005 年第 4 期。

5.曹桂全:《多级政府分工模式与我国行政管理体制改革》,《理论与现代化》,2013 年第 3 期。

6.陈国权、李院林:《政府职责的确定:一种责任关系的视角》,《经济社会体制比较》,2008 年第 3 期。

7.陈海秋:《现阶段增值税转型改革的问题与对策》,《西部论坛》,2009年第 1 期。

8.陈娟:《复合治理:城市公共事务治理的路径创新——以杭州"社会复合主体"实践为视角》,《中共浙江省委党校学报》,2011 年第 4 期。

9.陈天祥、李倩婷:《从行政审批制度改革变迁透视中国政府职能转变——基于 1999—2014 年的数据分析》,《中山大学学报（社会科学版）》,2015 年第 2 期。

10.陈天祥、杨蕊:《地方政府职能转变测量——基于广东省政府工作报告的文本分析(1981—2015)》,《华南师范大学学报(社会科学版)》,2017 年第 1 期。

11.陈雍:《深化行政审批制度改革 推进服务型政府建设》,《行政管理改革》,2012 年第 8 期。

12.陈永明、漆金玉:《新形势下政府职能转变的新思维》,《科技进步与对策》,2006 年第 1 期。

13.邓雪琳:《改革开放以来中国政府职能转变的测量——基于国务院政府工作报告(1978—2015)的文本分析》,《中国行政管理》,2015 年第 8 期。

14.丁煌、陈晓方:《整体性政府视角下市县政府职责体系构建研究——以汕头市濠江区行政体制改革为例》,《中国行政管理》,2017 年第 8 期。

15.丁煌:《法国政府的地方分权改革及其对我国政府管理的启示》,《法国研究》,2002 年第 1 期。

16.丁颖、师颖新、户泉巧:《二战以来的日本财政分权改革》,《经济社会体制比较》,2011 年第 5 期。

17.丁元竹:《治理现代化呼唤政府治理理论创新》,《国家行政学院学报》,2017 年第 3 期。

18.董娟:《困境与选择:集权与分权间的垂直管理——以当代中国政府的垂直管理为考察对象》,《中共浙江省委党校学报》,2009 年第 5 期。

19.董再平:《中国财政分权改革的历程考察和问题分析》,《生产力研究》,2007 年第 2 期。

20.杜创国:《构建和谐社会背景下的政府职能转变》,《当代世界与社会主义》,2007 年第 4 期。

21.杜创国:《马克思主义的国家观与政府职能转变》,《马克思主义研究》,2008 年第 8 期。

22.杜创国:《日本地方自治及其地方分权改革》,《中国行政管理》,2007 年第 4 期。

23.杜飞进:《论和谐社会建设与政府职能转变》,《学习与探索》,2007 年第 1 期。

24.杜旭宇等:《突发事件应急管理中的社会资本:作用及其机理分析》,《探索》,2010 年第 6 期。

25.段迎春:《东北实行消费型增值税中应注意的问题与对策》,《东北师大学报(哲学社会科学版)》,2004 年第 4 期。

26.方栓喜、匡贤明:《以基本公共服务均等化为重点调整和改革中央地方关系的建议》,《经济前沿》,2007 年第 1 期。

27.冯华、任少飞:《有效政府与有效市场:改革历程中的政企关系回顾与前瞻》,《山东社会科学》,2007 年第 7 期。

28.高培勇:《公共财政:概念界说与演变脉络——兼论中国财政改革 30

年的基本轨迹》,《经济研究》,2008 年第 12 期。

29.高伟凯、邢伟:《和谐社会与基本医疗保障制度中的政府职能转变》,《宁夏社会科学》,2007 年第 3 期。

30.高振杨:《政府与公民关系的历史逻辑》,《南京工业大学学报(社会科学版)》,2008 年第 1 期。

31.郭焦锋、王慧等:《加快推进地方大部制改革的思考》,《中国发展观察》,2013 年第 7 期。

32.郭小聪、刘述良:《中国基本公共服务均等化:困境与出路》,《中山大学学报(社会科学版)》,2010 年第 5 期。

33.何显明:《政府转型与现代国家治理体系的建构——60 年来政府体制演变的内在逻辑》,《浙江社会科学》,2013 年第 6 期。

34.何颖:《我国政府职能转变问题的反思》,《行政论坛》,2010 年第 4 期。

35.何颖:《中国政府机构改革 30 年回顾与反思》,《中国行政管理》,2008 年第 12 期。

36.河北省行政管理体制改革与机构编制管理研究会:《垂直管理是完善县政府职责体系的核心问题》,《中国机构改革与管理》,2013 年第 9 期。

37.赫广义:《中国纵向间政府"职责同构"模式解析》,《河南师范大学学报(哲学社会科学版)》,2005 年第 2 期。

38.侯保疆:《我国政府职能转变的历史考察与反思》,《政治学研究》,2003 年第 1 期。

39.胡杨成、蔡宁:《资源依赖视角下的非营利组织市场导向动因探析》,《社会科学家》,2008 年第 3 期。

40.黄维民:《论全球化背景下我国政府职能转变的特点》,《西北大学学报(哲学社会科学版)》,2004 年第 5 期。

41.黄文平:《加强政府职责体系研究具有重要意义》,《中国机构改革与管理》,2013 年第 6 期。

42.季涛:《行政权的扩张与控制——行政法核心理念的新阐释》,《中国法学》,1997 年第 2 期。

43.贾康、梁季:《配套改革取向下的全面审视:再议分税制》,《中共中央党校学报》,2013 年第 5 期。

44.贾康:《对公共财政的基本认识》,《税务研究》,2008 年第 2 期。

45.江必新:《完善行政诉讼制度的若干思考》,《中国法学》,2013 年第 1 期。

46.江海燕:《农村公共产品供给与政府职能转变——关于构建和谐社会的思考》,《学术研究》,2006 年第 11 期。

47.江孝感、吴大勤、冯勤超:《政府间事权划分思路研究》,《东南大学学报(哲学社会科学版)》,2006 年第 3 期。

48.姜晓萍:《行政问责的体系构建与制度保障》,《政治学研究》,2007 年第 3 期。

49.金峰峰、傅黎瑛:《政府职能转变中公共财政理念的缺失》,《当代财经》,2003 年第 1 期。

50.金相文:《公共预算改革及其对我国政府职能转变的意义》,《新视野》,2004 年第 3 期。

51.柯斌武:《从财政收支的角度推进政府职能转变》,《宏观经济管理》,2014 年第 2 页。

52.李本和:《政府职能转变与政府机构改革》,《经济体制改革》,1998 年第 2 期。

53.李丹阳:《两难抉择与政府职能转变》,《学术研究》,2008 年第 3 期。

54.李东民:《直管县政府职责体系的核心》,《中国机构改革与管理》,2013 年第 9 期。

55.李明强:《论孙中山的均权主义》,《江汉论坛》,2003 年第 6 期。

56.李文军、唐兴霖:《地方政府公共服务均等化研究——来自中国省级面版数据的分析》,《中州学刊》,2012 年第 4 期。

57.李晓莉、杨建平:《对生产型增值税到消费型增值税转型的认识》,《重庆工商大学学报(社会科学版)》,2005 年第 1 期。

58.李燕英:《对我国政府职权的法学思考》,《行政与法》,2008 年第 2 期。

59.梁红梅、丁建微:《对农村公共产品供给效率的再思考——从政府职责划分与支出分配视角的分析》,《南京财经大学学报》,2009 年第 1 期。

60.廖昆明:《我国政府职能转变存在的问题与对策》,《国家行政学院学报》,2008 年第 2 期。

61.林良亮:《渐进式的地方自治改革——日本地方自治制度的发展及其对中国的启示》,《行政法论丛》,2009 年第 1 期。

62.刘波、王少军、王华光:《地方政府网络治理稳定性影响因素研究》,《公共管理学报》,2011 年第 1 期。

63.刘传旺:《明确省以下各层级地方政府的职责重点》,《中国机构改革与管理》,2013 年第 6 期。

64.刘国光、程恩富:《全面准确理解市场与政府的关系》,《毛泽东邓小平理论研究》,2014 年第 2 期。

65.刘佳义、刘舜佳:《政府职能转变的成本收益分析:基于地区间的比较》,《财经理论与实践》,2006 年第 3 期。

66.刘尚希、杨元杰、张洵:《基本公共服务均等化与公共财政制度》,《经济研究参考》,2008 年第 40 期。

67.刘尚希等:《明晰支出责任:完善财政体制的一个切入点》,《经济研究参考》,2012 年第 40 期。

68.刘少华、朱致敬:《作为一种治理新模式的政策网络》,《理论探索》,2010 年第 4 期。

69.刘文光:《加入 WTO 与中国政府职能转变》,《青海社会科学》,2002 年第 4 期。

70.刘晓凤:《我国县级基层政府职能转变研究——基于挪威市镇政府职

能的诉求、失范与匡扶》,《贵州社会科学》,2011 年第 4 期。

71.刘旭涛:《公共服务市场化:政府职能转变的重要方向》,《新视野》,1999 年第 1 期。

72.刘学群:《省直管县背景下县级政府职责体系建设要考虑的几个关键问题》,《中国机构改革与管理》,2013 年第 10 期。

73.刘雪华:《论服务型政府建设与政府职能转变》,《政治学研究》,2008年第 4 期。

74.刘义胜:《论地方政府职能转变的财政体制制约与对策》,《内蒙古大学学报(哲学社会科学版)》,2009 年第 2 期。

75.刘义胜:《我国财政体制改革对地方政府职能转变的影响》,《内蒙古大学学报(哲学社会科学版)》,2009 年第 1 期。

76.刘云广:《正确选择构建政府部门职责体系的方法路径》,《中国机构改革与管理》,2013 年第 10 期。

77.刘卓珺、于长革:《中国财政分权演进轨迹及其创新路径》,《改革》,2010年第 6 期。

78.刘佐:《国营企业"利改税"及其历史意义》,《税务研究》,2004 年第 10 期。

79.罗国亮:《改革开放三十年政企关系改革与启示》,《岭南学刊》,2008 年第 5 期。

80.吕同舟:《府际关系视角下大城市政府职责体系构建——基于〈深化党和国家机构改革方案〉的解读》,《南开学报(哲学社会科学版)》,2018 年第 6 期。

81.吕同舟:《国际比较视野下政府纵向职责体系研究》,《比较政治学研究》,2015 年第 2 期。

82.吕同舟:《政府职能转变背景下社会组织"黑名单"制度的建构》,《上海师范大学学报》,2018 年第 4 期。

83.吕月英、王颖:《WTO 背景下的政府职能转变》,《生产力研究》,2004

年第 4 期。

84.马宝成等:《党的十八大以来政府职能转变的重要进展与未来展望》,《行政管理改革》,2017 年第 10 期。

85.马海涛:《分税制改革 20 周年:动因、成就及新问题》,《中国财政》,2014 年第 15 期。

86.马力宏:《论政府管理中的条块关系》,《政治学研究》,1998 年第 4 期。

87.马万里:《多中心治理下的政府间事权划分新论——兼论财力与事权相匹配的第二条路径》,《经济社会体制比较》,2013 年第 6 期。

88.马卫红:《政府职能转变:走向管控还是服务》,《经济社会体制比较》,2016 年第 3 期。

89.马新华:《健全地方政府职责体系的关键环节和突破口》,《中国机构改革与管理》,2013 年第 6 期。

90.马英娟、李德旺:《我国政府职能转变的实践历程与未来方向》,《浙江学刊》,2019 年第 3 期。

91.米俊绒:《论现代政府与公民关系的嬗变及其匡正》,《中国行政管理》,2008 年第 5 期。

92.缪世骏:《政府职能转变与中央、地方事权划分》,《中国软科学》,1996 年第 8 期。

93.亓子龙:《中国政府间纵向关系中的地方分权改革动因探析》,《内蒙古农业大学学报(社会科学版)》,2012 年第 5 期。

94.钱振明:《我国政府职能转变的历史轨迹及其理论思考》,《华东师范大学学报(哲学社会科学版)》,1995 年第 4 期。

95.秦国民:《政府职能转变的动因与服务型政府构建》,《郑州大学学报(哲学社会科学版)》,2005 年第 1 期。

96.任广浩:《国家权力纵向配置的法治化选择——以中央与地方政府间事权划分为视角的分析》,《河北法学》,2009 年第 5 期。

97.沈荣华:《分权背景下的政府垂直管理:模式和思路》,《中国行政管理》,2009 年第 9 期。

98.沈荣华:《关于政府公共服务体系创新的思考》,《学习论坛》,2008 年第 5 期。

99.沈荣华:《十八大以来我国"放管服"改革的成效、特点与走向》,《行政管理改革》,2017 年第 9 期。

100.沈荣华:《纵向行政体制改革的思考》,《中国行政管理》,2008 年第 9 期。

101.盛放:《职能管理是政府职责体系建设的重要抓手》,《中国机构改革与管理》,2013 年第 6 期。

102.施雪华、邓集文:《中国行政问责制的现状及完善对策》,《探索与争鸣》,2009 年第 6 期。

103.石亚军、高红:《政府职能转移与购买公共服务关系辨析》,《中国行政管理》,2017 年第 3 期。

104.石亚军、于江:《大部制改革:期待、沉思与展望——基于对五大部委改革的调研》,《中国行政管理》,2012 年第 7 期。

105.石亚军:《地方政府职能转变重在接准、放实、管好》,《中共中央党校学报》,2014 年第 2 期。

106.宋林霖、许飞:《论大市场监管体制改革的纵深路径——基于纵向政府职责系统嵌套理论分析框架》,《南开学报(哲学社会科学版)》,2018 年第 6 期。

107.宋林霖:《刚性原则与弹性空间——论地方政府行政服务中心的发展趋势》,《南开学报(哲学社会科学版)》,2013 年第 4 期。

108.宋涛:《行政问责概念及内涵辨析》,《深圳大学学报(人文社会科学版)》,2005 年第 2 期。

109.宋艳:《财政改革:地方政府职能转变的重要途径》,《社会科学战线》,

2010 年第 4 期。

110.孙发锋:《中国政府向社会组织转移职能:机理、模式与特点》,《广西社会科学》,2015 年第 8 期。

111.孙晋、邓联繁、吴宁:《对政府机构改革之深层次探讨》,《武汉大学学报(人文社会科学版)》,2000 年第 4 期。

112.孙涛、张怡梦:《从转变政府职能到绩效导向的服务型政府——基于改革开放以来机构改革文本的分析》,《南开学报(哲学社会科学版)》,2018 年第 6期。

113.孙涛、张怡梦:《科学差异化政府绩效评估——优化政府职责体系的技术治理工具》,《国家行政学院学报》,2018 年第 6 期。

114.孙涛:《近年来服务型政府建设研究述评》,《中国行政管理》,2011年第 1 期。

115.孙长虹:《政府职能转变的新课题:建立现代政府危机管理体系》,《社会科学辑刊》,2004 年第 2 期。

116.谈志林:《欧盟立宪进程中的地方自治与中国地方制度的演进》,《浙江社会科学》,2004 年第 4 期。

117.唐建强:《法国中央与地方关系中的监督机制及其对我国的启示》,《上海行政学院学报》,2004 年第 6 页。

118.唐铁汉:《我国政府职能转变的成效、特点和方向》,《国家行政学院学报》,2007 年第 2 期。

119.唐铁汉:《抓住重点 突破难点 加快推进政府职能转变》,《中国行政管理》,2009 年第 8 期。

120.田国强:《世界变局下的中国改革与政府职能转变》,《学术月刊》,2012 年第 6 期。

121.童伟:《从市场检验到政府职能转变——北京市公共服务供给模式改革分析》,《北京社会科学》,2008 年第 1 期。

122.涂永珍:《论美国财政联邦制的发展演变对我国构建和谐央地关系的启示》,《学习论坛》,2014 年第 4 期。

123.王国泽、柳军:《社会主义市场经济与政府职能的转变》,《山西社会主义学院学报》,2003 年第 3 期。

124.王沪宁:《集分平衡:中央与地方的协同关系》,《复旦学报(社会科学版)》,1991 年第 2 期。

125.王建学:《法国国内公法领土观的基本概念与借鉴》,《太平洋学报》,2008 年第 9 期。

126.王军:《深化行政审批制度改革的理论沉思与路径选择》,《哈尔滨市委党校学报》,2013 年第 5 期。

127.王浦劬:《论转变政府职能的若干理论问题》,《国家行政学院学报》,2015 年第 1 期。

128.王浦劬:《中央与地方事权划分的国别经验及其启示:基于六个国家经验的分析》,《政治学研究》,2016 年第 5 期。

129.王银梅、张亚琼:《完善预算管理制度优化我国财政支出结构》,《宏观经济研究》,2014 年第 6 期。

130.魏琼:《简政放权背景下的行政审批改革》,《政治与法律》,2013 年第 9 期。

131.魏姝:《政策类型视角下的中国政府职能转变——以高等教育政策为例的实证研究》,《中国行政管理》,2016 年第 7 期。

132.魏文章:《关于县级政府职能转变的几个问题》,《中国行政管理》,1999 年第 7 期。

133.温志强:《政府职能转变中的危机管理体制选择》,《甘肃社会科学》,2005 年第 1 期。

134.吴国光:《论制度化分权》,《二十一世纪评论》,1996 年第 6 期。

135.吴建南、杨宇谦、阎波:《政府绩效评价:指标设计与模式构建》,《西安交通大学学报(社会科学版)》,2007 年第 5 期。

136.吴江:《从抗击 SARS 看政府职能转变》,《国家行政学院学报》,2003 年第 4 期。

137.吴先满:《在加紧加快政府职能转变中构筑现代市场服务型政府》,《南京社会科学》,2003 年第 1 期。

138.武力:《1949—2002 年中国政府经济职能演变述评》,《中国经济史研究》,2003 年第 4 期。

139.谢庆奎:《中国政府的府际关系研究》,《北京大学学报(哲学社会科学版)》,2000 年第 1 期。

140.邢钰:《入世后的政府职能转变》,《华南师范大学学报(社会科学版)》,2002 年第 2 期。

141.徐继敏:《国家治理体系现代化与行政法的回应》,《法学论坛》,2014 年第 2 期。

142.徐家良、薛美琴:《行业协会承接政府职能转移特征分析》,《上海师范大学学报(哲学社会科学版)》,2015 年第 5 期。

143.徐井万、曾海鹰:《建立公共财政体系与政府职能转变的思考》,《经济体制改革》,2005 年第 2 期。

144.徐宇珊:《政府与社会的职能边界及其在实践中的困惑》,《中国行政管理》,2010 年第 4 期。

145.薛冰:《西部开发中政府职能转变的难点与对策研究》,《西北大学学报(哲学社会科学版)》,2004 年第 4 期。

146.严翅君:《我国政府职能转变的一个理论基础——论现阶段国家与社会的分离》,《学术月刊》,1993 年第 7 期。

147.阎波、吴建南:《非正式问责、组织学习与政策执行:J 市政府职能转变综合改革的案例研究》,《中国行政管理》,2018 年第 2 期。

148.杨爱平、余雁鸿:《选择性应付:社区居委会行动逻辑的组织分析——

以 G 市 L 社区为例》,《社会学研究》,2012 年第 4 期。

149.杨鸿台:《论法治政府、责任政府、服务政府及政府职能转变》,《毛泽东邓小平理论研究》,2004 年第 7 期。

150.杨述明:《现代社会治理:地方政府职能转变的历史使命》,《江汉论坛》,2014 年第 2 期。

151.杨学渊:《我国政府职能转变滞后的动力机制考察》,《中共中央党校学报》,2001 年第 2 期。

152.杨宇立:《转型期政企关系演进与社会和谐:背景与前景分析》,《南京社会科学》,2007 年第 7 期。

153.杨元杰:《特朗普政府财政政策走向及影响简析》,《中国财政》,2017 年第 16 期。

154.叶克林、侯祥鹏:《综论中国地方政府职能转变与机构改革》,《学海》,2011 年第 1 期。

155.叶麒麟:《打破职责同构:政府机构改革的新思路》,《学术探索》,2007 年第 2 期。

156.于显洋、郭砚君:《社会管理格局中政府职能转变之实践研究》,《中国特色社会主义研究》,2013 年第 1 期。

157.喻希来:《中国地方自治论》,《战略与管理》,2002 年第 4 期。

158.岳经纶:《和谐社会与政府职能转变:社会政策的视角》,《武汉大学学报(哲学社会科学版)》,2007 年第 3 期。

159.张成福、边晓慧:《超越集权与分权,走向府际协作治理》,《公共管理与政策评论》,2013 年第 4 期。

160.张成福、孟庆存:《重建政府与公民的信任关系——西方国家的经验》,《国家行政学院学报》,2003 年第 3 期。

161.张凤阳:《政府职能转变的三重梗阻及其疏通》,《上海行政学院学报》,2015 年第 2 期。

162.张广芳:《试论国家职能的两重性》,《广西民族学院学报》,1983 年第 1 期。

163.张皓若:《以人为本 树立科学发展观 推进政府职能转变》,《经济体制改革》,2003 年第 6 期。

164.张恒龙、孟添:《中国财政体制(1949—2004)变迁的实证研究——基于财政压力与竞争的视角》,《经济体制改革》,2007 年第 4 期。

165.张康之、程倩:《网络治理理论及其实践》,《新视野》,2010 年第 6 期。

166.张康之:《限制政府规模的理念》,《行政论坛》,2004 年第 4 期。

167.张千帆:《中央与地方财政分权:中国经验、问题与出路》,《政法论坛》,2011 年第 5 期。

168.张荣昌:《政府职能转变的条件探析》,《国家行政学院学报》,2002 年第 4 期。

169.张锐昕、杨国栋:《网络时代西方国家政府职能转变:动因、对策及启示》,《兰州大学学报(社会科学版)》,2007 年第 3 期。

170.张守文:《论共享型分税制及其法律改进》,《税务研究》,2014 年第 1 期。

171.张伟:《构建政府职责体系应把握的基本框架》,《中国党政干部论坛》,2009 年第 12 期。

172.张志敏:《改革开放以来政府职能转变的路径与战略突破》,《改革》,2009 年第 2 期。

173.赵聚军:《中国行政区划研究 60 年:政府职能转变与研究导向的适时调整》,《江海学刊》,2009 年第 4 期。

174.郑贤君:《地方自治学说评析》,《首都师范大学学报(社会科学版)》,2001 年第 2 期。

175.郑毅:《中央与地方事权划分基础三题——内涵、理论与原则》,《云南大学学报(法学版)》,2011 年第 4 期。

176.郑永年、王旭:《论中央地方关系中的集权和民主问题》,《战略与管理》,2001 年第 3 期。

177.周琪:《国家的经济管理职能具有二重性》,《社会科学》,1984 年第 4 期。

178.周望:《改革开放以来政府机构改革的回溯、反思与展望》,《行政论坛》,2009 年第 5 期。

179.周振超:《打破职责同构:条块关系变革的路径选择》,《中国行政管理》,2005 年第 9 期。

180.周志忍:《新时期深化政府职能转变的几点思考》,《中国行政管理》,2006 年第 10 期。

181.朱光磊、薛立强:《服务型政府建设的六大关键问题》,《南开学报(哲学社会科学版)》,2008 年第 1 期。

182.朱光磊、于丹:《建设服务型政府是转变政府职能的新阶段——对中国政府转变职能过程的回顾与展望》,《政治学研究》,2008 年第 6 期。

183.朱光磊:《政府职责体系构建中的六个重要关系》,《中国机构改革与管理》,2013 年第 6 期。

184.朱光磊:《中国政府职能转变问题研究论纲》,《中国高校社会科学》,2013 年第 4 期。

185.朱家良、周日星:《地方政府职能转变的特点、目标和途径》,《浙江社会科学》,1998 年第 3 期。

186.竺乾威:《政府职能的三次转变:以权力为中心的改革回归》,《江苏行政学院学报》,2017 年第 6 期。

187.邹宗根:《职责旋构:纵向间政府关系的新思考》,《长白学刊》,2013 年第 5 期。

三、中译文书籍

1.[美]阿尔蒙德等:《比较政治学:体系、过程和政策》,曹沛霖等译,上海译文出版社,1987年。

2.[日]坂入长太郎:《欧美财政思想史》,张淳译,中国财政经济出版社,1987年。

3.[美]保罗·彼得森:《联邦主义的代价》,段晓雁译,北京大学出版社,2011年。

4.[美]博登海默:《法理学——法哲学及其方法》,邓正来等译,华夏出版社,1987年。

5.[美]查尔斯·比尔德:《美国政府与政治》(上),朱曾汶译,商务印书馆,1987年。

6.[美]达尔·福赛斯:《更快更好更省?美国政府的管理绩效》,范春辉译,江苏人民出版社,2014年。

7.[美]戴维·马格莱比、保罗·莱特:《民治政府:美国政府与政治》,吴爱明、夏宏图编译,中国人民大学出版社,2014年。

8.[美]弗兰克·古德诺:《政治与行政》,王元译,华夏出版社,1987年。

9.[英]弗里德利希·冯·哈耶克:《自由秩序原理》(上),邓正来译,生活·读书·新知三联书店,2003年。

10.[美]哈维·罗森、特德·盖亚:《财政学》(第八版),郭庆旺、赵志耘译,中国人民大学出版社,2009年。

11.[美]杰罗姆·巴伦、托马斯·迪恩斯:《美国宪法概论》,刘瑞祥等译,中国社会科学出版社,1995年。

12.[法]孟德斯鸠:《论法的精神》(上册),张雁琛译,商务印书馆,1982年。

13.[日]杉原泰雄:《宪政的历史》,吕昶、渠涛译,社会科学文献出版社,2000年。

14.[日]神野直彦:《体制改革的政治经济学》,王美平译,社会科学文献出版社,2013年。

15.[日]松村岐夫:《地方自治》,孙新译,经济日报出版社,1989年。

16.[美]特里·库珀:《行政伦理学:实现行政责任的途径》(第四版),张秀琴译,中国人民大学出版社,2001年。

17.[法]托克维尔:《论美国的民主》,董果良译,商务印书馆,1988年。

18.[美]托马斯·潘恩:《潘恩选集》,马清槐等译,商务印书馆,1981年。

19.[英]威廉·配第:《赋税论》,马妍译,中国社会科学出版社,2010年。

20.[美]文森特·奥斯特罗姆、罗伯特·比什、埃莉诺·奥斯特罗姆:《美国地方政府》,井敏、陈幽泓译,北京大学出版社,2004年。

21.[日]西尾胜:《日本地方分权改革》,张青松、刁榴译,社会科学文献出版社,2013年。

22.[美]小约瑟夫·斯图尔特、戴维·赫奇、詹姆斯·莱斯特:《公共政策导论》,韩红译,中国人民大学出版社,2011年。

23.[古希腊]亚里士多德:《政治学》,吴寿彭译,商务印书馆,1965年。

24.[英]亚当·斯密:《国民财富的性质和原因的研究》(下),郭大力、王亚南译,商务印书馆,1974年。

25.[英]约翰·洛克:《政府论》(下),叶启芳、瞿菊农译,商务印书馆,1981年。

四、外文书籍

1.A.,King,*The new American political system*,American Enterprise Institute for Public Policy Research,1978.

2.Adams,Duane,*Federalism,Democracy and Health Policy in Canada*,McGill-Queen's University Press,2001.

3.Allard,Scott W,*Intergovernmental Relationships and the American City: The Impact of Federal Policies on Local Policy-making Processes*,University of Michigan,1999.

4.Anderson,James,*Public Policymaking:An Introduction*,Houghton Mifflin,

1990.

5.Anderson, William, *Intergovernmental Relations Review*, University of Minnesota Press, 1960.

6.Bartik, Timothy J., *Who Benefits from State and Local Economic Development Policies?*, W.E.Upjohn Institute for Employment Research, 1992.

7.Bish, Robert L., *The Public Economy of Metropolitan Areas*, Markham Publishing Company, 1971.

8.Brace, Paul, *State Government and Economic Performance*, Johns Hopkins University Press, 1993.

9.Breton, Albert, *Competitive governments, An economic theory of politics and public finance*, Cambridge University Press, 1996.

10.Brosio, Giorgio & Jimenez, Juan Pablo., *Decentralization and Reform in Latin America: Improving Intergovernmental Relations*, Edward Elgar Publishing, 2013.

11.Burns, Nancy, *The Formation of American Local Governments: Private Values in Public Institutions*, Oxford University Press, 1994.

12.Castells, Manuel, *The Rise of the Network Society: Economy, Society and Culture*, Blackwell Publishers Ltd, 1996.

13.Conlan, Timothy J., *Posner, Paul L., & Rivlin, Alice M.Intergovernmental Management for the 21st Century*, Brookings Institution Press, 2008.

14.Elazar, Daniel Judah, *The American Partnership: Intergovernmental Cooperation in the Nineteenth Century United States*, University of Chicago Press, 1962.

15.Forcey, Charles, *The Crossroads of Liberalism*, Oxford University Press, 1972.

16.Freeman, J.L., *The Political Process*, Random House, 1965.

17.Grodzins, Morton, *The American system: a new view of government in the United States*, Rand McNally, 1966.

18.Hall, William K., *The New Institutions of Federalism: The Politics of Intergovernmental Relations 1960–1985*, Peter Lang International Academic Publishers, 1989.

19.Hockenberry, Shelby, *New Policy Paradigm: The Impact of the Global Fund to Fight AIDS*, Tuberculosis and Malaria on the Global Policy Process, University of Delaware, 2010.

20.Inman, Robert Anthony & Daniel, *Rubinfeld, The political economy of federalism*, Cambridge University Press, 1997.

21.Inman, Robert Anthony, *Federal assistance and local services in the United States: The evolution of a new federalist fiscal order*, University of Chicago Press, 1988.

22.Johnson, Catherine E., *Intergovernmental Relations: The Implementation of Federal Policies*, Columbia University, 1999.

23.Katzenstein, Peter J., *Between Power and Plenty*, University of Wisconsin Press, 1977.

24.Kenis, Patrick, *Volker Schneider: Policy Networks and Policy Analysis*, Campus Verlag, 1991.

25.Kickert, W.J.M., Klijn, Erik–Hans & Koppenjan, J.F.M., *Managing Complex Networks: Strategies for the Public Sector*, SAGE, 1997.

26.Leng, Tsekang & Chu, Yun–han, *Dynamics of Local Governance in China during the Reform Era*, Lexington Books, 2010.

27.Loughlin, John, *Subnational Government: The French Experience*, Palgrave Macmillan, 2007.

28.Lowi, Theodore, *The End of Liberalism*, W.W.Norton & Company, 1969.

29.Marsh,David & Rhodes,Roderick A.W.,*Policy Networks in British Government*,Oxford University Press,1992.

30.Marsh,David.,*Comparing Policy Network*,Open University Press,1998.

31.Meek,JackW&Thurmaier,Kurt,*Networked Governance:The Future of Intergovernmental Management*,CQ Press,2011.

32.Miller,Gray,*Cities by Contact:The Politics of Municipal Incorporation*,Massachusetts Institute of Technology University Press,1981.

33.Musgrave,Richard Abel,*The theory of public finance*,McGraw-Hill,1959.

34.Oates,Wallace E.,*Fiscal federalism*,Harcourt Brace Jovanovich,1972.

35.Peters,B.G. & Pierre,J.,*The SAGE Handbook of Public Administration*,SAGE,2012.

36.Peterson,George E.,et al.,*The Reagan Block Grants:What Have We Learned?*,Urban Institute Press,1986.

37.Peterson,Paul E.,*City Limits*,University of Chicago,1981.

38.Peterson,Paul E.,*The Price of Federalism*,Brookings Institution Press,1995.

39.Peterson,Paul E. & Rom,Mark C.,*Welfare Magnets:A New Case for a National Standard*,Brookings Institution Press,1990.

40.Peterson,Paul E.,Rabe,Barry George & Wong,Kenneth K,*When Federalism Works*,Brookings Institution Press,1986.

41.Rhodes,Roderick A.W.,*Understanding Governance:Policy Networks, Governance,Reflexivity and Accountability*,Open University Press,1997.

42.Ripley,Randall & Franklin,Grace,*Congress,the Bureaucracy and Public Policy*,The Dorsey Press,1980.

43.Rivlin,Alice M.,*Reviewing the American Dream:The Economy,the States and the Federal Government*, Brookings Institution Press, 1992.

44.Shah, Anwar & Boadway, *Robin, Intergovernmental Fiscal Transfers: Principles and Practice*, World Bank Publications, 2006.

45.Smith, Martin, *Pressure, Power and Policy: State Autonomy and Policy Networks in Britain and the United States*, Harvester Wheatsheaf, 1993.

46.Starling, Grover, *The Politics and Economics of Public Policy*, Dorsey Press, 1979.

47.Stephens, Ross & Wikstrom, Nelson, *American Intergovernmental Relations: A Fragmented Federal Polity*, Oxford University Press, 2006.

48.Sundquist, James L., *Making Federalism Work*, Brookings Institution Press, 1969.

49.Titmuss, Richard Morris, *Social Policy: An Introduction*, Pantheon Books, 1974.

50.Torsten, Persson, Roland, Gerard & Guido, Tabellini, *The theory of fiscal federalism: What does it mean for Europe?*, Tübingen, 1997.

51.Watts, Ronald L., *Comparing Federal Systems*, McGill-Queen's University Press, 2008.

52.Wildasin, David, *Externalities and bailouts: Hard and soft budget constraints in intergovernmental fiscal relations*, Vanderbilt University, 1997.

53.Williams, David Earl, *The Changing Nature of Intergovernmental Relations in Canada*, University of Calgary, 2006.

五、外文期刊

1.Agranoff, R.Managing Collaborative Performance: Changing the Boundaries of the State, *Public Performance & Management Review*, No.1, 2005.

2.Benz, Arthur & Zimmer, Christina, The EU's competences: The vertical perspective on the multilevel system, *Living Reviews in European Governance*, No. 3, 2008.

3.Börzel, Tanja A., Organization Babylon—On the Different Conceptions of Policy Networks, *Public Administration*, No.2, 1998.

4.Börzel, Tanja A., What's So Special About Policy Networks? An Exploration of the Concept and Its Usefulness in Studying European Governance, *European integration online papers*, No.16, 1997.

5.Breton, Albert & Fraschini, Angela, Vertical competition in unitary states : The case of Italy, *Public Choice*, No.1, 2003.

6.Carlsson, Lar., Policy Networks as Collective Action, *Policy Studies Journal*, No.3, 2000.

7.Carter, Aian, Tax, decentralization and intergovernmental relations, *OECD Observer*, No.3, 2013.

8.Charles, Tiebout Mills, A pure theory of local expenditure, *The Journal of Political Economy*, No.5, 1956.

9.Daniel, Baracskay, Future Directions in Intergovernmental Relations, *Journal of Health & Human Services Administration*, No.2, 2013.

10.David, Ellwood, Discussion, *New England Economic Review*, No.3, 1998.

11.Dennis, Epple & Allan, Zelenitz The implication of competition among jurisdictions: Does Tiebout need politics?, *Journal of Political Economy*, No.89, 1981.

12.Edin, Maria, State Capacity and Local Agent Control in China: CCP Cadre Management from a Township Perspective, *The China Quarterly*, No.173, 2003.

13.Elazar, Daniel J, Opening the Third Century of American Federalism: Issues and Prospects, *Annals of the American Academy of Political and Social Science*, No.5, 1990.

14.Erdogan,Berrin,Implications of Organizational Exchanges for Accountability Theory, *Human Resource Management Review*, No.14, 2004.

15.Eyraud,Luc & Lusinyan,Lusine,Vertical fiscal imbalance s and fiscal performance in advanced economies, *Journal of Monetary Economics*, No.60, 2013.

16.Frink,Dwight D. & Klimoski,Richard J.,Advancing Accountability Theory and Practice Introduction to the Human Resource Management Review Special Edition, *Human Resource Management Review*, No.14, 2004.

17.Gormley,William T.,Intergovernmental Conflict on Environmental Policy: The Attitudinal Connection, *The Western Political Quarterly*, No.2, 1987.

18.Grodzins,Morton,American Political Parties and the American System, *Political Research Quarterly*, No.4, 1960.

19.Hayek,Friedrich,The use of knowledge in society, *The American Economic Review*, No.4, 1945.

20.Hettich,Walter & Winer,Stanley,Vertical imbalance in the fiscal systems of federal states, *Canadian Journal of Economics*, No.4, 1986.

21.Human,Sherrie E. & Provan,Keith G.,Legitimacy Building in the Evolution of Small-Firm Multilateral Networks:A Comparative Study of Success and Demise, *Administrative Science Quarterly*, No.2, 2000.

22.Kickert,W.J.M.,Public governance in the Netherlands:An alternative to Angol-American Managerialism, *Public Administration*, No.4, 1997.

23.Kincaid,John,The devolution tortoise and the centralization hare, *New England Economic Review*, No.3, 1998.

24.Klijn,E.H.,Analyzing and Managing Policy Poreess in Complex Networks:A Theoertical Examination of the Concept Policy Network and Its Problems, *Administration & Society*, No.28, 1996.

25.Ladd,Helen F.&Doolittle,Fred C.,Which Level of Government Should

Assist the Poor?, *National Tax Journal*, No.3, 1982.

26.Li,Ming Jiang,Local Liberalism,China's provincial approaches to relations with Southeast Asia, *Journal of Contemporary China*, No.23, 2014.

27.Lindkvist,Lars&L.lewellyn,Sue,Accountability,Responsibility and Organization, *Scandinavian Journal of Management*, No.19, 2003.

28.Matheson,Craig,Policy Formulation in Australian Government:Vertical and Horizontal Axes, *Australian Journal of Public Administration*, No.2, 2000.

29.Oates,Wallace E.,An Essay on Fiscal Federal ism, *Journal of Economic Literature*, No.3, 1999.

30.Oates,Wallace E.,Towards a Second-Generation Theory of Fiscal Federalism, *International Tax and Public Finance*, No.4, 2005.

31.Parker,Lee&Gould,Graeme.,Changing Public Sector Accountability:Critiquing New Directions, *Accounting Forum*, No.2, 1999.

32.Phillimore,John,Understanding Intergovernmental Relations:Key Features and Trends, *Australian Journal of Public Administration*, No.3, 2013.

33.Powell,Walter W.,Neither Market nor Hierarchy:Network Forms of Organization, *Research in Organizational Behavior*, No.12, 1990.

34.Qian,Yingyi & Roland,Gérard,Federalism and the soft budget constraint, *American Economic Review*, No.5, 1998.

35.Qian,Yingyi&Weingast,Barry,China's transition to markets:Market-preserving federalism, *Chinese style*, *Journal of Policy Reform*, No.1, 1996.

36.Ribot,Jesse C.,Agrawal,Arun & Larson,Anne M.,Recentralizing While Decentralizing:How National Governments Reappropriate Forest Resources, *World Development*, No.11, 2006.

37.Richard,Cole,Hissong,Rodney & Arvidson,Enid,Devolution:Where's the revolution?, *The Journal of Federalism*, No.4, 1999.

38.Rodden,J.,Reviving Leviathan:fiscal federalism and the growth of government, *International Organization*,No.57,2003.

39.Salamon,L.,Rethinking Public Management, *Public Policy*,No.1,1981.

40.Stein,Robert M.,The Allocation of Federal Aid Monies:The Synthesis of Demand–Side and Supply–Side Explanations, *The American Political Science Review*,No.2,1981.

41.Sundquist,James L.,Coordinating the War on Poverty, *Annals of the American Academy of Political and Social Science*,No.9,1969.

42.Velasco,A.,Debts and deficits with fragmented fiscal policymaking, *Journal of Public Economics*,No.76,2000.

43.Von Hagen,J. &Eichengreen,B.,Federalism,Fiscal Restraints,and European Monetary Union, *The American Economic Review*,No.2,1996.

44.Weingast,Barry R.,The economic role of political institutions:Market–preserving federalism and economic growth, *Economics and Organization*,No.11, 1995.

45.Yan,Aimin & Gary,Barbara,Bargaining Power,Management Control,and Performance in United States–China Joint Ventures:A Comparative Case Study, *Academy of Management Journal*,No.3,1994.

中国政府与政治研究系列书目

《中国基层社会治理机制创新研究》　　　　　　　　　史云贵 著

《中国政府绩效评估方法理论与实践》　　　　　　　　陈　新 著

《中国政府项目的运作逻辑—— 一个组织学分析》　　史普原 著

《"强国家—强社会":我国社会组织发展的政治分析》　郭道久 著

《问责制研究:以中国地方政府为中心》金东日　张　蕊　李松林　朱光喜 著

《中国政府纵向职责体系研究》　　　　　　　　　　　吕同舟 著